文春学藝ライブラリー

民族と国家

山内昌之

文藝春秋

はじめに

一八六二年九月、オスマン帝国の外相アーリ・パシャは、パリ駐剳の大使に宛てたトゥール・ドリゾン(情勢俯瞰書)のなかで、当時のヨーロッパ情勢を分析しながら、国家統一の試練にあえいでいたイタリアについて興味深い観察を残している。

イタリアには、同じ言葉を話して同じ宗教を信仰する民族が一つだけ住んでいる。それでも統一するには、あれだけの苦しみを味わっている。さしあたり達成したことはといえば、アナーキーと無秩序にすぎない。オスマン帝国のなかで、もし多種多様な民族が自由に思いを遂げようとすれば、何が起きるのかを考えても見給え。どうにか事態を落ち着かせるだけでも、一世紀ほどもかかり、しかも流血を必要とするだろう。

この改革派官僚の洞察力は、まさに預言者的な響きを帯びていたといえるだろう。それは、ナショナリズムが多民族国家たるオスマン帝国の生死を扼する凶兆であることを見抜いていたからだけでない。彼は、その後ロマノフ朝やハプスブルク朝の帝国を崩壊に導き、現代ではソ連とユーゴスラヴィアを解体に追いこんだ各民族の強いパワーと、その国民国家へのあこがれを、あたかも正確に予知するかのようだったからである。

湾岸戦争に始まりソ連解体で終わりを告げた一九九一年は、民族と国家が二一世紀に向かう地球の進路を揺り動かす現代のビヒモスとリヴァイアサンであることを見せつけた年でもあった。これまでは、できるだけ大きな単位のなかに人びとの個性や自己主張をおし包めるような、民族や国家のあり方が理想的な姿として考えられてきた。しかし、社会主義インターナショナリズムやアラブ・ナショナリズムのように、イデオロギーの大きな枠組で「普遍主義」をめざす考え方は、その理想の高さとは裏腹に、実験の試みにも大きく挫折したことが誰の目にも明らかになろうとしている。こうしたイデオロギー的統合の試みの失敗は、段階的な経済協力づくりに実績を示しながら、外交・財政・安全保障などの実利的な面で完全統合をめざしたヨーロッパ連合（ＥＵ）の道筋とひとまず比べても対照的である。

この小さな書物は、二〇世紀末から二一世紀にかけて世界の進路に暗い影を落としていた民族と国家をめぐる紛争の行方を理解するよすがとして、中東を中心とするイスラムの世界に素材をとりながら、歴史を生きた人びとの知恵や試行錯誤を紹介しようとした試みである。とくに、イスラムにおける民族と国家の独特なコンセプトを歴史のタテ軸に沿いながら説明しようとしたために、イスラム史に対する私なりの通時的な解釈にもなっているかもしれない。素材としてとりあげた時期は、中東イスラム世界で現在の民族と国家の枠組ができあがる第一次世界大戦の終了直後までにひとまず限定した。

その反面、新書という性格もあって、今回は民族や国家とは何かといった「複雑な定義のゲーム」に入ることを意識的に避けることにした。このために、書名から受けるイメージに反して、叙述と通時性にかたよった本書に不満をもたれる読者も多いかもしれない。もし私に能力があれば、次の機会には理論と共時性に力点をおいた仕事に挑戦することで御海容をいただきたい。当然ながら、そこでは本書が時期的にもカバーできなかった第二次世界大戦後のアラブ・ナショナリズム、現代イスラムとナショナリズムとの関わり、ソ連解体につながる中央アジアの民族と国家の活力などの問題に焦点があてられることになるだろう。

執筆にあたっては、折からハーヴァード大学に一〇カ月ほど滞在することになったために、アメリカにおける現代中東研究の「修正主義(レヴィジョニズム)」ともいうべき新しい動向から新鮮な刺激を受けた。その反面、アメリカ滞在中ということもあって、最近の日本における中東地域研究の、良質な成果をほとんど参考にすることができなかった。とくに本書では、新進の研究者によって豊かな成果が出されているイランについて、ほとんど言及できなかったことは残念である。もちろん、他にも見るべき日本人の中東・イスラム研究の労作を参照できなかった点にも御理解をいただきたい。

なお、本文でのトルコ語やアラビア語の人名や地名の表記にあたっては、原則として『岩波イスラーム辞典』(岩波書店)の方式に依拠した。アラビア語による人名の語頭の定冠詞「アル」はカナ表記では省略したことが多い。アルアフガーニーではなくアフガーニーとした如くである。間々見られるような慣用的な不統一については御海容いただきたい。また、本書の地図はとくに断わらない限り、『岩波イスラーム辞典』とアルバート・ハウラニ『アラブ人民の歴史』に収録のものを多少の加除と修正をして使わせて頂いた。とくに記して、関係者の方々に心から御礼申し上げる。

末尾ではあるが、この書物の刊行にいたるまで折に触れて、私の拙い仕事を励まして頂いた岩波雄二郎会長はじめ岩波書店の方々に深く感謝申し上げたい。とくに、この数年様々な遁辞を構えては原稿の締切りを逃れてきた私の怠惰に対しても、つねに寛容だった佐藤司氏に心から感謝したい。粗笨(そほん)な内容ではあっても、海外長期出張中の著者が日本語でこの本をまとめることができたのは、ひとえに佐藤氏の友情と熱意によるものである。

一九九二年十一月三日

合衆国マサチュセッツ州ケンブリッジにて

山内昌之

(二〇一八年二月、一部補正)

文春学藝ライブラリー版まえがき

モンテーニュは、自分の求めている本が「学問を活用している書物」であり、「学問を構築しようとする書物」ではないと語ったことがある（『エセー』3、白水社）。私も本書の原型となった新書版『民族と国家』を書こうとした時、考えたのはまさに自分の小さな本を「学問を活用している書物」として世に出すことであった。

イスラムの起源から社会主義労働運動まで多岐にわたるテーマを取り上げながら、民族と国家という大きなテーマを扱う以上、当然多くの先人や優れた業績に依拠せざるをえない。それでも、仲間内でしか通用しない退屈な議論をするあまり、まのびしてテーマの周りをぐるりと回ることだけは避けねばならない。示唆に富む議論や有益な分析であれば、欧米人からロシア人、ユダヤ人からアラブ人やトルコ人に至るまで、たとえどのような立場や国の出身者であれ、研究成果を吸収しなくてはならない。この当たり前のことが何故か日本の中東イスラム研究の一部では中々行われていないのである。

この書物が新書として二〇刷ほどを重ねたのはおそらく、国内外の良質な研究を素直に受け入れて、中東とイスラムを素材にしながら、民族と国家にひそむ疑問の核心に切り込んだことに好感を持たれたからだろう。この本が改めて文春学藝ライブラリーに入ることは喜びである。新書版を出して以降、様々な事件が起こった。イラク戦争、アラブの春、シリア内戦と難民の流出、イスラム国（ＩＳ）の出現、シーア派イランの勢力増大、オバマとトランプの不安定な中東政策、中東に再登場したロシアの存在感などの詳細については、別の機会に論じることにして、とりあえずその性格について巻末に「補論」として付加した。

とくに目覚ましいのは、ロシアのシリアに対する積極政策である。ＩＳの退潮にいちばん貢献したのは、事実としてだけ見れば、戦場ではロシアに支援されたイランの革命防衛隊と、アメリカの援助を受けたクルド人武装兵力の「活躍」であり、政治ではロシアのプーチン大統領によるアサド大統領への梃入れであろう。シリア和平は、国連が中心となるジュネーブ・トラックが包括的政治交渉の唯一の場であるはずだが、実際にはＩＳとの対決に軍事力を提供する二つのトロイカの力が大きい。「第一トロイカ」は、ロシアとトルコとイランの「同盟」であり、カザフスタンの首都アスタナで友好的な国や勢力と会合を重ねている。これがアスタナ・トラックである。

「第二トロイカ」は、アメリカとロシアとヨルダンの提携である。この三ケ国のみでアンマン・トラックを運営しているが、二つのトラックはジュネーブ・プロセスへの地ならしだというロシアの公式説明をそのまま信じる者はいないだろう。二つのトロイカは軍事問題のみを扱い、三トラックのすべてに参加しているのはロシアだけであり、プーチンはポストISのシリアと東地中海にロシアの絶対利益圏を作ることを構想しているからだ。

もともと冷戦時代の中東は米ソ対決の最前線であり、両国の最新兵器を使った熱戦が繰り広げられた。ナーセルからサッダーム・フサインに至るアラブ・ナショナリズムの指導者らは、ソ連・ロシアの同盟者として国内と地域の権力維持に成功してきた。ロシアが再び中東政治の舞台に戻ってきたのは、オバマとトランプの関心と活力があまりにも乏しいからだ。このあたりの問題点に「補論」で触れたのは、文庫版の読者に現代の状況で『民族と国家』をお読みいただくためである。ロシア専門家の佐藤優氏が本書の解説に当たられたのは嬉しいことであり、編集者の瀬尾巧氏と島津久典氏の御努力にも感謝を申し上げたい。

文庫化するにあたって、文章を読みやすくするために斧鉞（ふえつ）を加えた。これによって、モンテーニュの言葉を借りるなら、本書が「いつまでも鍋のまわりを、だらだらとまわっているにすぎない」本にはならないように努力したつもりである。

平成三〇年（二〇一八）三月六日

山内昌之

民族と国家─目次

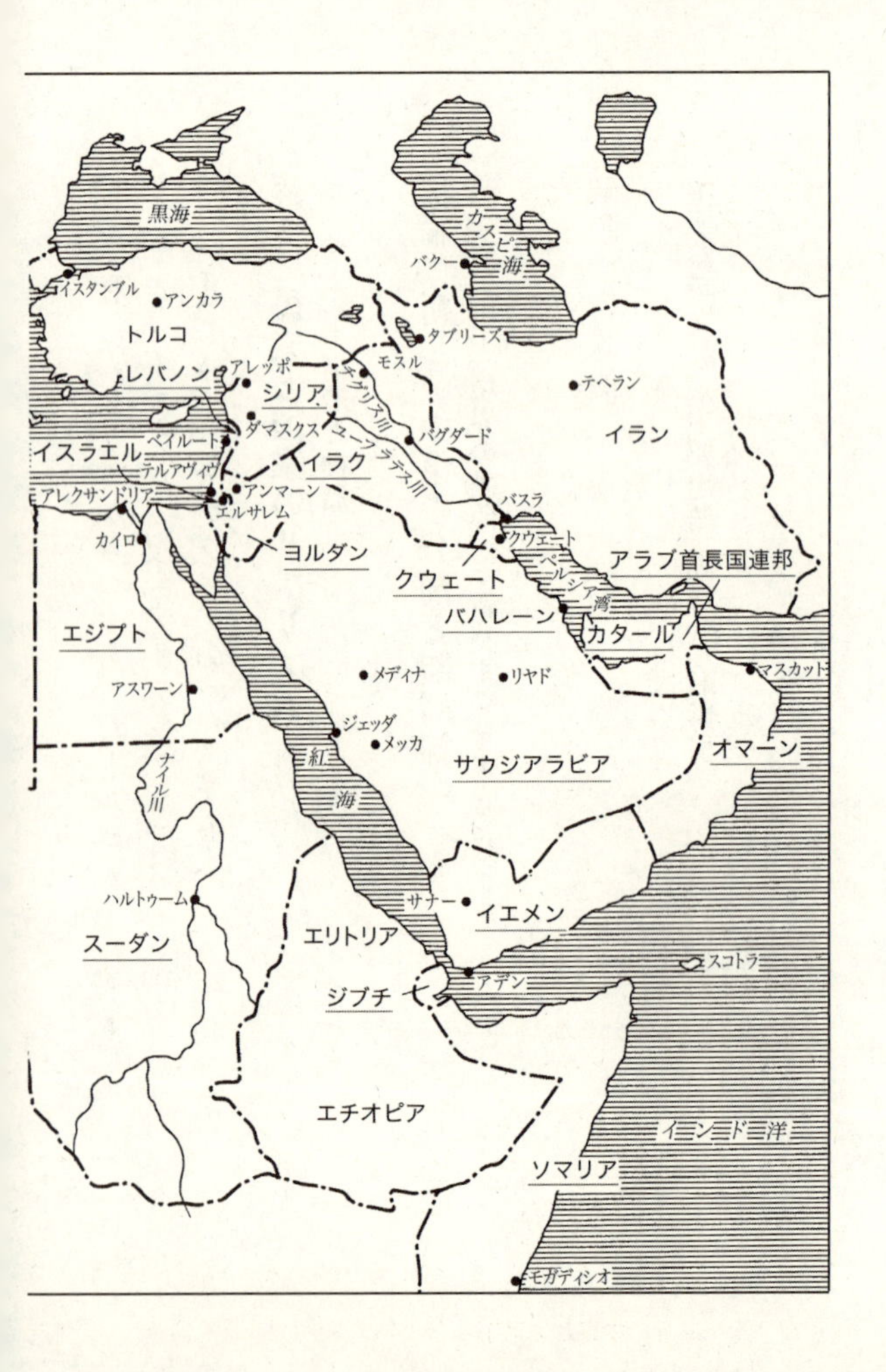

黒海
カスピ海
バクー
イスタンブル
アンカラ
トルコ
タブリーズ
レバノン
アレッポ
モスル
テヘラン
シリア
チグリス川
ダマスクス
ユーフラテス川
バグダード
イラン
ベイルート
イスラエル
イラク
テルアヴィヴ
アレクサンドリア
アンマーン
エルサレム
バスラ
カイロ
クウェート
ヨルダン
ペルシア湾
アラブ首長国連邦
クウェート
バハレーン
カタール
エジプト
メディナ
リヤド
マスカット
アスワーン
ジェッダ
メッカ
紅海
サウジアラビア
オマーン
ナイル川
ハルトゥーム
サナー
イエメン
スーダン
エリトリア
スコトラ
アデン
ジブチ
エチオピア
インド洋
ソマリア
モガディシオ

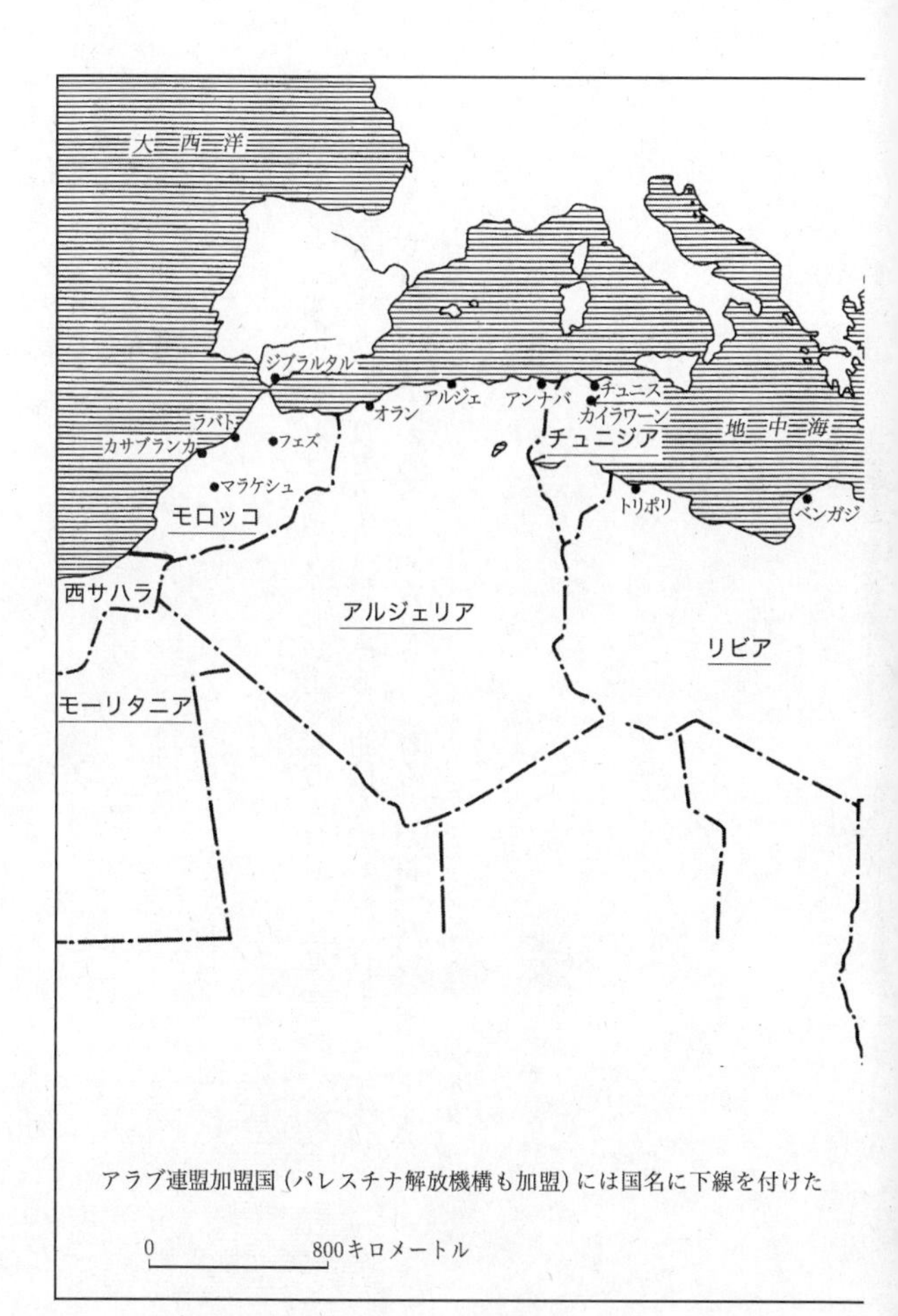

1992 年の中東と北アフリカ（マグレブ）

わが祖国、それはいつも正しい道を歩むとは限りません。
もとより、一度たりとも道を誤らぬ祖国を願わぬ者はおりますまい。
されど、正しかろうと誤ろうと、それもわが祖国なのであります。

スチーヴン・ディケイタ

民族と国家

第一章　イメージとしての民族と国家

——レコンキスタから冷戦終結まで——

湾岸戦争が招いたアラブの内部分裂、ソ連解体による中央アジア諸国の独立、ボスニア＝ヘルツェゴヴィナ内戦と「民族浄化」に伴うムスリム市民の難民化。イスラム世界に関わるこの三つの事件は、二一世紀に向かう世界の新しい秩序づくりを不透明にしている。旧秩序は冷戦の終結によって消滅したが、世界各地では民族問題が新たな緊張と紛争を生んでいる。そこでは、民族と国家のあり方も変わろうとしており、その大きな組み替えが進行しつつある。こうした大きな変動を理解するよすがとして、本章では、ヨーロッパにおける国民と民族のコンセプトに触れながら、アラブ人とトルコ人の歴史的経験を史実とエピソードを交えながらふりかえる。国民国家に基礎をもつナショナリズムと、言語や文化の共通性を基盤とする「広域的なナショナリズム」との相互関係、アラブ系国民国家の起源による政治学的区分などを検討しながら、民族と国家をめぐる問題の所在と整理を試みている。

1　湾岸戦争とボスニア＝ヘルツェゴヴィナ内戦

コロンブスとバヤジト二世

一四九二年にコロンブスがアメリカにたどりついてから、五世紀を閲(けみ)した。イスラム文化の栄華を極めたグラナダが陥落して、レコンキスタ（国土回復運動）と呼ばれるイベリア半島の征服が完了したこの年、先行きの生活不安に心を痛める人びとが、集団で墳墓の地を逃れようとしていた。彼らの姿は、意気揚々と大西洋に乗り出すキリスト教徒の船乗りとは違っていた。かといって、かつて祖先が渡ってきたヘラクレスの柱（ジブラルタル海峡）を逆戻りして、北アフリカの地に避難する失意に満ちたイスラム教徒（ムスリム）の姿とも似ていなかった。彼らこそ、スファラディーと呼ばれる南欧系のユダヤ人たちであった。

レコンキスタの完成とユダヤ人追放令によって、ユダヤ教徒はムスリムと同様に三つの運命のいずれかを甘受せねばならなかった。彼らに許された選択は三つある。それは、カトリックへの改宗か、死に至る異端審問か、亡命かのいずれかであった。しかし、疲労と不安でやつれた離散のユダヤ人たちが見出した安住の地は、地中海の彼方(かなた)のオスマ

図1　ムスリム・スペイン（アンダルス）とレコンキスタ
（　）内の数字は，キリスト教徒側が征服した年

ン帝国の領内にあった。首都のイスタンブルで鄭重(ていちょう)に迎えられた彼らは、帝国のキリスト教徒と同じく、ユダヤ教徒として独自の宗教共同体を発展させることを鷹揚にも許されたのである。

スルタン・バヤジト二世（在位一四八一―一五一二）が、スペイン国王フェルナンド二世（在位一四七九―一五一六）の宗教的狂信性を嘲笑したという伝承も、むげに斥けるわけにはいかない。

そちたちは、フェルナンドを賢君と呼ぶ。だが、ありようを言えば、彼奴(きやつ)は依怙地(いこじ)にも自分に奉仕する最も有能かつ勤勉な臣民を自らの手で追放してしまったのだ。そのうえ、事もあろうに、それを最大の好敵手たる余に与えるような利益を寄こしてくれたのだ。

ノーベル文学賞の受賞者エリアス・カネッティもこの亡命者の子孫である。かつてオスマン帝国の領土だったブルガリアに生まれた彼の名字は、祖先の出身地スペインの山奥の小さな町カニェテに由来する。自伝によれば、ユダヤ人の差別を知らずに育ったカネッティは、スイスの学校に入ってから初めて自分が差別される存在であることを知ったという。

ちなみに、このスファラディーの追放からちょうど五〇〇年目にあたる一九九二年三月になって、スペインのファン・カルロス国王とイスラエルのヘルツォーグ大統領の出席する記念式典が行われた。ようやくカトリック・スペインとスファラディーとの間に和解が成立したわけである。それにしても、一五世紀のオスマン帝国は、ヨーロッパのキリスト教世界と違って、何ゆえにかくも寛大にユダヤ教徒を受け入れることができたのだろうか。

ビスマルクとオスマン帝国

バヤジト二世の時代からおよそ四世紀たった一八七八年、自らの経略で国家統一をなしとげてまもないドイツ帝国の宰相ビスマルク（一八一五―九八）は、露土戦争の講和を図るベルリン会議の席で思いがけない経験を味わっている。

小さな波紋は、ビスマルクがオスマン帝国全権代表の二人と会った折に起きている。ビスマルクは、オスマン帝国の外交官に接した時に衝撃を隠せなかった。なぜなら、全権の一人カラトドリ・パシャはギリシア正教徒の名門出身であり、一見してムスリムとは違っていたからである。カラトドリの一族は各種の行政官職にも就いていた。もう一人のメフメト・アリー・パシャに至っては、フランス人の父とドイツ人の母から生まれた混血児であった。しかも、メフメト・アリー・パシャは、なんとビスマルクの所領シエーンハウゼンから遠からぬマグデブルクの生まれであった。

この鉄血宰相も、ヨーロッパのキリスト教徒政治家の例に漏れず、オスマン帝国の支配エリートを「トルコ人」と考え、トルコとムスリムとアジアを「後進的野蛮性」と同一視する偏見にとらわれていた。この鉄血宰相にとって、ドイツ人以外のキリスト教徒、ましてや外国生まれのムスリムをイスタンブル駐在のドイツ大使に任命するなど沙汰の限りだったに違いない。

しかしオスマン帝国では、その歴史が末期に入った一九世紀でも、ムスリムと非ムスリムとの間には俸給による差別がなかったので、文民官僚になる非ムスリムも多かった。ビスマルクがオスマン外交官と接して驚いた頃、イスタンブルではキリスト教徒の高官を欠く行政官庁はないと言われたほどである。また、一八六七年当時にヨーロッパの主要国の五首都（ロンドン、パリ、ウィーン、ベルリン、ペテルブルク）に駐在した大使の内訳は、三人がギリシア人、二人がムスリム・トルコ人であった。帝国外交にとって重要な任地、アテネに派遣された大使はギリシア人であったし、フィレンツェに駐在した大使はイタリア人であった。任国と同じ民族に属する人間が外交折衝にあたったことになる。また、一八六七年と一八七五年には臨時とはいえ、アルメニア人が外務大臣の地位に就いたこともある。帝国最晩年になっても、アルメニア人への迫害で知られるアブデュルハミト二世（在位一八七六―一九〇九）治下のある時期には、外務省に勤務する職員三六五人のうち、約三〇％にあたる一〇七人が非ムスリムであった。

第一次世界大戦後、ケマル・アタテュルクのもとで国民国家トルコの基礎が緒についた一九二二年、ある外交官は帝国時代の外交の一断面をこう回顧したものである。「私の父が初めて重要な外交官ポストに任命された時、父の参事官はギリシア人であり、一等書記官はアルメニア人であった」と。

ベーカー国務長官 対 アズィーズ外相

ビスマルクが驚いた二人の例は、オスマン帝国の歴史では決して珍しい存在でなかった。そもそも帝国外務省は、スルタンと呼ばれるオスマン帝国の君主と、ヨーロッパ諸国の君主との通信（テルジュメン）を司る職掌に由来していた。その伝統的な官衙たる「通詞室」（テルジュメ・オダスイ）を独占したのは、イスタンブルの金角湾沿いのフェネル地区に住んでいたために、訛ってファナリオットと俗称されたギリシア正教徒たちである。彼らの生活は、オスマン帝国による征服後も、首都のギリシア正教総大主教座の管轄下で組織されていた。

先のメフメト・アリー・パシャは、ヨーロッパ諸国で経験した差別や偏見、悲運や迫害から逃れて、イスタンブルでほぼ例外なくムスリムに改宗したヨーロッパ人の一例にすぎなかった。彼が母国で疎外された理由は、その「卑しい」特異な出自にあった。外交官として、いわば位人臣を極めたこの人物は、ドイツ人洗濯女とナポレオン占領軍のフランス兵との間に生まれた「私生児」だったからである。

オスマン帝国が解体してからおよそ七〇年たった一九九一年一月、湾岸戦争の前夜、ジュネーヴでの外相会談に臨んだアメリカの国務長官ジェームズ・ベーカー三世は、テーブルの向かいに座ったイラク外相ターリク・アズィーズの外交官としての才幹に舌をまいたといわれる。あるいはベーカーも、一八七八年にビスマルクが感じた驚きを再び経験したのかもしれない。というのも、英仏語に堪能なアズィーズは、一九三六年にイラク北部モースルのアッシリア人の家に生まれたキリスト教徒であり、ムスリムではなかったからである。アッシリア人は、いにしえのカルデア典礼カトリック教会の流れを汲む東方キリスト教会の一派に属する人びとである。いずれにしても、スンナ派アラブ出身の大統領サッダーム・フサイン股肱の部下が何ゆえにキリスト教徒なのだろうか。この疑問も、イスラム史の特質を理解に入れないとわかりづらいかもしれない。

「ムスリム人」か、ムスリムか

湾岸戦争が終わってまもなく、世界の耳目は激化の一途をたどるユーゴスラヴィア情勢にそそがれた。古都ドブロブニク（ラグーザ）さえ荒廃に追い込んだセルビアとクロアチアとの流血の内戦は、続いてボスニア＝ヘルツェゴヴィナに波及した。しかし、セ

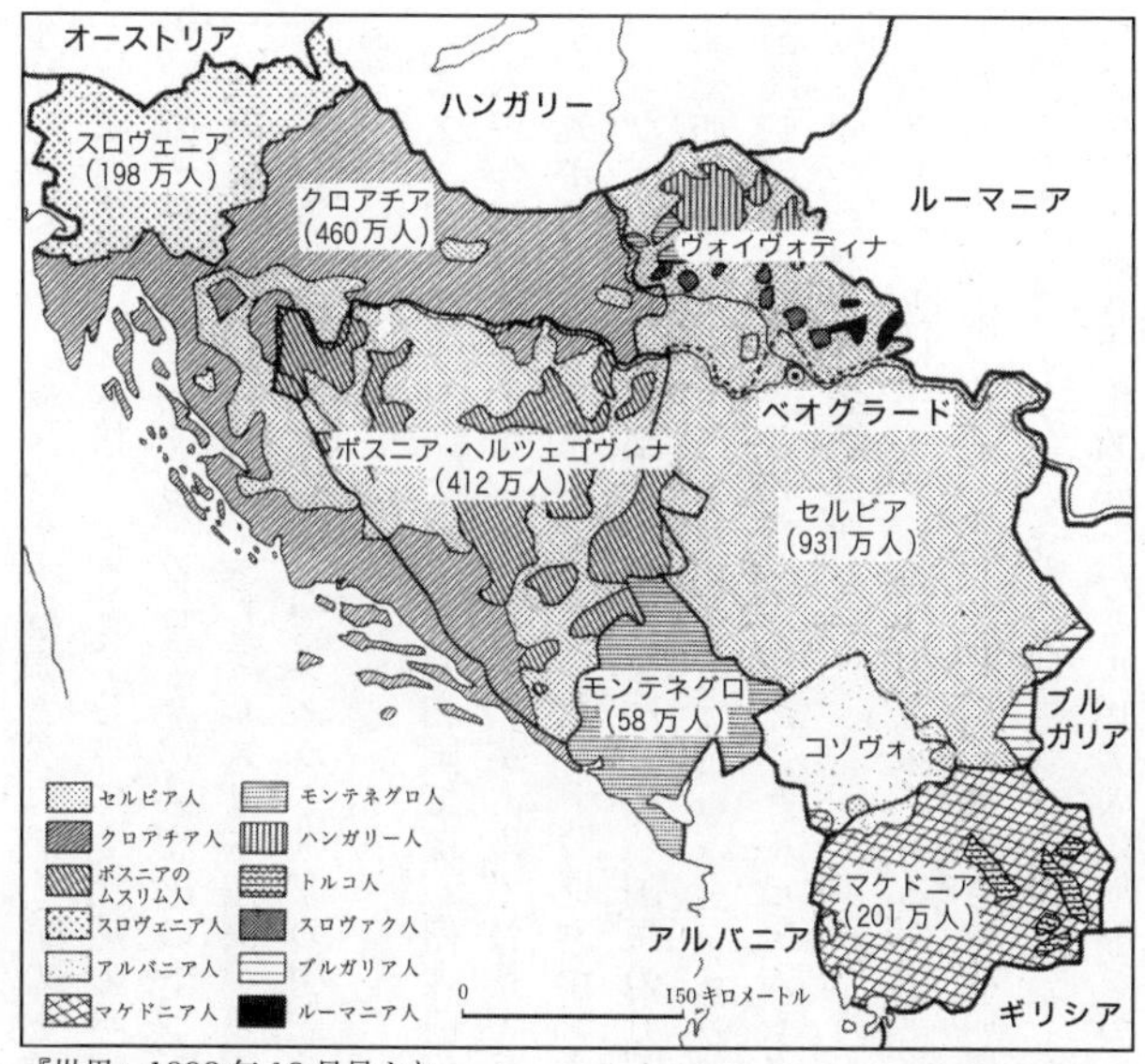

『世界』1992年12月号より

図2　旧ユーゴスラヴィアの民族分布の概図（1991年）

ルビアのミロシェヴィッチ大統領とクロアチアのトゥジュマン大統領は、ボスニアの分割によって紛争を収拾しようとする点で「沈黙のパートナー」同士と言えなくもなかった。九一年七月に早くも、クロアチア共和国のトゥジュマン大統領は、ユーゴスラヴィア民族紛争の最善の解決策としてムスリム住民が多数を占めるボスニア＝ヘルツェゴヴィナの分割を挙げ、その限りでイスラム国家の樹立をも容認すると発言していたほどである。

ボスニア＝ヘルツェゴヴィナ共和国では、内戦前の一九九一年には約四一〇万人の住民人口の四〇％以上を「ムスリム」が占めており、セルビア人が三一―三二％、クロアチア人が一七―一八％となっていた。トゥジュマン大統領の構想にはボスニア＝ヘルツェゴヴィナ共和国幹部会が反発を示して、国家の分割は直接に内戦につながると鋭く反論を加えた。結局、この共和国もスロヴェニアやクロアチアともども国連に加盟して、国際的に独立を承認されたとはいえ、セルビア人やクロアチア人をまきこんで深刻な内戦に陥ったことは記憶に新しい。

「ムスリム」とはイスラム教徒の意味であるが、ボスニア＝ヘルツェゴヴィナのムスリムたちは、本来どう呼ばれるのが一番ふさわしい民族なのだろうか。近代に入って、「セルボ＝クロアチア語を話すカトリック教徒」がクロアチア人に成長し、「セルボ＝クロアチア語を話す正教徒」がセルビア人に転形していったことは容易にわかる。しかし、

「セルボ＝クロアチア語を話すムスリム」は、何人と呼ばれるのがふさわしいのだろうか。この問いへの答えは、常識で考えられる枠を越えていた。というのも、彼らは、「ムスリム人」と呼ぶほかない人びとだったからである。もっと正確にいうと、「民族的所属としてのムスリム」(*Muslimani etnička pripadnost*) というのが彼らの正式の民族名である。人口約六〇万のモンテネグロにも「民族的所属としてのムスリム」がおよそ一五％ほどもいる。他方、コソヴォ自治州（人口一八〇万）において七七％、マケドニア共和国（人口二〇一万）でも二八％ほどを占めるアルバニア人も、その相当数はイスラム教徒なのである。

同じようにイスラムの影響を受けながら、何ゆえに片方は「民族的所属としてのムスリム」という奇妙な名を使うようになったのだろうか。何ゆえに、彼らはアルバニア人と違って自然な民族名をもつことができなかったのだろうか。ここにも、イスラムにおける宗教・民族・国家の独特な関係が潜んでいる。これは、多民族連邦国家だった旧ユーゴスラヴィア解体の歴史的背景を考える上でも重要な手がかりになるだろう。もっとも彼らは、今ではボスニア人を意味する「ボシュニャク人」と自他ともに呼ばれるようになった。内戦で払った大きな犠牲の賜物である。

いずれにせよ、以上にあげた四つのエピソードは、イスラムの歴史では民族と国家に対する考えが日本や欧米での理解とかなり違うことを示唆している。

2　神話・象徴複合としての民族

トルコ人の軍旗にアラビア語を

ウィーンのオーストリア軍事博物館を訪れた人なら、入口から二階に向かって右手の一番奥まった一角に、オスマン帝国の旌旗が大小合わせて一一竿も陳列されていることにすぐ気づくであろう。これらはいずれも、一六八三年に大宰相カラ・ムスタファ・パシャが指揮した第二次ウィーン包囲作戦の失敗後に、潰走したオスマン軍からハプスブルク朝側の部隊が鹵獲した戦利品である。旗の大きさはまちまちであり、色も緑あり赤あり、深紅の旗も白の旗もありで、刺繍も贅を極めている。しかし、そこには見逃せない共通点がある。

それは、旗にはまず例外なく、「アッラーのほかに神なく、ムハンマドはアッラーの使徒である」とか「慈悲ふかく慈愛あまねきアッラーの御名において」、さらに「アッラーの神助とすみやかな勝利」など『コーラン』の章句からの引用がアラビア語で縫い取りされていることである。それでいながら、旗のどこをさがしても純粋のトルコ語表現はまったく見あたらない。

ウィーンの博物館の陳列品にまつわる特徴は、オスマン帝国がアラビア語を母語とするアラブ人を経由して、イスラム文明の多くの遺産を継承したことを示唆している。この国家は、「オスマン・トルコ」ではなく、ましてや「トルコ帝国」ではなかったのである。オスマン帝国は、預言者ムハンマド（五七〇頃―六三二）からその後継者の正統派カリフの時代（六三二―六六一）をへて、ウマイヤ朝（六六一―七五〇）とアッバース朝（七五〇―一二五八）に続くイスラムの王朝的系譜の正統的な継承者であった。

というのも、スルタンと呼ばれるオスマン帝国の君主は、一六世紀のエジプト征服以来、一応、「神の預言者の代理人」として神の聖法の守護者たるカリフでもあったからである。オスマン朝という王朝の名が第三代正統カリフのウスマーンの名と同じであるように、オスマン朝の歴代スルタンのほとんどは、アラビア語に由来するアラブ人と同じ名前を名乗っていた。それは、アラビア文字ではまったく同じ綴りであって、発音だけが微妙に違っていた。たとえ、それが「ウスマーン」にせよ「オスマン」にせよ、神聖な『コーラン』のアラビア文字を使う限りは同じ表記になったのである。カリフにしてスルタンになる人物が日常生活でどの言葉を話していたのか、について詮索するのはあまり意味がない。アラブ人とかトルコ人というような民族としてのアイデンティティが問題になるのは、コスモポリタンなイスラム国家としてのオスマン帝国が変質する近代以後のことである。そして、帝国の支配民族が自分のことを「トルコ人」として認識するのは、一九世紀もおしつまってからにすぎない。

近代の民族とエトノス

ここで一つの疑問がわく。それは、仮にイスラム信仰など宗教がアイデンティティの基準だったとしても、近代になるまで、ある共通の言語や祖先を持つ人びとは、自分たちを独自の集団として意識しなかったのか否か、ということである。イスラム世界の王朝国家はあまりにも宇宙的な国家理念が強かったために、その支配者とそれに連なる人びとをほとんど「脱民族化」する傾向を生んだのは事実である。しかし、アラビア語を話すアラブ人たちは自分たちがアラブとしてトルコ人と違う個性を持つことを知っていたし、トルコ語を使うトルコ人たちは同じムスリムでもアラブ人やイラン人と違う独自性を自覚していた。とくに、詩などの文芸作品のなかには各自のアイデンティティに対する強い感覚がうかがわれる。

しかし、アッバース朝におけるアラブ人、オスマン帝国におけるトルコ人とは、現代のわれわれが知っているように、明白に自他を分ける「民族」の意識をもつ集団だったとは言えない。この書物では、「はじめに」でも述べたように、民族とは何かといった「定義のゲーム」に入ることはしない。さしあたり、神話・記憶・価値・象徴が複雑に結びついた「神話・象徴複合」(*myth-symbol complex*) をもつ集団を民族だと考えるとすれば、ムスリムの人びとが一番強力な神話・象徴の要素たるイスラムを「超民族」の意識として共有していたことは間違いない。トルコ系やアラブ系の都市・農村の定住民にとって、イスラム以外に重要なアイデンティティがあったとするなら、それは「ブルサル」（ブルサ生まれ）とか「ミスリー」（エジプト出身）というように、自他の名前や出身を他人から区別する出生地や居住地へのこだわりであった。遊牧民にとっては、しばしば同族結婚や異族結婚が行われる範囲の部族や氏族への所属が、イスラム化以後でもアイデンティティの基準として重要だった。

それでも、これらの部族連合体や強力な血縁集団をただちに民族と考えることはできない。この連合体や集団は、異なった価値や記憶や言語を共通にする「亜民族」ともいうべき結びつきだったと考えるべきだろう。それは、自分たちのアイデンティティに関して強い感覚をもっているが、民族が国民として成熟するのに必要な政治的な機構、国家システムの原型を欠いている集団である。彼らのあり方を、イギリスの政治学者アンソニー・スミスのいう「エトニー」や、旧ソ連の学者が定義した「エトノス」として考えることもできよう。

民族意識とナショナリズム

たとえば、アラブという表象を取り上げてみよう。近代ナショナリズムが政治的統合の文脈でアラブを位置づけるまで、アラブというアイデンティティは、『コーラン』や文学作品の用法に見られるように、遊牧民を指すことが多かった。しかし、これは定住民の意識のなかにアラブというアイデンティティがまったくなかったということではない。たとえば、ダマスクス生まれの哲学者アブドゥルガーニー・ナーブルシー（一六四一―一七三一）は、パレスチナ、ヒジャーズ、エジプトなどを旅行して見聞を広めたが、オスマン帝国の版図を「ルーム」つまりビザンツの支配した地域とアラブの居住地域の二つに分けて、アラブとしてのアイデンティティを自覚していた。「ルームのくに」（ビラード・アッルーム）と「アラブのくに」（アル・ビラード・アルアラビーヤ）がそうである。しかし、これをもってナショナリズムに直結する民族意識の誕生だと考えるわけにはいかない。

ナーブルシーは、一六九二年頃にアラビア語を「楽園の言葉」と呼び、アラブがムスリムの中心にならねばならないと述べていたように、トルコ語を話す人びとと異質な自分たちのエトノスまたはエトニーを十分に意識していた。そのナーブルシーでも、「われわれのスルタン」という表現によってオスマン帝国への忠誠心を表していたのであり、アラブとしてのエトノスはただちに反オスマン帝国の意識につながるものではなかった。ましてや、それをアラブ・ナショナリズムを初動させる民族意識だと考えることはむずかしい。ついでに言えば、彼は「シャームのくに」（ビラード・アッシャーム）に属するというアイデンティティを持っていたが、それも「シリアびと」としてのエトノスであろう。それは、アラブの地域的な広がりを認める一方で、今のレバノンを含む地理上のシリアを外から漠然と区別する感覚がナーブルシーにあったことを意味している。

内と外

ところで、人類が社会を営み始めて以来、人びとが集団を内と外に分類して、外の集団に口汚いののしりの言葉を浴びせかける現象は、洋の東西を問わず人間の通弊のようなものだった。ユダヤ人が他の民族を「異邦人」（ジェンタイル）と呼んだ時、そこには神の選民としての優越感に由来する軽蔑の響きをかぎとることもできたであろう。

また、自らをヘレネスと称したギリシア人が異民族を呼ぶ時に用いたバルバロイという語が「わけの分からぬ言葉を話す人びと」を意味したことはあまりにも有名である。イスラム勃興前後のアラビア半島では、アラブでない人びとは「アジャム」つまり「異人」と呼ばれた。のちになると、『コーラン』でも異人の言葉「アジャミー」に対して、「アラビア語のコーラン」という表現が用いられたように、アラブとはもともとアジャムと対比して使われたコンセプトであった。

それは、もともとはイラン人・ギリシア人・エチオピア人・ナバタ人など、地理的にもアラブ人に隣接する人びとを指したが、そこには差別的な臭みがないわけではなかった。現に、アラブとは一説では「明澄なる言葉を話す者」を意味し、アジャムとはバルバロイと同じように「奇妙な言葉を話す者」を指すとされたからである。しかも、トルコ語に入ってアジェミーと訛った語句は、まもなく「不器用な」「愚かな」など芳しくない意味に使われるようになった。トルコ人がイラン人のことをアジェミーと呼んだのは、差別観の現れでもあったのだろう。

日本語でいう「みやこ」と「ひな」にも同じ響きが感じられる。八世紀から九世紀にかけて、「くにのうち」つまり畿内文化人の日本語では、「みやこ」に近い地域を「いなか」と呼び、それより遠い世界は「ひな」や「あづま」と称された。「あづまびと」は「えびす」とも呼ばれたように、漢字世界でいう夷狄に近い語感をもっていた。さながら、それは大和にとってバルバロイの趣をもっていた(塚本学『都会と田舎』)。

その夷狄とは、中国人が古来から周辺の異民族に与えた呼称であった。日本人はさしずめ「東夷」であったが、明清時代になると欧米人たちも夷狄と呼ばれるようになったのである。ユーラシア大陸の西に目を転じると、中世の西方キリスト教徒とムスリムたちは、たがいを「異教徒」や「不信者」と罵りあったものである。ロシア人が中世このかたムスリムを呼ぶ際に用いた「バスルマーン」とは、邪教徒や外夷の意味にほかならない。

また、英語でいうフォリナー(外国人)も、「外に住むこと」の原意に由来する言葉だが、それは野蛮性や不信仰という芳しくない表象を連想させる単語なのである。現代日本語で使われてきた「外人」(ガイジン)という表現も、内と外の仕切りが超えがたいことを暗に示唆する言葉だといえよう。この点でいえば、「余はいかなる外国人をも人類とは認めない」というラテン語の金言は、民族と国民と国家との関係が鋭く問われる近代以後の歴史にとってこそ、含蓄の深い警句だったかもしれない。

国民と民族の重なり

ヨーロッパや北米では、人びとを集団としてくる時によくナショナリティというコンセプトが用いられる。しかし、欧米のなかでもこの用法には微妙な異同がある。英語やフランス語でいうナショナリティやナシオナリテは、人びとが市民として属する国家、ひいてはその国民である状態を意味することが多い。しかし、ドイツ人の感覚はこれとはやや異なっている。ドイツ語でナショナリティに相当するのは、「国家に属すること」を意味するシュターツアンゲヘーリッヒカイトであろう。ところが、ドイツ語のナツィオナリテートは、語源的にははるかにナショナリティに近いが、意味は明らかに異なっている。それは、法や政治のカテゴリーというよりも、むしろ民族的あるいはエスニックな意味合いをおびている。旧ソ連の用法もドイツに似ていたといえよう。今は消滅したソ連のパスポートには、人びとのアイデンティティを示す二つの項目が記載されていたものである。それは、グラジダーンストヴォ（国籍・市民籍）とナツィオナーリノスチ（民族籍）であった。旧ソ連邦でさえソ連人とロシア人はイコールではなかったのである。

ハプスブルク朝オーストリア帝国やロマノフ朝ロシア帝国のように、東中欧一円またはユーラシアにまたがる大版図の歴史がある国々では、国民と民族のコンセプトを同一視しがちだった西欧と違って、国籍と民族籍を意味する言葉が日常的にも区別されて用いられていたのは興味深い。ナツィオナリテートは、民族的なコンセプトではあるが、国民的な広がりを必ずしも意味しないのである。

この点では、オスマン帝国の継承国家が多い現代の中東イスラム世界もヨーロッパとさして大差がない。現代のトルコでは国籍の意味でよく使用される「タビイイェト」は、もともとアラビア語の「従う」という意味から派生したように、スルタンへの忠誠心や帝国への従属に忠実な「テバァ」（臣民）と対になっていた。一九世紀のオスマン帝国に属したアルメニア人やブルガリア人たちは、民族や信仰の違いにもかかわらず、帝国のタビイイェトを証明する旅券をもちながらヨーロッパを旅行したものである。これは、彼らがオスマン帝国に属するテバァである以上当然のことであった。君主制国家に属した彼らは、一九世紀の時代感覚では、アメリカ人やフランス人のように「市民」ではなく、イギリス人や日本人のように「臣民」だったからである。

こうしてみると、旧ソ連で燃えさかった民族問題は、国籍を共有する「ソ連国民」と、独自の言語・文化・慣習をもつ民族の枠組が整合的に対応しないために生じた紛争だったといってもよい。リトアニア人などバルト三民族が進めてきた分離独立運動とは、外から強制された「旧・国民」の枠組から脱して、新たに自立した主権国家の「新・国民」になりたいという願望であったが、法の面から見ると国籍を民族籍に合わせようとする試みだったとも言えよう。ユーゴスラヴィアについても、似たことが指摘できるかもしれない。

これまで世界中の多くの国々で、政治的立場の違う団体や個人が出会っても、自らのアイデンティティを特徴づける要素として挙げてきたのは、市民に共通する国籍・言語・血縁関係などであった。人びとは、自分のアイデンティティと忠誠心を国民や民族としての意識や行動の枠組で定義する習慣や伝統に従ってきたのである。言い換えれば、アイデンティティの成立にとって不可欠なのは、人びとが同じ市民だと実感する状態、彼らが住む国家、彼女たちが出自したとみなされる祖先、話す言語の共通性、といった他から自らを仕切る枠組なのであった。この仕切られた枠組が法や政治の上では「国籍」や「民族籍」と呼ばれてきたのである。

3　二つのナショナリズム

カウミーヤとワタニーヤ

いわゆる民族問題の核心は、国家を構成する国民とそこに住む民族の二つのコンセプトが重ならない点にある。歴史的に考えると、西欧やその文化が及んだ北米地域では、かなり以前から、国民と民族の重なりを当然と考える傾向があった。そこでは、「ナショナリティ」や「ナシオナリテ」の用語がいずれも、市民もしくは臣民として帰属する国家を意味するとともに、民族性を含蓄していたからである。つまり、その地域では人びとのアイデンティティを政治目的のために、「国籍」で分類するのがさほど不思議とは思われなかったのである。

たとえば現在のアラブ世界は、アラブ連盟に加入している二二の国家（シリアは資格停止中）から成り立っている。このうち、パレスチナや、アフリカの国といったほうがよい周縁的存在のモーリタニア、ジブチ、ソマリアをとりあえず別にしても、イラクがクウェートに国境の修正を要求した事件に象徴されるように、残りの国々にも自分たちの国家の枠組や国境線に満足しない国が少なくない。これは、彼らが日本やアメリカとは違って、国民国家としての自分たちの枠組を条件付きで受け入れていることを意味する。

こうした主張の背景には、大西洋のモロッコからペルシア湾岸のクウェートに至る広い地域において、アラビア語や文化伝統を共有する人びとが「カウム」（民族）としての一体性をもつという前提がひそんでいる。カウムとしてのアラブの結びつきを求める立場からすると、アラブ世界の内部を区分する国境線は擬制にすぎない。こうしたカウミーヤ（民族主義）と呼ばれる立場は、現代までアラブ世界に大きな影響力を与え続けているアラブ・ナショナリズムまたはパン・アラビズムに他ならない。エジプトのナーセル、ひいてはイラクのサッダーム・フサインのような人物の建前での主張からすれば、アラブの人びとにとっての「真の国民国家」は、アラブ連盟の構成諸国を統合した国家だけだということになる。その根拠になっているのは、アラブ世界に現存する国民国家の枠組が二〇世紀になって初めて、西欧植民地主義の強制によって人工的につくられたという考えである。

しかし、こうした議論は、人びとが歴史のなかで地縁をもとにつくりあげてきた一体感や、それぞれが住む「ワタン」（郷土）への帰属意識の強さを過小評価しがちであった。そればかりか、歴史のリアリティをイデオロギーに従属させる結果をもたらしてきたことも見なくてはならない。ワタニーヤ（郷土愛・愛国心）の力は、しばしばカウミーヤの圧力を斥けるほど人びとの自然の生活感情に根ざしたものである。

クウェートの国民たちは湾岸戦争以前でさえ、たとえ自国が「ガソリン・スタンド」と侮蔑されても、どのような大義ではあれ、隣接する国々への吸収に反対してきた。また、戦後においても、クウェート人は「ガソリン・スタンド」としてのアイデンティティに格別に反論しようともしない。イラク人の領土的な野心、「侵略的なワタニーヤ」(現存のイラク国民国家の膨張を狙うイラク・ナショナリズム)にオブラートをかぶせるための手段でしかない「虚偽のカウミーヤ」(イラク・ナショナリズムの延長にすぎないアラブ・ナショナリズム)の強制に、サウジアラビア人が「防衛的なワタニーヤ」(現存のサウジアラビア国民国家を守ろうとするサウジアラビア・ナショナリズム)から反発したのは、現実に存在する国民国家の利益とリアリティからするなら、当然すぎるほどなのである。

実際に、現代イラクに関する研究者アマツィア・バラムが明らかにしたように、サッダーム・フサインに限らず歴代のバース党政権は、そのアラブ・ナショナリズムへのアピールとは裏腹に、国民国家としてのイラクの一国的利益を重視する国民統合を追求してきた。彼らの基本的関心は、「与えられた国境」である現在の領域を維持することにあった。今の日本では、ごく少数の例外を除くと、クウェート侵略がイラクの一国的利益を追求するための軍事占領にすぎなかったことを否定する者はまずいないだろう。アラブ・ナショナリズムは、同じバース党が権力を掌握するイラクとシリアとの間でも失敗に終わった時にすでに挫折が運命づけられていたが、イラクが弱小隣接国家の主権を無視して侵略行為に奔った時に、それはデマゴギーに転落してしまったのである。

苛烈をきわめた内戦が終わりを告げたレバノンでも、シリアとの統合をあからさまに求めるレバノン人は少ない。これは、国民国家を基礎にしたワタニーヤの力とリアリティの強さを余す所なく物語っている。国民国家のリアリティの強さは、西欧や北米の国際秩序観を基礎につくられた国連の性格を見てもよく分かるであろう。国際連合と訳される「ユナイテッド・ネーションズ」は、果たして「諸国民の連合」なのか、それとも「諸国家の連合」なのだろうか。確実なのは、それが主権国家をもたない「諸民族の連合」ではなく、主権国家の枠をこえる「超民族の連合」でもないことである。国連は、独立した主権国家として国民を抱えている団体、たとえばアラブ各国をそれぞれ国民国家として受け入れた団体なのである。

アラブ国家とアラブ民族

アラブの世界では、旧ソ連とは逆に「民族」のレベルでは言語や文化の共通性があるために理論的には一つの「国民」として統合が可能であるのに、実際には二一ほどの「国民」がそれぞれの国民国家をもっているのは何ゆえであろうか。その理由として、熱心なアラブ・ナショナリズムの信奉者がよくあげるのは、現代アラブの国家システムには歴史的な根拠がなく、植民地主義者がことさらに分割して創りだしたという点である。この点では、アラブの国家システムが「目新しいばかりでなく人工的で外来のもの」とするアメリカの研究者バーナード・ルイスのような考えと、彼をしばしばオリエンタリズム（東方に対するヨーロッパの思考の様式や知のあり方）の泰斗として批判するアラブ人や日本人の一部の研究者たちとの間に不思議なほど差はない。

しかし、中世から現代にいたる中東の歴史の不連続性を強調するこうした解釈は、二二にものぼるアラブ系諸国の枠組が、第一次世界大戦後のイギリスとフランスによる委任統治によって国境が区分されたイラク、シリア、ヨルダンを除くと、いずれも一九世紀もしくはそれ以前にさえ由来することを無視してしまう。必要なのは、中東の歴史に孕まれる連続性と不連続性を区別して検討することである。このためにも、イラク、シリア、パレスチナ、ヨルダンなど近代までオスマン帝国の直接支配に入っていた「肥沃な三日月地帯」の中枢と、エジプト、レバノン、アラビア半島、ペルシア湾岸など帝国の直轄支配を次第に免れるようになった地域、最初から帝国の支配を免れて中東・北アフリカの周縁にあったオマーンやモロッコのような地域をたがいに分けて考える必要がある。

アメリカの東洋学者ブレステッドが名付けたという「肥沃な三日月地帯」とは、概ねチグリス＝ユーフラテス川とシナイ半島に挟まれた農耕地帯にあたり、北の山岳地帯と南の砂漠地帯の中間にある。他方、この肥沃な三日月地帯のアラブ諸国を除いた他地域の国々は、その土地固有の歴史が生んだ所産であり、近代西欧の植民地主義とはとくに関係のないイスラム史の力が及んだ地域が多い。その多くは、七世紀以来勃興した各王朝の周縁地域や、王朝の解体後に版図内部から現れた枠組に由来しており、そこに住む人びとの独特な信仰や定住のプロセス、道徳的な価値観に照らして早くから「国家」として支配の正統性（レジティマシー）を住民の間に得ていたものである。

たとえば、エジプトやアラビア半島やペルシア湾岸の一部の国々は、古くから隣と自分をおよそ見分けるには十分なほどの境界線や境界域を持っており、時間の経過にもかかわらず領土の「コア・テリトリー」（核心地域）は変わらずに残って近代を迎えた。エジプトのコア・テリトリーは、紀元前二八五〇年にメネス王によって上下エジプトが統一されて以来変わっていない。エジプトの国家としてのまとまりは、四世紀以降の大和朝廷の統一や一〇六六年のノルマン・コンクェストと比べても由緒正しいだけでなく、国家としての凝集度の点でもはるかに密なのである。

確かに、公けにはイタリア植民地省の布告（一九三四年一二月三日）によって成立したリビアという枠組のように、起源が新しく人工的に思える国家もある。しかしこれも、トリポリタニアやキレナイカといった歴史的にそれぞれまとまりのあった地域が一体となった点を考えると、これこそ結果として「アラブの統合」なのである。しかも、新しい名称のリビアはかつてアフリカを意味した古代にさかのぼる地縁的な名称である。「アラブの統合」を理想とするムアッマル・カッザーフィー（カダフィー）が植民地主義を連想させかねないリビアという名前を捨てなかったのは、国民国家がひとたび成立してしまうと強さを発揮する構造の力を示唆している。

植民地主義が「人工的」につくりだした国家でさえ、その名前の多くは多少なりとも地縁にもとづいていた。リビア以外にも、シリアやパレスチナのようにローマ時代にさかのぼる歴史の記憶から甦った名前もある。これらはいずれも十字軍が中東に到来した頃にはあまり使われていなかったらしいが、折から起きたルネサンスの文芸復興の機運に乗じてヨーロッパでも再びなじみになった名前である。また、ヨルダン（ウルドゥン）やイラクのように、中世の地方名に由来する例もあった。

こうして、二〇世紀に入ると、オスマン帝国の支配の外や周縁にあったアラブ系の国々は、間違いなく自らを「国」「国家」「国土」と考えるアイデンティティの感覚を持つようになっていた。国際連盟や国際連合への加入といった欧米中心の世界新秩序への参入を絶対的な基準にしなければ、これはまさにアラブ各地域における「国民国家」の誕生にほかならない。

起源によるアラブの国民国家の区分

国家とは、少なくとも「コア・テリトリー」に数世代にわたって独立した主権を及ぼし、そこに住む人びとに権威を確立してきた政治的単位のまとまりでもある。それは、住民に独自の法を守らせて、納税と兵役をしばしば義務づけることによって、権威への忠誠心をとりつけようとする。こうした観点から、この書物ではアラブ系の国々の由来と正統性を起源によって区分して説明することにしよう。「ラテン諸国」や「スラヴ諸国」というくくり方が時に意味をもたないように、アラブにしても「アラブ諸国」などと一括できるほどの等質性を到底もっていないからである。ここでは、レバノン人研究者のイリヤ・ハーリクの区分と定義を修正しながら現代アラブ国家の起源を説明するとわかりやすいかもしれない。

(1)イマーム首長一致型支配　これはイスラムの宗派的権威者イマームと、政治を統べる首長が人格的にも一致して統治する国家の特徴である。歴史的には、シーア派など反体制や分離派の運動から由来したイエメン、オマーン、キレナイカ（リビア）などと、スンナ派の正統を引くヒジャーズ（一九二五年にサウジアラビアに併合）、モロッコとに分けて考えることもできる。

(2)イマーム首長連合型支配　これは、サウジアラビアのように、政治を統べる首長が著名なイスラム改革運動の指導者と連合するか、同盟を結んで部族の狭い枠を超える支配の正統性を得るタイプである。

⑶非イマーム首長単独型支配　イスラムによるいかなる権威づけも必要とせずに、独立した首長や王家が「非宗教的」な権威を行使するタイプ。クウェート、カタール、バハレーン、アラブ首長国連邦がこれにあたる。山地部レバノンが一八六〇年にオスマン帝国内部の自治国家となった時もこれに近い。

⑷官僚軍人寡頭型支配　このタイプは、都市に駐屯したオスマン軍司令官の自立に始まり、官僚機構によるその補完を特徴とする。アルジェリア、チュニジア、トリポリタニア（リビア）、エジプトは、いずれも特権的な軍人集団の手に権力が集中して、オスマン帝国からの自立を果たした。もっとも、せっかく手にいれた枠組が植民地主義によってそのまま継承された例も多い。

⑸植民地委任統治型支配　英仏両国などの植民地主義の利益維持の観点から、オスマン帝国の解体を機につくられた国家的枠組。イラク、シリア、ヨルダンの他に、委任統治下のパレスチナや、フランスの意志で枠組が変形させられたレバノンもここに入れてもよいだろう。

以上の類型を見てみると、植民地主義がアラブの世界を分割して国家システムの枠組を恣意的に創りだしたといえるのは、(5)のケースくらいである。アラブ首長国連邦の前身トルーシャル・オマーンやクウェートが、条約によってイギリスの国内プレゼンスを認めたり、オマーンがイギリスによる国内管理の既成事実を容認するようなケースもあった。この点では確かにイギリスとフランスが、一九一四年の第一次大戦の勃発から一九五六年のスエズ運河国有化とスエズ戦争による撤退まで中東の政治舞台の主役であった。

とくに、一九二〇年代に両国が新しい国境線を取り決め、政府の形がどうあるべきかを議論したり、時にはアメリカ人とも協議しながら折から発見された石油の利益の配分方法を決定したのも事実である。しかし、両大戦間期の中東で純然たる植民地と呼べるのは、フランス領のアルジェリア、イギリス領のアデン、イタリア領のリビアくらいであった。エジプトとイギリスの共同統治（コンドミニウム）の下にあったスーダンもそれに入れてよいかもしれない。

「アラブ」というパラダイムや「アラブの統一」というレトリックにとらわれるあまり、現在のアラブ系の国々の多くが、歴史のなかに、それぞれが独立した国家として成立する根拠と正統性を求められる存在だということを軽視してはならないだろう。「アラブ諸国」のすべてがあたかも、植民地主義による分割の所産だと考えるのは、ナーセルやサッダーム・フサインのアラブ・ナショナリズム（パン・アラビズム）がカウムとしてのアラブを普遍的に強調するイデオロギーを、歴史の実体あるいは「歴史の骨」と混同したために起きた解釈に他ならない。現在では、アラブの統合がまがりなりにも成功したか、統合への道に入った例が、いずれも共和国でなく王国や首長国のケースが多いことも、興味深い逆説である。

アラビア半島の大半を統一して一九三二年にサウジアラビアの国号を名乗った国、一九五一年にキレナイカとトリポリタニアの連合王国として独立したリビア、一九七一年にアラブ首長国連邦として独立した小さな国々のまとまり、これらはその指導者の意図を別にしても「統合」を試みた実験例に他ならない。それが可能だったのは、アラブ・ナショナリズムなどのイデオロギーではなく、経済や安全保障上のプラグマチズムが「統合」を共通の利益としたからである。東西両ドイツに先駆けて九〇年五月に南北イエメンの「統合」を促したのも、冷戦終結が要求したプラグマチズムに他ならない。

ところでアラブの人びとの歴史に実体として普遍性が成立した例を求めるなら、後述するように、それはアラブ意識よりもイスラム意識に他ならなかった。イスラムこそ、アラブ人に限らず中東における民族と国家の関係を特異なものとする根拠となったのである。

トルコ人か、トルコ国民か

この独特な感覚についていうと、トルコ人もアラブ人とさして大差がない。彼らが

「テュルク」と呼ぶ時、それはトルコ共和国のトルコ人とともに、中央アジアで一九九一年末に独立を達成したばかりのウズベク人やカザフ人やトルクメン人を含めて使うことが多い。「テュルク」とは明らかに「アラブ」や「スラヴ」と同じく言語や文化の共通性を意識する呼び方である。トルコ共和国のトルコ人やアゼルバイジャン人は、同時に広い意味での「トルコ人」(テュルク)なのである。この意識のレベルは、現在のエジプト人とイラク人がたがいを「アラブ人」(アラブ)として意識するのとほとんど同じである。さらに重要なのは、テュルクのアイデンティティにもアラブと同じように宗教感覚が大きな影を落としていることである。

トルコ共和国のすべての市民は、「タビイイエト」(国民としての帰属先)の点ではトルコ共和国市民である。しかし、イスタンブルに住むギリシア人やアルメニア人は「ミッリイエト」(民族として帰属する意識)の面ではトルコ人から区別される。わずかに、トルコ人についてのみ、タビイイエトとミッリイエトは互換的なのである。また、イスラム世界のなかでは世俗主義が貫かれているトルコ共和国の場合でも、トルコ人という意識と並んでムスリムという意識がいまでも根強い。

ここで、話は第一次大戦後のトルコ独立戦争の時代に戻る。一九二〇年五月一日に、アンカラで開かれた大国民議会は、厚生大臣の演説をめぐって時ならぬ紛糾の渦にまきこまれていた。大臣の演説自体は、トルコ人の民族性を維持するために健康と公共衛生の整備充実を訴えた、たわいない内容にすぎなかった。何ゆえに、それがチェルケス人出身の一議員の憤激を招いたのだろうか。

この議員を怒らせたのは、当時の基準に照らすと、厚相が「トルコ人」という表現を不用意に使ったからである。議員は、トルコに住むチェルケス人、チェチェン人、クルド人、ラーズ人などには、衛生を保持させなくてもよいのかと、興奮ぎみに叫んだ。「トルコ人については語らないことにしよう。ムスリムについて語ろうではないか。さもなければ、オスマン人について話し合おう。それで十二分だ」。こう述べたムスタファ・ケマル・パシャことアタテュルク（一八八一―一九三八）の介入で論戦は収拾された。

われわれの議会は、単にトルコ人に関心をもつだけではない。また、議員は単なるトルコ人ではない。さらに、チェルケス人でもなければ、クルド人でもラーズ人でもない。議員たちは、これらをすべて含むムスリムである。彼らは、ムスリムの誠実な共同体に属しているのだ。

アタテュルクは、国民国家としてのトルコ共和国の創始者であり、政治と宗教の分離をイスラム世界で初めて推進した世俗主義者である。このアタテュルクにして、アイデンティティの核として、民族や国民ではなく、イスラムにもとづく議論をせざるをえない時もあったのである。「トルコ」と「トルコ人」は、アタテュルクにとって、すでに存在するコンセプトではなく、これから将来に向けて獲得するのが至上命令とされたコンセプトなのであった。これは、アタテュルクに限らず、中東イスラム世界の政治エリートがこぞって直面した難問である。しかも、いまだに確たる答えが出ていない。その理由をさぐるために、民族と国家をめぐるイスラムの歴史をしばらく遡ることにしよう。

第二章　イスラム史のなかの民族

——ムスリムと啓典の民——

イスラムの思想と歴史の中で、民族はどう考えられたのだろうか。本章は、イスラムの基本用語とともに、七世紀から一〇世紀頃までのイスラム国家とそれを担ったアラブ人の民族観を整理している。ムハンマドが神の啓示としてイスラムを伝えるまで、アラビア半島でアラビア語を話す人びとはアラブという自意識を持っていた。しかしイスラムは、人びとが神の前では同じムスリムの兄弟だと教えていた。それは、同じアラビア語を話していても信仰が違うと、よそ者として意識することを意味した。それでも、イスラム世界の版図に入ったキリスト教徒やユダヤ教徒は「保護された民」として寛容に扱われた。他方、ヨーロッパにいるキリスト教徒は「まつろわぬ戦さの民」であった。人びとのアイデンティティを測る基準は、宗教信仰であって、民族ではない。イスラムが他の宗教に寛容だったのは、ムスリムに改宗するか「保護された民」になるか、という条件の下においてであった。

1　イスラムにおける民族の系譜

イブン・ハルドゥーンとナバタ人

イスラムの歴史では、血縁・言語・住所は、人びとのアイデンティティにとって、あまり重要な意味を持たなかったとよく言われる。民族のコンセプトが発達するのは、ヨーロッパの影響が強まる一九世紀以来のことだったというのである。確かに、イスラム世界に住む人びとが自分と他者を区別して「外人」から同胞を識別する基本的な区分は、信仰の違い、つまり各自がどの宗教共同体に属するのかということであった。宗教は、社会や人びとを凝集させる力であり、個人のアイデンティティを測る物差しであり、集団的な忠誠心の焦点でもあった。

もちろん、イスラムにおいても七世紀の初期アラブによる周辺世界への膨張、いわゆる「大征服」の時代の頃には、家系と血縁によって自らの帰属意識を確認していた。一四世紀のアラブが生んだ大歴史家イブン・ハルドゥーン（一三三二―一四〇六）は、大著『歴史序説』のなかで、カリフのウマル一世（六四四没）が人びとに述べたとされる逸話を紹介している。

汝自身の系譜を知れ。しかし、イラクの非遊牧民ナバタ人のようになってはならぬ。彼らは、出身を尋ねられると、私はどこそこの村の出身だ、という具合に答えたからだ。

ナバタ人とは、シリアからイラクにかけて住んでいた農民などを一般的に指す名称だったらしい。この伝承は、ある土地に定住する農民だけが居住地への帰属で分類されていたことを示唆する。初期のアラブ人征服者が、出生地や居住地に特別の帰属意識を抱くことはまずなかった。彼らは、その出身が都市民であれ遊牧民であれ、どの家系に属する者であれ、征服地で支配エリートになると、アラビア語を媒介としながら、一般的にアラブとしての集団的アイデンティティを意識するようになった。そして、それ以外の人びとをアジャムと軽侮したのである。この点でも、アラビア語に「アラビア」つまりアラブが住む地域を表す単語が見あたらないのは興味深い。あるとしても、それは一〇世紀の地理学者イスタフリーのいう「ディヤール・アラブ」（アラブの地域）のような複合語であった。しかも、それはアラビア半島を指しており、エジプトやシリアについては別々の呼び名を使う以外に表すすべがなかった。アラブが住む地域一円を指す地理的コンセプトがない以上、近現代に入ってから「民族」としてのアラブを統一国家としてまとめあげる試みが、政治的リアリティを欠くのは当然だったと言えるだろう。

　そこで、イスラムの成立直後に強調されたアイデンティティは、さしあたり血縁的な基準にたよる以外になかった。実際、ウンマと呼ばれた信仰共同体の民族的な中核は、ムハンマドによってアラビア語を媒介にしながら「民族的」なアイデンティティを与えられたアラブという集団なのであった。

アサビーヤ（集団における連帯意識）

　イブン・ハルドゥーンは、歴史と文明を進める力として、「アサビーヤ」という有名なコンセプトを説明している。集団における連帯意識とも訳すべきこのコンセプトは、人間の社会的結合の最も基本的な絆を説明するものとされた。彼は、ある部族（カビーラ）における連帯心を分析しながら、その中にさらに強いアサビーヤがあることを発見する。それが、氏族（アシール）、家族（アフル・アルバイト）、同父兄弟のアサビーヤであり、これらの集団をそれぞれ構成する者たちのアサビーヤによる利害対立の調整が、強い指導者の出現を必要とする。この強いアサビーヤに支えられた指導権は、人びとに対する強制力の行使につながり、王権（ムルク）の成立につながっていく。言ってみれば、アサビーヤは「部族的党派心」ともいうべきコンセプトであった。

　しかし、カリフの指導による「大征服」とともに、新しく服属した住民たちは、帝国の公用語たるアラビア語を自らの言語とすることによってアラブ化するようになった。
また、こうしたプロセスは、ムスリムとして信仰の共同体ウンマに帰属する意識によっても、さらに促進されたに違いない。こうした非アラブ人のアラブ化は、逆に本来のアラビア半島から勃興したアラブ人の民族意識を希薄にさせる結果をもたらすことになった。イスラムは、部族などのアサビーヤを克服して、それらの集団を一つの共同体としてのウンマに統合する役割を果たしたとも言えよう。こうして、アラブ人たちは、自ら作ったコスモポリタンなイスラム国家へ融解するにつれて、ムスリムであるか否かの信仰に関わる基準をアイデンティティとして重視するようになったのである。

預言者ムハンマドは、アサビーヤをイスラムの精神的な絆に反すると非難した。ムスリムにとって、アイデンティティの核が宗教信仰となったことを考えると、この批判も当っている。それは、信仰の如何が他人のアイデンティティを判断する際の中心でもあった、ということである。かつてのアラブ戦士集団のエリートたちが、ムスリムの団塊のなかに埋没して近代を迎えるに至るまで、アラビア語を母語とするムスリムたちは、「特定の部族・村落・街区・教団その他の民衆組織への帰属意識を抱くだけで、いかなる民族に属するかということは問題にされる余地がなかった」（嶋田襄平）のである。

もっとも、アサビーヤがイブン・ハルドゥーンにとって、社会分析の有効な手段となったことは、イスラム世界の中でも相変わらず、イスラムの原理と異質な組織原理や帰属意識が根強く残存していたからであろう。九世紀半ば頃までのアラブの史書が、アラブ対非アラブの構図よりも、アラブ内の部族間対立の構図で歴史を描きがちだったのも無理からぬことではあった。

「民族」的な系譜伝承

自分とそれをとりまく周辺の世界が、家族から氏族、さらに部族に発展する血縁関係に覆われていると意識するなら、そうした人びとは、言語や習慣・生活様式・祖先を同じにするという「神話」を共有する集団の大きな単位にも無自覚ではいられなかった。アラブという認識があったとすれば、アジャムの人びとも「アラブ人」に相当するような、言語や習慣が同じ大きな集団の存在を意識したことは間違いない。もちろん、彼らはそれを近代的なコンセプトでいう「民族」と理解したわけでない。どれほど自らをムスリムとして納得させても、皮膚の色、言葉の違い、食生活の差などは、依然として自他の違いを否応なく意識させたに違いない。

この点を考える上で手がかりになるのは、イスラム世界にも伝わっている『創世記』一〇章のノアとその三人の息子にまつわる人類の系統図と並行する伝承である。イスラム史最初の年代記『諸預言者と諸王の歴史』の作者タバリー（八三九―九二三）の紹介する諸説に共通するのは、ヌーフ（ノア）の息子たち、サーム（セム）、ハーム（ハム）、ヤーフス（ヤペテ）がそれぞれ、アラブの父、黒人（ザンジュ）の父、ローマ（ビザンツ）人の父だったという伝承である（図3参照）。『中東における人種と奴隷』の著者バーナード・ルイスによると、トルコ人とスラヴ人がヤーフスから生まれ、ベルベル人とコプト人がハームから出生したという説、イラン人についてはヤーフスとサーム、ビザンツ人についてもサームから生まれたという異説もあるという。

一説によると、ハームは色が黒く頭髪のちぢれた人びとを、ヤーフスは顔が大きく目の小さな人びとを、サームは見目うるわしく髪のまっすぐな人びとを生んだという。これから判断する限り、身体の外に現れた形質から人びとを区別するような「民族」の区分もあったのかもしれない。しかし同時に、九世紀の歴史家ディーナワリーのように、言葉の相違が「民族」の違いを生じさせたとする者もいる。

日本のイラン学者清水宏祐の紹介と要約に従うと、ヌーフの子孫ファーリグの時代に、子孫たちがバービル（バビロン）に集まって塔を建設しようとしてアッラーの怒りに触れてしまった。アッラーは、サームの子孫の言葉を一九に、ハームのそれを一六に、ヤーフスの子孫については三七に分けてしまった。このために、「言葉が違った状態では一つの場所に住むことができない」とファーリグに言われて、土地を分け与えられながら、別々に住むことになったという。また、一〇世紀の地理学者イブン・ハウカルは、カフカースの山地民族が非常にたくさんの言葉を用いる異教徒であることを伝えている。

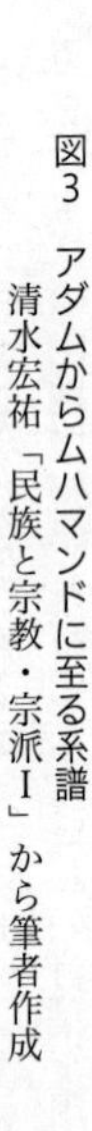
図3　アダムからムハマンドに至る系譜
清水宏祐「民族と宗教・宗派Ⅰ」から筆者作成

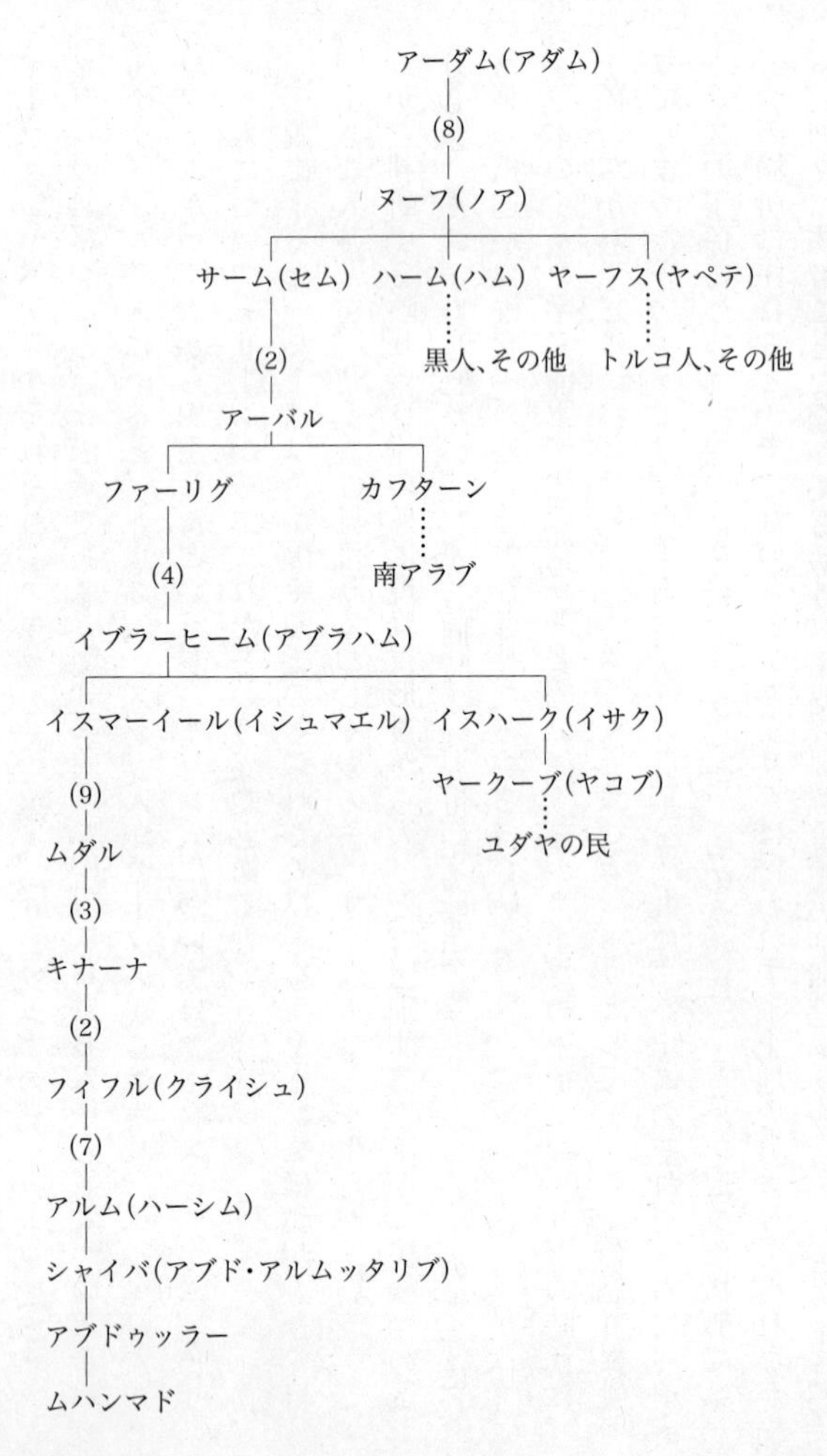

図4　カフカース諸民族の系譜
北川誠一「カフカースの諸民族」から筆者作成

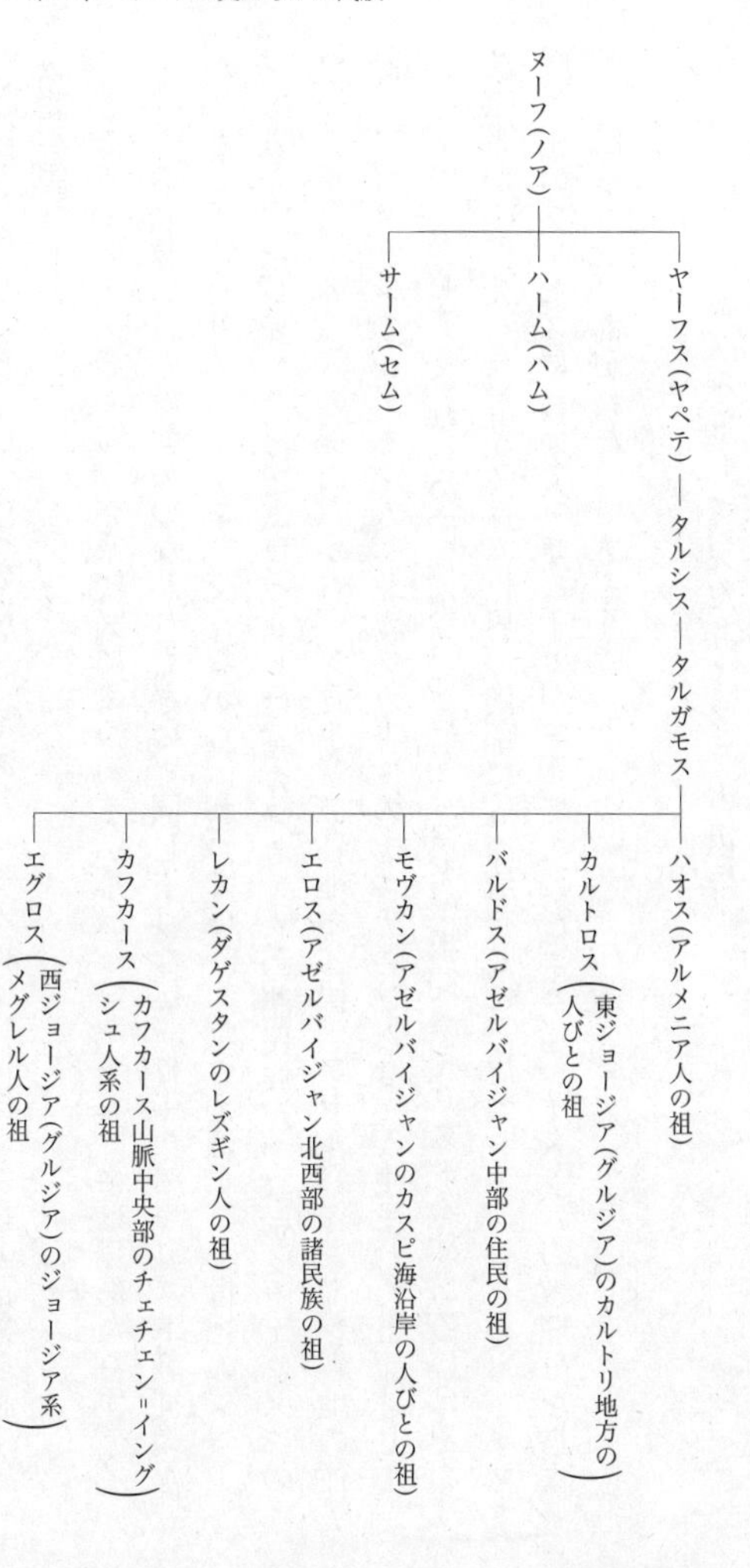

「祝福されたカーフの山があるのはここであり、その辺境には種々多数の言葉を話す異教徒が住む」と。

ところでノアに発する民族系統図にまつわる伝承は『コーラン』には見あたらず、イスラムの宗教伝統とは何のつながりもない。同じような伝説は中東のキリスト教徒のなかにも多少のバリエーションを交えながら伝わっている。たとえば、一〇世紀のジョージア人歴史家レオンティ・ムロヴェリは、カフカースの諸民族がヤペテ（ヤーフス）の息子タルシスの八人の孫たちから、ジョージア各地の住民、アゼルバイジャン各地の住民、ダゲスタンのレズギン人、北カフカースのチェチェン人などが生まれたと記述している（図4参照）。これらの伝承はおそらく、ユダヤ教徒やキリスト教徒あるいはその改宗者から伝えられてイスラム世界の内部に広く流布したと思われる。ここでも、イスラム化のプロセスにおいてアサビーヤがそうであったように、イスラムの教理になじまない伝承も受け継がれたのであろう。

2　レンズを通して見た非イスラム世界

アラブ人以外の民族のイスラム化

　こうして、ムスリムとしてのアイデンティティと、アラブとしてのアイデンティティは、個人と集団の意識において一体化したともいえよう。ムスリムは、自ら普遍的だと自負したイスラム共同体の内部では、少なくとも理論上は言語・出身・居住場所が何であれ、他のムスリムを兄弟として受け入れねばならなかった。歴史的に見るならムスリムは、同じ血に連なる祖先をもち、同じ言語を話す人びとであっても、他の宗教を信じているなら、同国や同郷の人でさえ、よそ者としてしりぞける傾向があった。

　アッバース朝時代になると、支配エリートに列する基本資格は、民族的な出身としてのアラブではなくムスリムであることに求められた。年代記作者タバリーのように、タバリスターン生まれのイラン系の学者でありながら、アラビア語で著作をものする人が多く出たのは不思議ではない。アラブ人以外の人びとが、人文・自然諸科学において、母語でなくアラビア語で著述したことは、この言葉を学術面でもラテン語のように「リンガフランカ」（共通語）に成長させることにもなった。

　非アラブ住民のイスラム化にともない、九世紀以後のアラビア語史書の作者には多彩な民族の出身者が増えてくる。こうして、民族と国家に関わる叙述のなかから、二つの特徴が姿を現す。アラブについていえば、かつて圧倒的な権勢を誇ったアラブの絶対優位性が崩れ去って、その隙間を文化や社会にまつわるスノビズムで埋め合わせようとする傾向が出てくる。もちろん、こうした虚勢は権力の冷徹なリアリズムの振り子とは照合しない。

他方、非アラブの側では、次第に自らの民族的な伝統とその成果に自信をもち、宗教を除けば征服民のアラブが非アラブに優るものがないと考えて、アラブを粗野な遊牧民とさげすむ風潮が次第に現れる。それは、ムスリムの平等を説いた『コーラン』(四九章一三節)に依拠した、シュウービーヤと呼ばれる非アラブのアラブとの平等化を主張する運動につながる。こうした非アラブの文化的な自己主張は、イスラム世界の東端イランと西端スペインで強まった。シュウービーヤは、その中間の北アフリカや肥沃な三日月地帯では、アラビア語が先住民の言葉に替わっており、アラブとしてのアイデンティティが定着していたこともあって発展しなかった。

北方と南方の異民族と「野蛮人」

中世のアラブ人は、アフリカはもとよりヨーロッパでさえ、光輝くイスラムの世界にとって少しも恐れるに足らない「野蛮」で暗黒の外界と考えていた。たとえば、一〇世紀の高名な地理学者マスウーディー(八九六頃—九五六)は、ヨーロッパの人びとについても、おおむねこう述べていた。

北方の人間は、太陽が天頂からもっとも遠いところにいる人間である。これらの地域では寒気と湿気が強く、行けども果てしなく雪と氷とが広がるだけである。彼らは心あたたまるユーモアに欠けている。体は大きく、性質は粗野で、振舞はがさつである。理解力は鈍く舌が重く、宗教的信条は堅固でない。北方のいちばん端にいる者は、もっとも愚鈍で、粗野で、野蛮な傾向がある。

また、スペインのイスラム都市トレドのカーディー（イスラム法に基づき民事・刑事の訴訟に判決を下す裁判官）、サーイド・イブン・アフマド（一〇七〇没）は、一〇六八年に各地の人びとの個性について興味深い観察を書き記していた。それは第一次十字軍の約三〇年前にあたる。サーイドは、「人間というよりも禽獣といった方がよい」南と北の「野蛮人」についての叙述のなかで、スラヴやブルガールをひとくさりけなした後で、赤道近辺に住む人びとに言及している。

太陽が天頂に長く留まるために、大気は熱を発して空気は薄い。このために、そこに住む者の性（さが）は熱狂的であり、その気質は激しやすい。皮膚の色は黒くなり、その髪の毛はちぢれてしまう。こうして、彼らは自制心と平常心を欠き、むら気、愚行、無知におのれを委ねる。これが、エチオピアの地の僻遠に住む黒人たち、ヌビア人、ザンジュ人といった手合いなのだ。

このように、気候が人間の性質に影響を与えるという考え方は、歴史家イブン・ハルドゥーンにも見られたが、サーイドは彼らが「人間の秩序からはみだし、物のわかった付き合いからはずれた」人びとだとこきおろす。つまり、人類には学問や科学の才能に恵まれた人びとと、そうでない人びとがいるとされた。前者の例としては、インド人・ペルシア人・カルディア人・ギリシア人・ローマ人（ビザンツ人と東方キリスト教徒を含む）・エジプト人・アラブ人（一般的にその他のムスリムを含む）・ユダヤ人があげられていた。残りの「無知な人びとのなかでは最も高貴な人びと」として、手芸と絵画に秀でていた中国人と、勇武で戦争や騎馬にすぐれ武器に巧みだったトルコ人を特筆している。日本人については言の葉にも上らないのはともかくとして、残りは北方または南方の軽蔑すべき野蛮人として無視しきっている。とくに北方に住む者たち、つまりヨーロッパ人は気性も冷淡で、ユーモアに乏しく、貪欲だとマスウーディーとほぼ同じ観察を加えている。サーイド・イブン・アフマドは、自信たっぷりと次のように断定したものである。

彼らの腹は大きく、顔色はあおじろく、髪は長くて、ちぢれていない。彼らは洞察力の鋭さと知性の明晰さに欠けている。そして、無知・蒙昧・無理解・愚行に身をまかせている。

サーイドの主張は、当時としては格別に珍しいものでなかった。それは、マスウーディーの観察と多少なりとも共通しているように、ムスリム学者に一般的に受け入れられた世界観の一部にすぎなかった。すでに、シュウービーヤ運動に対抗してアラブ中心主義をふりかざしたジャーヒズ（七七六―八六八または八六九）は、まかりまちがえば今日でいうレイシズム（人種主義）にもなりかねない差別的表現で、トルコ人や黒人の〈民族性〉をブラック・ユーモアを交えて表現していたものである。他方、ジャーヒズは、中国人の技芸、ギリシア人の哲学と科学、アラブ人の詩才と修辞、イラン人の行政能力と政治的経綸を高く賞賛していた。その一世紀後のある表現を借りるなら、まさに「知恵は、ビザンツ人には頭に、アラブ人には舌に、イラン人には心に、中国人には手に降りた」のであった。

ムスリムにとって、世界の中心がイスラムの土地だったのは当然であろう。イスラムは、スペインから北アフリカをへて西アジアに至るアラブ地域、さらにイランにまで広がる地帯を覆っていたが、それは当時の地球人口の大部分を含んでおり、古代文明揺籃の地でもあった。その世界と接するビザンツ帝国の北方には文明発展の低い段階に満足する人びとが身を寄せあっており、イランを越えて東方に広がる地域には偶像崇拝の劣った徒がおり、南方には「黒い野蛮人」がいる、というのが中世にムスリムの抱いた世界観であった。アラブの文学者ジャーヒズ以後のアラブ人とイラン人の年代記作者や文学者たちは、北のスラヴ人とトルコ人、西にいるフランク人、南のアフリカの黒人に対して、いつも優越的なイメージで眺めるのが常であった。

無明の世界

こうしてみると、中東イスラム世界の人びとにとって、近代ナショナリズムが勃興して二〇世紀に入るまで、イスラム化される以前の祖先との一体感や連続性の感情が乏しかったのは当然であろう。しかし、このムスリムたちは、ナイル文明やチグリス＝ユーフラテス文明を生んだ祖先の偉業を理解できないほど、歴史に無関心だったわけではない。彼らは古代文明の遺産に無知であったり、ましてやその意義を理解できないほど蒙昧でもなかった。

それどころか、彼らは光彩陸離とした文明の過去を知っており、その後のイスラムの高い文化水準との継承関係もよく理解していた。それでも、彼らにとって重要なのは、真の歴史がイスラムの興隆とともに始まるという信念であった。ムスリムたちはイスラム化以前の歴史を「ジャーヒリーヤ」（無明）と呼んだが、よくぞ命名したという気がする。

人びとはムスリムである限り、たとえ世界のいかなる地域に住んでいても、その精神的な祖先をアラビア半島と初期イスラムに求めるべきであった。古代のエジプト人やバビロニア人がいかに高度の文明を作りあげたにせよ、彼らが神の唯一性に真向から反する偶像を崇拝したという点において、エジプトやイラクのムスリムにとって血がつながる祖先は長いこと「よそ者」と見られてきた。古代エジプト人やバビロニア人との間に血と土を通したつながりがあったにしても、それは「自然の歴史」における結びつきであって「真実の歴史」を貫く紐帯ではなかったのである。

ムスリムが非ムスリムの祖先に応分の敬意と関心を払うには、民族と国家のコンセプトはもとより、自分たちが住む土地との〈神秘的〉な結びつきについての感覚をもつのが不可欠であった。また考古学や言語学の成果による古代への情熱も、忘れられた過去の発見に寄与したかもしれない。しかし、これらはいずれも一九世紀近代のヨーロッパとの文化接触や衝突、オスマン帝国との訣別のなかから、本格的に再認識されてくるにすぎない。この点で、中東でも一番早く国民国家の枠が定まったエジプトにおいて、オスマン帝国から自立するムハンマド・アリー王朝が愛国心とエジプト・ナショナリズムの基盤を固めるために、古代文明とファラオの業績の発見に熱心になったのは偶然ではない。

3　ムスリム・キリスト教徒・ユダヤ教徒

ムスリムと啓典の民

ところで、ムスリムとは、もともと「神に絶対的に服従する者」を意味した。それは、ムハンマドが啓示を伝えた一神教の信者つまりイスラム教徒を指すことは言うまでもない。ムスリムは、「啓典の民」やカーフィル（不信者）とは区別される集団である。預言者ムハンマドと同じように、唯一神からの啓示を受けたムーサー（モーセ）の共同体（ユダヤ教徒）やイーサー（イエス）の共同体（キリスト教徒）は、いずれも啓典の民と呼ばれ信仰の自由を保障されていた。しかし、彼らが受けた啓示は、最後にして最大の預言者のムハンマドに啓示を下されたイスラムと比べて、不完全であり歪みがあった、というのがイスラムの立場である。

この二つの宗教は、イスラム化以前のアラビア半島でもすでに知られていた。ムハンマドも二大宗教を知っており、『コーラン』や古いスンナ（ムハンマドの言行）にはモーセやイエスにまつわる故事が登場してくる。イスラムは、アラビア半島の多神教的な偶像崇拝と徹底して対決する一方、キリスト教やユダヤ教の一神教としての〈歪みの是正〉を図ったとも言えるだろう。イーサー（イエス）がマルヤム（マリア）の息子にすぎないと断言する箇所は、キリスト教の三位一体論の明白な否定にほかならない。

救主イーサー、マルヤムの息子はただのアッラーの使徒であるにすぎぬ。また、（アッラー）がマルヤムに託された御言葉であり、（アッラー）から発した霊力にすぎぬ。されば汝ら、アッラーとその（遣わし給うた）使徒たちを信ぜよ。決して「三」などと言うてはならぬぞ。差し控えよ。その方が身のためにもなる。アッラーはただ独りの神にましますぞ。ああもったいない、神に息子があるとは何事ぞ。天にあるもの地にあるものすべてを所有し給うお方ではないか。保護者はアッラーお独りで沢山ではないか。（四章一六九節、井筒俊彦訳）

イエスが神でもないし、「神の独り子」でもない以上、とくに多くの使徒つまり預言者の一人でしかないイエスだけを有り難がるな、という謂である。また、次のような言及は、ユダヤ教が定めた食物のタブーを無視したものと解釈できよう。

さあ、アッラーがお前たちに授けて下さった正当な、おいしい食物、どんどん食べるがよい。そしてアッラーのお恵みに感謝せよ、……お前たちに食べることを禁じ

給うたのは、死肉、血、豚の肉、それにアッラー以外の（邪神）に捧げられたもの、ただそれだけ。（一六章一一五・一一六節）

従属的な異教徒と敵対的な異教徒

しかし、「啓典の民」の集団については、アラブ人が征服の結果としてイスラム共同体に組み込んでいったキリスト教徒と、その外部とくに地中海を挟んでヨーロッパに蟠踞してやがて十字軍戦争を起こすキリスト教徒との間に、区別がなされたのは当然である。彼らは、イスラム権力と取り結ぶ政治・経済・社会的な関係の性格を基準にして、「ズィンミー」（保護された民）と「ハルビー」（まつろわぬ戦さの民）に区分された。それぞれ、ユダヤ教徒とキリスト教徒のうち、従属的な異教徒と敵対的な異教徒を意味する名称である。ハルビーという名は、「イスラムの家」（ダール・アルイスラーム）の境界の向こう側に住むキリスト教徒たちが、「戦争の家」（ダール・アルハルブ）に住む「まつろわぬ者」と見なされたことに由来する。

彼らのなかでも、イスラム世界に従属した者は、イスラム法の優越とジズヤ（人頭税）とハラージュ（土地税）の支払いを条件に、信仰の保持を許された。つまり、イスラム国家の寛容と保護をあてにできたのである。彼らがズィンミーと呼ばれたのは、国家による「ズィンマ」（生命・財産の安全保障）を受けた人びとだったからである（図5

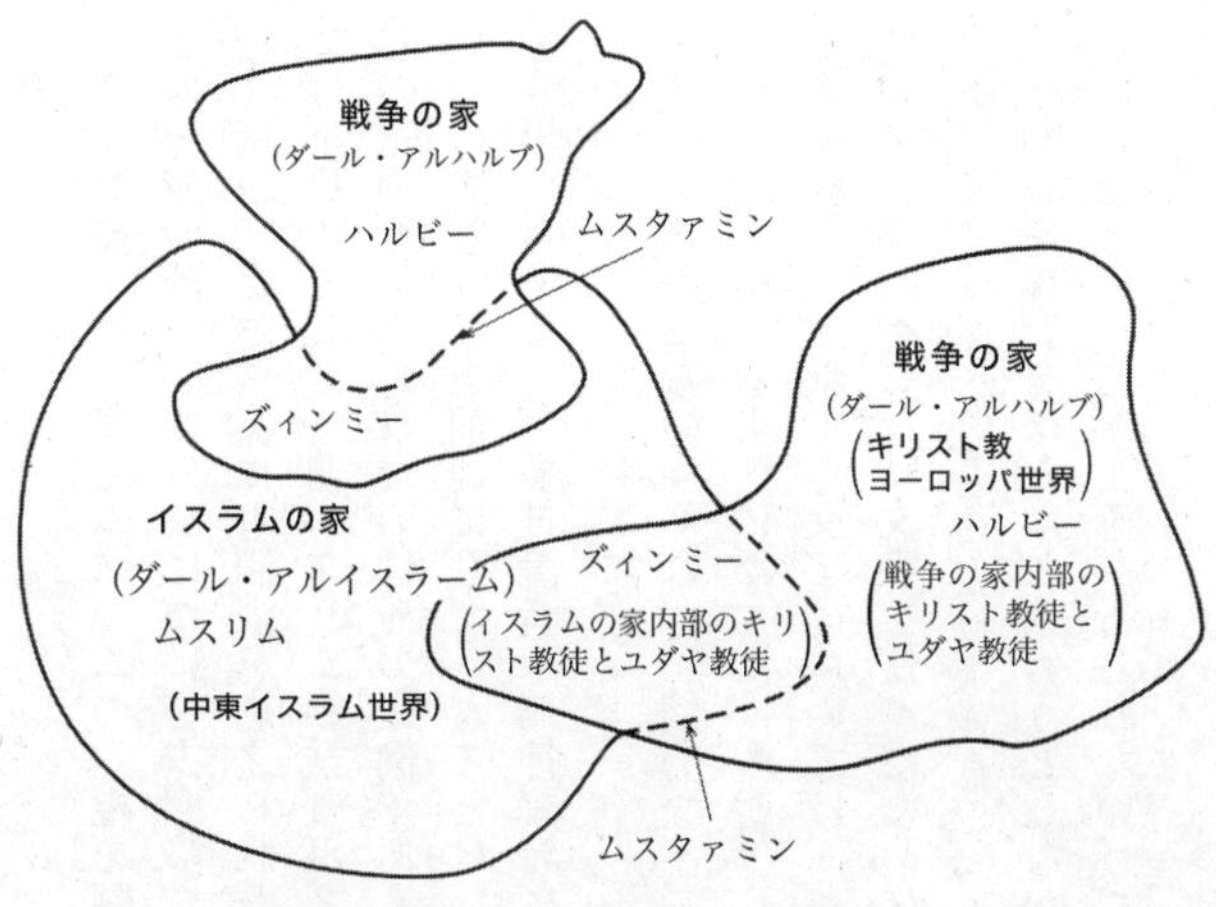

図5　「イスラムの家」と「戦争の家」の相関図（筆者作成）

参照)。

ズィンミーは、まずムスリムの主権を認め、政治的に服従することが義務づけられた。その忠誠の証として、身につける衣服や、家や靴の色、頭の被(かぶ)りもの、騎乗する馬や乗物、携帯できる武器にも制限を加えられた。オスマン帝国時代には、ムスリムに会う時には下馬すること、非ムスリムが乗るボスフォラス海峡の渡し船の櫂(かい)は三対に限る、などの差別も加えられたのはその一例である。イスラムにおける他宗教への「寛容」とは、自らの絶対優位を前提にしていたことはいうまでもない。イスラムは少なくとも法理論の立場からすると、多神論者や無神論者に対して、こうした「寛大」な扱いを許さなかった。

ズィンミーたちの多くは、圧倒的なイスラム文化の影響によって、日常語としてもアラビア語を用いるようになった。聖書はじめ宗教文献をアラビア語に訳そうと試みる者さえ現れた。それでも文字については、キリスト教徒の場合にはシリア文字、ユダヤ教徒の場合にはヘブライ文字を使ったために、アラビア文字しか知らないムスリムは、ズィンミーの文献を読むことはできなかった。というよりも、彼らはこの「劣った宗教」には関心や尊敬をほとんど払おうとしなかったので、異教徒の聖典をあえて読もうとしなかったという方が正確かもしれない。

「戦争の家」からの通行安全と保護

「戦争の家」から「イスラムの家」にやって来ることが認められた者は、一時入国者であれ短期滞在者であれ、アマーン（通行安全と保護のための契約関係）をもつことが認められた者、つまり「ムスタァミン」と呼ばれたものである。彼らには、信仰の自由、人頭税の免除が定められていた。アマーンは、原則として個人に与えられたが、やがて友好的な外国にまるごと認められることもあった。こうしたアマーンをもらったヨーロッパの国々は、その特権を商人たちに与えて対イスラム圏貿易に従事させたのである。中世末期にヴェネツィアやジェノヴァの商人たちの居留地がイスラム世界で増えたのも、彼らがムスタァミンと認知されたればこそである。

ところで、歴史的に眺めると、イスラムの政策的な目標は、「戦争の家」と呼ばれる非イスラム世界を「イスラムの家」に吸収することであり、「戦争の家」に属するまつろわぬ異教徒をムスリムかズィンミーにすることにあったともいえよう。初期には、まつろわぬ人びとであっても、中立化して「不可侵関係」を結ぶならば、彼らのいる中間的な場所は「平和の家」（ダール・アルスルフ）とみなすという解釈もあった。ムスタァミンについて言えば、ハルビーとズィンミーの中

表1　非ムスリムの被保護権の有無（筆者作成）

	イスラムの支配	非ムスリムの被保護権
ズィンミー	＋	＋
ムスタァミン	＋	±（条件付きで保護）
ハルビー	−	−

間にあったともいえよう（表1参照）。ムスリムが得た非ムスリムについての詳しい情報は圧倒的にズィンミーに限られており、ムスタァミンについての知識は限られていた。もちろん、ハルビーについての情報が不正確な知識や伝聞にもとづいていたことは、ヨーロッパの民族と国家に関するイメージを歪めることにもなった。

ところで、「イスラムの家」とは、イスラム法が施行されている世界のことである。それは、古典的な意味合いで言うなら、「単一にして不可分」のイスラム帝国と言ってもよいだろう。イスラムの観点からすれば、唯一神としてのアッラー以外に神が存在しないように、地上にもイスラムにもとづく唯一の主権と法しかありえない。これが現代のイスラム原理主義者にまで継承される「正統的」な考えである。理想的に言うなら、「イスラムの家」は人びとにとって唯一の共同体として知覚され、一つの主権が支配して一つの国家が統治するような世界ということになる。

このイスラム世界は、征服によって版図に入ったムスリム以外の人びとにも、啓典の民であるならば、寛容であり、その安全を保障しなくてはならなかった。しかし、ムスリムの古典的な世界観では、すべての人類はムスリムに改宗してイスラムを受け入れるか、キリスト教やユダヤ教の信仰を維持しながらズィンミーとしてイスラム支配に従うかのいずれかであった。この目標完遂まで戦うのがムスリムにとっての宗教的な義務であった。この戦いのために「努力すること」がジハードと呼ばれて、しばしば聖戦と訳

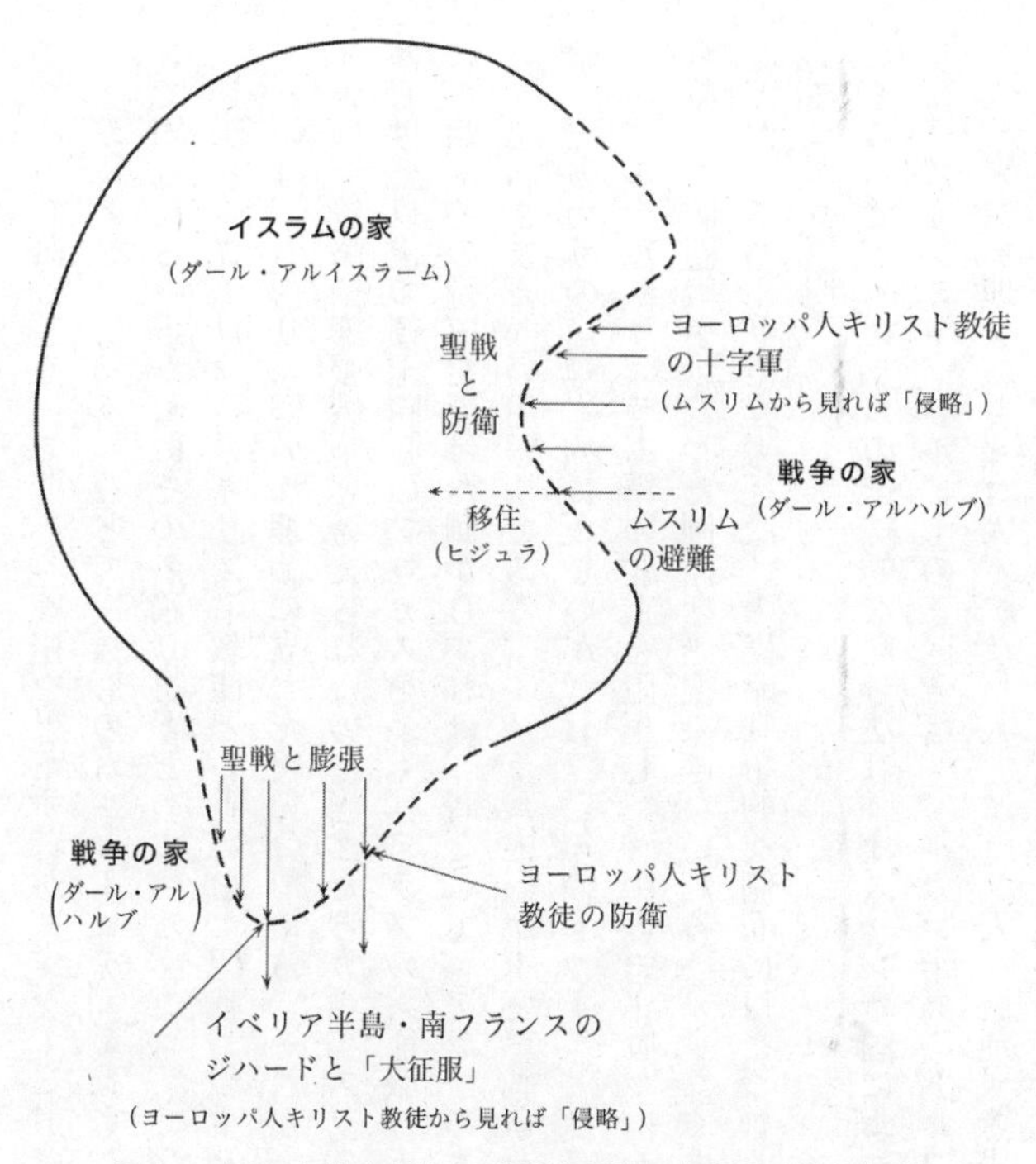

図６　イスラム世界をめぐる侵略と防衛の相関図（筆者作成）

されるのである。そして、その義務を果たす者がムジャーヒドである。それは、現代のアフガニスタンやイランなどで複数形のムジャーヒディーンもしくはモジャーヘディーンで知られる戦士たちにその名残りをとどめている。

しかし、ヨーロッパのキリスト教徒との戦いを「聖戦」つまりジハードとして正当化するのは、ムスリム側の法理論に立った言い分である。それが、キリスト教徒の側からすれば、侵略や膨張戦争と考えられたのは当然だろう。イスラム史やアラブ史の研究者は七世紀以後の領土膨張のプロセスをよく「アラブの大征服」と呼ぶが、これは征服された側やその脅威を受けた側からすれば、時として「アラブの大侵略」にすぎなかったことをわきまえない用語法である。イスラム史家が十字軍戦争を「侵略に対する防衛戦争」だというのは基本的に正しいが、七三二年のトゥール・ポワティエの戦いも、カール・マルテルがイスラム軍の北上を阻止して、中世ヨーロッパをイスラムの「大征服から救った防衛戦争」だった側面を無視できないだろう。少なくとも、イスラムの側に関してだけジハードや「大征服」の侵略戦争的な側面に目をつむるにはあたらないはずである（図6参照）。

ところで、イスラムの伝統的な区分法は、オスマン帝国によっても踏襲された。ムスリム、ズィンミー、ハルビーの三区分は、バルカン半島のトルコ人、ギリシア人、スラヴ人、アジア地域のトルコ人、アラブ人、イラン人を区別する民族的な相違よりもはるかに重要であった。土地に対する忠誠心や帰属意識が存在したことも事実である。しかし、その対象となるワタンとは、「むら」や「まち」を指すコンセプトしか持ちあわせておらず、せいぜいが出身地にあたる「くに」を含蓄するだけであった。それが政治的ニュアンスを含む「国土」を意味することはなかった。それでは、人びとの究極的な忠誠心と帰属意識は何であったのだろうか。繰り返して強調するが、それこそが宗教信仰に他ならなかった。人びとは宗教を基準にして、同胞と異邦人とを区別したのである。

通商貿易の関税率も、商品価値ではなく、商人がどういう信仰をもつ人物なのかによって決められた。もっと具体的に言うと、オスマン帝国内外のムスリム、ズィンミー、そして「戦争の家」から来たハルビーの順番で関税は高くなった。たとえば、一四五三年のイスタンブル征服直後の都市再建を伝える『メフメト二世のワクフ文書』には、海路から入ってくる物品への関税についての規定が見られる。そこには、「近隣の土地や、他の地方から商品をもってイスタンブルへやってくる商人たちに対し、ムスリムの場合は四〇分の一、ズィンミーの場合には二〇分の一、ハルビーには一〇分の一（の関税）を課す」とあった。この文書を紹介したトルコ史研究者の山本佳世子がハルビーを「敵」と訳したのは、あまりにも直截なだけにかえって、ズィンミーと違うこの非ムスリムの性格をよく際だたせている。

民族や政治信条の共通性は課税基準には少しも影響を与えなかった。ユダヤ教徒については、その国籍や政治的忠誠心のいかんを問わず、ヨーロッパから来た場合でもズィンミーの関税率が適用されたらしい。

4　中東とヨーロッパのキリスト教

西方キリスト教と東方キリスト教

もちろん、ムスリムにとって、キリスト教それ自体は決して未知の事物ではなかった。それは、イスラムを生み出す系譜のなかにあり、イスラム世界の内部にも少数派として存在していたからである。また、十字軍による災禍も多少の偏見をまじえながら、キリスト教への関心を増大させるきっかけになったかもしれない。しかし不思議なのは、彼らがヨーロッパ本土のキリスト教への関心をあまり示さなかったことである。オスマン帝国時代においても、ムスリムの外交使節や歴史家は、ヨーロッパのキリスト教についての情報をあまり与えてくれない。

確かに、イスラム中世にはムスリムの学者によってキリスト教に関するアラビア語の書物も書かれており、初期のキリスト教史や教会内部の各宗派についても情報が提供されていた。しかし、こうした関心は持続しなかったし、知識も蓄積されたとは言いがたい。オスマン帝国の時代になっても、すぐ隣のヨーロッパに住むキリスト教徒については、つぶさに実状を観察して情報を体系的に収集しようとしたわけではない。トルコ人たちは、はるか以前に書かれた初期のアラビア語文献の記述に知識を頼りがちであった。新しい知見をとくに加えようとしなかっただけでなく、情勢認識にも時にリアリティを欠くことがあったのは当然であろう。一六五五年にオスマン朝の文人キャーティプ・チェレビー（一六〇九—五七）がヨーロッパについて書いた論述『ギリシア人とビザンツ人とキリスト教徒の歴史への驚くべき指針』でさえ、キリスト教への評価は中世に知られていた水準をほとんど超えていない。

その著述のなかで、キャーティプ・チェレビーは、キリスト教が三つの「マズハブ」（宗派）、つまり、ヤコブ派、メルキタイ派、ネストリウス派に分かれていると紹介する。ヤコブ派とは、厳密に言うと六世紀のシリア単性論派教会の指導者ヤコボス・バラタイオスの名に由来するが、ここでは七世紀前半にイスラム支配下に入って、今でもシリアに少数派として残るシリア生え抜きの教会だけを指す名称ではない。「たいていのヤコブ派はアルメニア人である」と注釈するように、オスマン帝国では広く単性論派、つまり受肉のキリストの人格は単一の性をもつと考える信者たちを意味したようである。

メルキタイ派とは、東方正教会（ギリシア正教）などを指したが、もともと「皇帝派」を意味する蔑称に由来する。オスマン帝国では、公認のヒエラルヒーをもつ東方正教会は「ルーム」と呼ばれたが、ビザンツ帝国から継承したこの東方正教会だけでなく、ローマ・カトリック教会もメルキタイ派と呼ばれた。しかしキャーティプ・チェレビーは、この両者の違いには言及していない。さらに彼は、今日でも東シリアなどに残るアッシリア教会の遠祖ネストリウス派にも言及している。これが、共通して受け入れた信仰箇条から訣別した宗派だとしているのは、キリストの神性と人性とを分離するとして四三一年のエフェソス宗教会議で異端とされた事実を指しているのだろう。

キャーティプ・チェレビーの区分で気がつくのは、「イスラムの家」の内部でさえ衰退していたヤコブ派とネストリウス派に不必要なほどの比重をおきながら、対照的に、新興ヨーロッパ内部のキリスト教会の事情に関心を示していないことである。こちらの方こそ、戦略的にも文明論的にも熟知すべきだったにもかかわらず、である。また、すでにアルメニア教会やエジプトのコプトなどの単性論派は、往年の力を失ってイスラムの支配に平和裡に従っていた。

何ゆえにキャーティプ・チェレビーは、「メルキタイ派」の内部において西方のローマ・カトリック教会と東方正教会を決裂させた原因、ルター派のプロテスタントの訣別を引き起こしたカトリックの内部分裂などに、関心を払わなかったのであろうか。この論点こそ、オスマン帝国内部の小さなズィンミー諸派の教義を解釈する作業や、過去の化石にすぎない神学論争の発掘よりも重要だったはずである。このあたりにも、後世のイスラム世界で取り返しのつかなくなる政治的リアリズムの致命的な欠如のきざしが感じられるのである。

カトリックとプロテスタント

もちろん、他の人物たちはカトリックとプロテスタントとの対立も決して無視ばかりしていない。中欧での宗教戦争について説明したあるオスマン帝国の歴史家は、詳しい時期は不明だが、オーストリア（神聖ローマ帝国）皇帝と皇后との会話にまつわる興味深いエピソードを叙述している。

ある日、オーストリア皇帝は意気消沈していた。しかも、その目には涙が浮かんでいた。皇后は、何が宸襟（しんきん）を悩まし奉るのかと尋ねた。皇帝が答えていうには、オスマン帝国のスルタンとの不和が難儀の種である、と。「すわこそという時に、スルタンが隷下の諸公に兵力を率いて馳せ参ぜよ、と命を下すと、たちどころに来着するのはまっこと天晴（あっぱれ）である。しかるに何ぞや、我が方はといえば、朕（ちん）がハンガリー王に同じ用向きを申し付けても、奉仕もせねば服従もしない」。

この不満に対して、皇后は述べた。「オスマン帝国のパーディシャーの兵士たちは、同じ信仰と宗派に属しております。服従するのは当然でございます。しかし、ハンガリー諸公の信仰は、陛下と違っておりますので、服従をいさぎよしとしないのでございます」。

皇后の議論に感じいった皇帝は、聖職者を帯同した使節をハンガリー諸公のもとに派遣して、「迷妄な信仰の宗旨を変える」ように命じた。一部の者は変えたが、大多数は宗旨の変更を拒絶した。これは多くの圧制をひきおこすことになったために、全能の神はたとえ皇帝が不信の徒であっても大目に見ていたのだが、あえて出師に踏み切ったのである。

この頃にハンガリーやオーストリアを通って旅行したオスマン朝のエヴリヤ・チェレビー（一六一一―八四）は、この二つの国が別々の教会に属していること、つまりハンガリー人がルター派、オーストリア人が教皇派に属していると指摘していた。彼らは互いに反目しあっていたが、ムスリムと対決する点では共通していた。まさに、預言者ムハンマドが述べたように、「すべてのカーフィルは一つの宗教」だからだ、とエヴリヤ・チェレビーは説明している。カーフィルとは不信の徒を意味しており、イスラムで最悪の用語である。

しかし、オスマン帝国の為政者たちは、学者や旅行家よりもはるかにカトリックとプロテスタントの分裂に関心をいだいた。ヨーロッパの内部分裂を利用して、帝国の安全保障を図るのは、政治家であれば誰でも考える術策だったからである。ムスリムの側からみると、プロテスタント諸勢力が密使を派遣してきたことや、イベリア半島から命からがら逃げてきた人びとの訴えもあって、カトリックよりもプロテスタントの方に同情する傾向があった。

プロテスタントにいたっては、イスラムに近い「真正の唯一神論者」とさえ自称することもあったという。セリム二世（在位一五六六―七四）は、スペインとその領国ネーデルラントで反乱がおきた時に密使を送り、ルター派による「教皇とその一派」への反抗に支持を与えるほどであった。というのも、教皇派と呼ばれる不信仰の輩は、創造主としての唯一神を認めないばかりか、聖性をイエスに帰して偶像を崇拝しているからであった。

キリスト教国家にアマーンは？

それにしても、十字軍からオスマン帝国にいたるまで、キリスト教国家の側に自らの信仰との関係でムスリム訪問者の保護、アマーンに相当する法的保障を定めた例を知らない。ムスリムにとって、外交使節などの例外を除くなら、ヨーロッパのキリスト教国家の内部に往来したり、ましてや居住することは、危険このうえもなかったのである。こうした悪しき慣行は、近代までその痕跡を残していた。一八七七年から七八年の露土戦争で結ばれたベルリン会議最終議定書は、その一例である。議定書は、バルカンの少数民族の権利保護を定めていたにもかかわらず、新たに独立したセルビアやルーマニアで少数民族となるムスリム住民たちの生存権を保障していなかった。ムスリム住民の多くが、オスマン帝国に亡命する道を選んだのは当然ともいえよう。

第三章　パクス・オットマニカ

――ミッレト制による「諸民族の平和」――

本章は、イスラム国家の完成形態としてのオスマン帝国を素材にとって、イスラムにおける民族観と国家論の発展を概観する。一五世紀以来、中東に確立された国際秩序と安全保障のシステムは、パクス・オットマニカ（オスマンの平和）と呼ばれる。それは、帝国内部では多民族・多宗教の共存を図るミッレト制の自治、アラビア半島や北アフリカなどの周縁部では現在の国民国家の源流となる王国支配の自律性を容認していた。民族的偏見がなく能力本位で人材を活用する制度によって、ボスニア＝ヘルツェゴヴィナなどバルカンからも幾多の政治家が輩出することになった。また、ミッレト制は帝国の住民に対する保護と支配の単位であるが、言語や居住地域でなく、信仰を基準に人びとを編成した宗教共同体であった。キリスト教徒のセルビア人とギリシア人はもとより、アラブ人のキリスト教徒も共通のミッレトに編入されて同じアイデンティティを共有したことになる。

1　オスマン帝国とアラブ独立王朝

「カリフの傘」

イスラムを信奉した人びとのなかでも、オスマン帝国のトルコ人ほど過去と絶縁して、イスラム共同体にのめりこんでいった集団も少ない。彼らは、およそイスラム化以前に北アジアや中央アジアで生活した父祖たちの過去に郷愁を持たなかった。さればといって、トルコ人以外の人びとに格別の「人種的偏見」を抱くというわけでもなかった。オスマン帝国のエリートたちは、国家の発展を二つの流れの中で把握していた。その第一は、ムハンマドによるイスラムの勃興からカリフ制の成立にいたる系譜、第二はオスマン朝の興隆とスルタン制による帝国の拡大であった。この二つの潮流は、一〇五八年のバグダード入城に始まるセルジューク朝（一〇三八―一一九四）の本格的な中東進出とイスラム国家の経営により一つの水路に導かれる。

トルコ人にしても、集団で初めてイスラムに改宗した中央アジアのカラ・ハーン朝（八四〇―一二一二）や、一一世紀前半にアム・ダリヤを越えて中東に進出してきたセルジューク朝の時期には、軍人など支配エリートを中心にトルコ人の意識も強くもっていたようである。トルコ人を意味する「テュルク」と対比されるように「ターズィーク」（タジク）が公文書の中によく出てくるが、これは非トルコ人に対して使われた単語である。そして、まもなくペルシア語を話す人びとを指すようになった。こうして、支配エリートのトルコ人意識も、イラン文化になじみ、『統治の書』の著者であり宰相にもなったニザームルムルクに代表されるイラン系官僚を登用するうちに、次第に薄らいでいったらしい。

いずれにせよ、セルジューク朝進出以後の時代こそが、正統的なオスマン帝国史官の主要な関心事であり、イスラム化以前のトルコ人の歴史には注意が払われなかった。また、トルコ人が征服した土地と国家についても、自分たちが植民して定住する前の歴史にはほとんど興味を感じなかった。たとえば、ビザンツ帝国、古代のギリシアとローマ時代にエーゲ海沿いにつくられた植民都市国家、ヒッタイト文明などにも、ことさらに憧れたわけではなかったのである。ましてや、文明的な優劣を我が身とひき比べて、いわゆる古典古代の地中海文明にコンプレックスを持つこともなかった。

アラブ地域のトルコ人とマムルーク

オスマン帝国は、アラブ地域においても、長い支配の歴史においてアラブ人を含む「非トルコ系分子」をほとんど同化しようとしなかった。トルコ人は、帝国のアラブ地

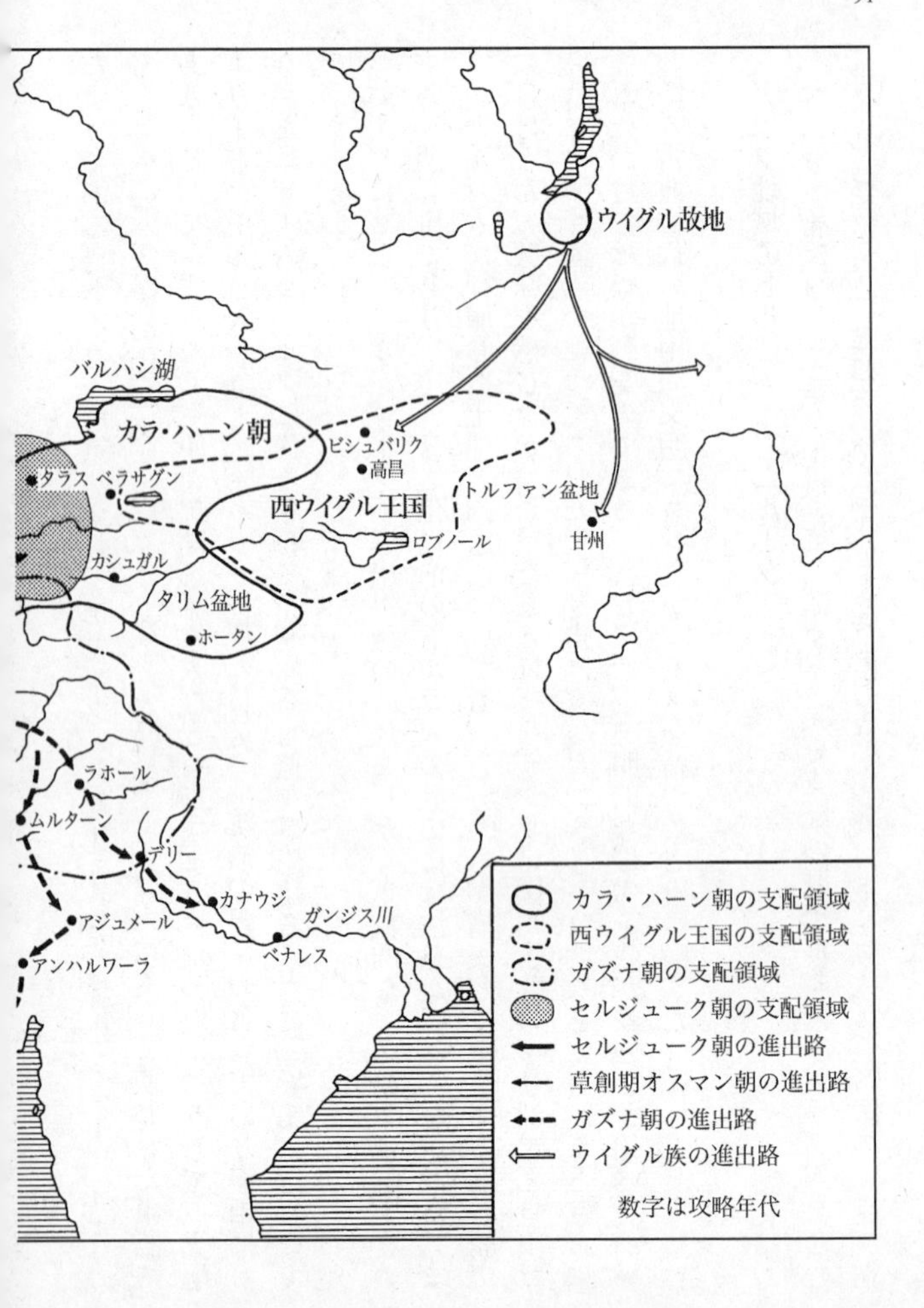
ウイグル故地
バルハシ湖
カラ・ハーン朝
ビシュバリク
高昌
タラス
ベラサグン
トルファン盆地
西ウイグル王国
ロプノール
甘州
カシュガル
タリム盆地
ホータン
ラホール
ムルターン
デリー
カナウジ
ガンジス川
アジュメール
ベナレス
アンハルワーラ
カラ・ハーン朝の支配領域
西ウイグル王国の支配領域
ガズナ朝の支配領域
セルジューク朝の支配領域
セルジューク朝の進出路
草創期オスマン朝の進出路
ガズナ朝の進出路
ウイグル族の進出路
数字は攻略年代

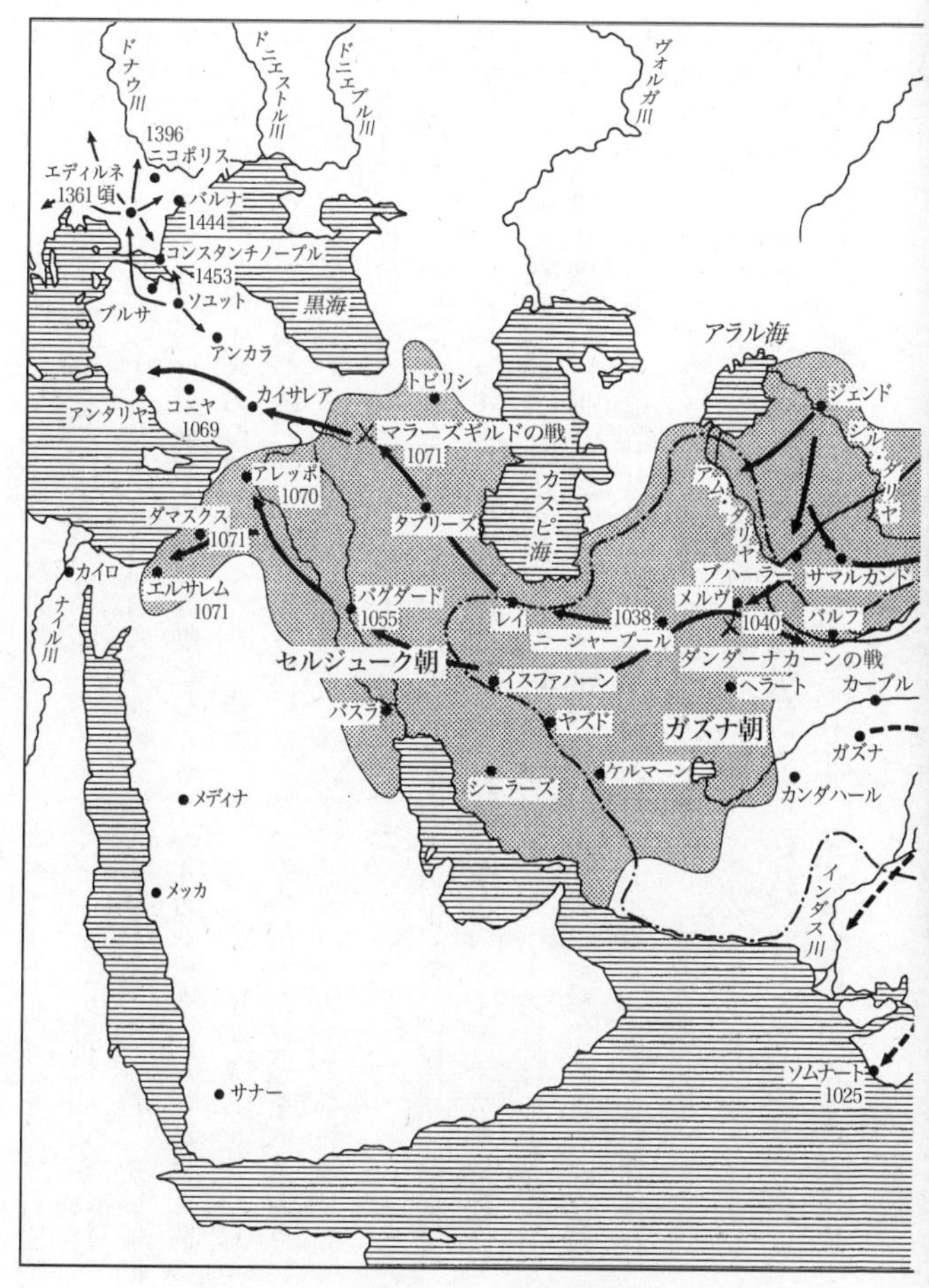

図７　トルコ族のイスラム世界への進出

域では一貫して土地に根づこうとしない「よそ者」であった。トルコ語を話す官僚や軍人は、アラブ地域にも派遣されたが、一部の例外を除くと、そこの富は明らかに行政や経済の面とともに、ルーメリーと呼ばれたバルカン領土よりも劣っていた。短い任期で交替してイスタンブルに栄転する猟官運動をしたり、バルカンの豊かな任地に配置換えされるのを心待ちにするのが普通であった。また、とくにエジプトのように古い歴史と統治の伝統をもつ地域では、帝国中央から派遣された官僚や軍人が経綸をふるおうにも、一六世紀にスレイマン大帝が派遣したカスム・パシャが帝国のシステムを強制して失敗したように、挫折の憂き目にあうことも少なくなかった。

ましてや、中央から派遣されてきたエリートたちが土着化した例は珍しい。彼らは、アラブ諸州の州長官・県知事・駐屯軍司令官・憲兵隊長などのキー・ポストに赴任したとしても、その在職期間は任地の風習と慣例に馴染むか、同化するにはあまりにも短すぎた。アラブ地域内部で別の場所に転勤を命じられる例もあったが、方言も違う新しい任地は以前の勤務先とは風俗も気質も違っていたので、トルコ人が仮に長い在地経験を重ねてもアラブ化することはまずなかったのである。

この点は、エジプトやシリアで活躍したマムルークと異なっている。マムルークたちはもともとカフカースや黒海沿岸などから連れて来られた奴隷であった。たとえば、エジプトのマムルーク朝（一二五〇—一五一七）では、一五世紀後半のカイトベイ以下三人のスルタンは、いずれもジョージア人に由来する家系の出身であった。彼らは、郷里と密接な関係を保つだけでなく、しばしば多くのマムルーク兵士を故郷の同族から徴用したのである。しかし、マムルークの中でも、時代が新しくなると、アラブ地域の在地で生まれるか、そこで成長する者の子弟が増えてきた。彼らがアラブの地に係累や縁故を通して直接の利害関係を持つようになったのは当然であろう。この点は、オスマン帝国がさしたる抵抗なしにアラブ地域を征服できた秘密を解くカギになるかもしれない。帝国がアラブ地域で直接に打ち破った相手は、アラブ人住民ではなく、むしろマムルーク勢力だったからである。

一〇世紀以来続いたアラブ人の没落と無秩序状態は、マムルークの乗じるところでもあった。他方、当初のアラブ人住民は、古い支配者を滅ぼした新しい主人、つまりオスマン帝国を歓迎したとまではいかなくても、とくに鋭く反抗した形跡も見当たらない。いずれにせよ、アラブ人の運命は、かつてのアラブ・イスラム黄金時代の象徴カリフの称号とともに、オスマン朝のスルタンの手に握られることになったのである。

オマーンとイエメン、パクス・オットマニカと「イマーム首長一致型支配」

しかし、アラブ人はオスマン帝国の四世紀に及んだ「カリフの傘」とパクス・オットマニカ（オスマン帝国優位の世界秩序）のもとで平和を享受し、かなり広範囲にわたる自律性さえ認められていた。とくに西欧勢力から直接の侵略や植民地化を蒙らなかった点は、新大陸、サハラ以南のアフリカ、東南アジア、インドなどと比べてはるかに幸運だったかもしれない。オスマン帝国のアラブ人たちは、自分たちのことを「外国人の支配者に従属する民」とは考えなかったに違いない。彼らは、トルコ人のスルタンではあっても、カリフである限り、ムスリム共同体の首長と見なしていたからである。トルコ人とアラブ人との関係の悪化は、一九世紀最末期のアブデュルハミト二世の専制政治と青年トルコ党と通称される統一進歩団のパン・トルコ主義などの「トルコ人中心主義」から生じたと考えるべきだろう。その不幸な時期さえ、三〇年から四〇年ほどの短い間にすぎなかった。双方が「平和共存」を享受した時代の方がはるかに長く、持続的だったことを忘れてはならない。

さらに、パクス・オットマニカは、帝国の周縁にあたる山地や砂漠にアラブの独立国家や半独立国家を放置する寛大さにも恵まれていた。その例は、独特な宗派指導者が政治的首長を兼ねるオマーンとイエメンに見られる。

オマーンは、イバード派と呼ばれるスンナ派の「異端」の信者が迫害を逃れてたどりつき、七五一年に最初のイマームを選出したことに由来するという。イバード派とは、コーランに定められた罪を犯した人間でも同じ「一神教徒」と見なし、イスラム史上初めて人間の罪の問題を説いたことで知られる。砂漠と海岸によって隔離され、沿岸から三〇〇〇メートル級の山がすぐ迫るオマーンは、アラブのなかでもオスマン帝国の支配を免れた珍しい一例である。選挙によってイマームが選出される独特な制度は、やがて一八世紀半ばにブーサ朝の世襲支配にとって代られた。これが現在のスルターン・カーブース王家の祖先である。ついでに言うと、オマーンがよく独立を維持できたのは、一九世紀半ばにイギリスの蒸気船が出現するまで、東アフリカからイランにいたる海上輸送のネットワークを自力で押さえていたからでもある。

他方、イエメンの国家理念も興味深い。イエメン国家は、ザイド派というシーア派の分派に支配の正統性を置いている。シーア派の主流がアリー以前の三人のカリフを簒奪者として非難するのに、ザイド派では彼らを「劣ったイマーム」としながらも一応は存在を認めた。ザイド派は八世紀の反乱ののち、イエメンにラッシー朝（九世紀半ばから一二八一頃）をつくったが、やがてイエメンは二度にわたってオスマン帝国の支配を甘受せねばならなかった（その第一次支配期は一五三八年から一六三五年、第二次支配期は一八七二年から一九一八年）。

イエメン国家の歴史で重要なのは、オスマン帝国に服属した以外に、他のいかなる西欧勢力にも屈したことがなかったことである。オマーンはオスマン帝国の支配を受けなかったが、その沿岸部の港市は一六世紀に短期間ポルトガル人に占領されたことがある。オスマン帝国はイエメンに対しても、そのイマームの自立性を認めて間接的に支配した

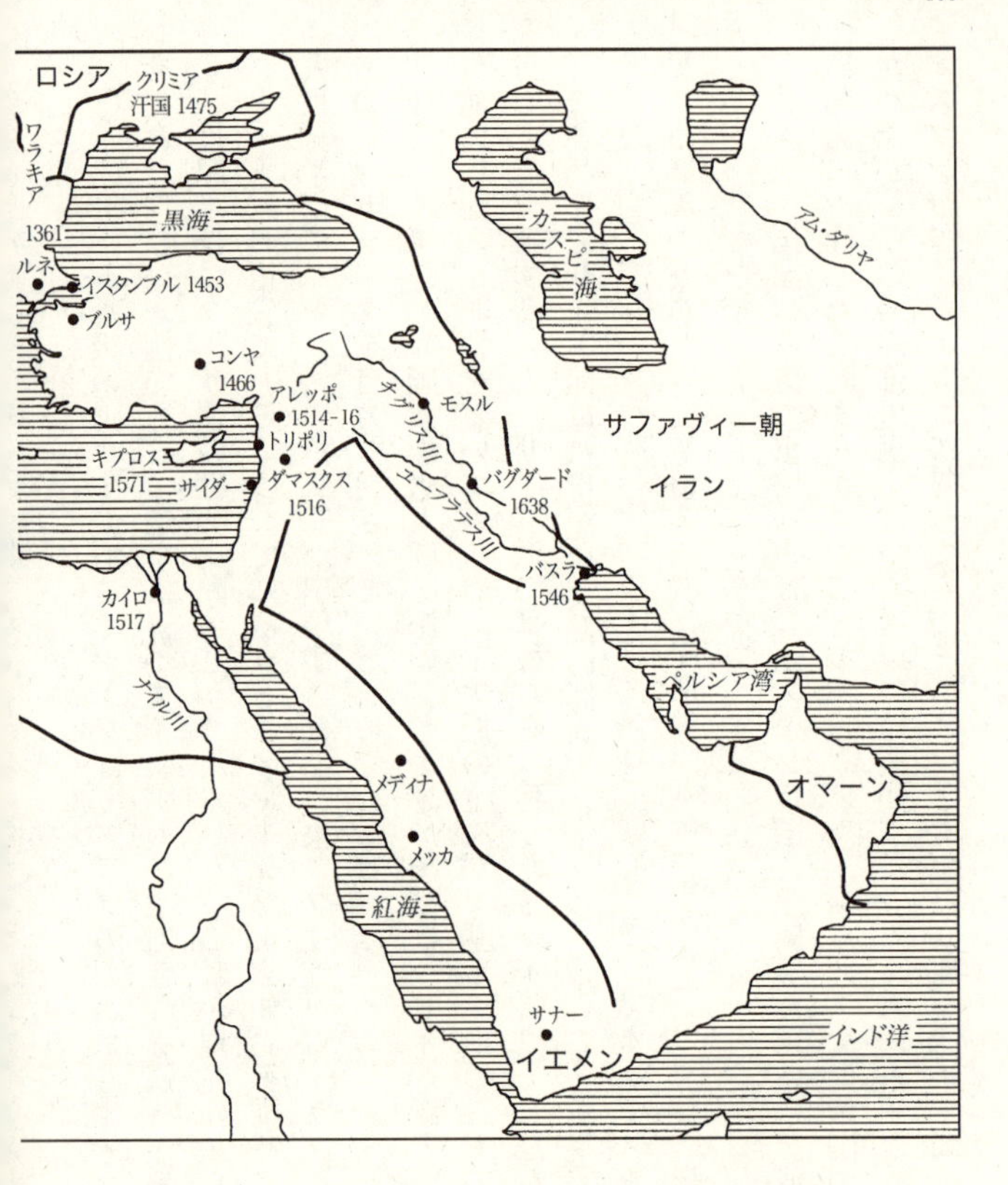

ロシア
クリミア汗国 1475
ワラキア
黒海
1361
ルネ
イスタンブル 1453
ブルサ
コンヤ 1466
アレッポ 1514-16
トリポリ
キプロス 1571
サイダー
ダマスクス 1516
カイロ 1517
ナイル川
チグリス川
ユーフラテス川
モスル
バグダード 1638
バスラ 1546
カスピ海
アム・ダリヤ
サファヴィー朝
イラン
ペルシア湾
オマーン
メディナ
メッカ
紅海
サナー
イエメン
インド洋

図8　17世紀末のオスマン帝国

にすぎない。いずれにしても、一九一八年にイエメンの独立がいちはやく認知されたように、オマーンとイエメンの二つの国は、アラブ世界のなかでも国民国家として成立する根拠を早くから有していたのである。

カリフ制とヒジャーズの「イマーム首長一致型支配」

ところで、トルコ人はアラブ人と同じくスンナ派のムスリムであり、スルタンはかつてのアラブ戦士集団（ムカーティラ）のようにガーズィー（信仰戦士）の長として権威を振るってきた。アラブ人は、イスラムの勃興このかた最大版図を誇った世界帝国に四世紀にわたって組み込まれることになった。しかも、一五一七年にセリム一世（在位一五一二―二〇）がマムルーク朝を滅ぼしてシリアとエジプトを併合しながら、聖地メッカのあるヒジャーズを領有したことは、オスマン帝国にイスラムの正統的継承者を自負させる資格を与えることになった。

セリム一世はカイロにおいて、アッバース朝の末裔ムタワッキル三世から全スンナ派イスラムの庇護者、信教の首長としてのカリフの称号を譲り受けたという伝承が長いこと信じられていた。仮にこれが事実だったとしても、当時にあって、このスルタン＝カリフ制の成立にどの程度の意味合いが付託されたかを知ることはできない。

しかし、同じ頃にセリム一世がメッカのシャリーフ（ムハンマドの血につながる「高貴な血筋の人」の意)、バラカート・イブン・ムハンマドを接見した結果、獲得した称号はシンボリックな意味でも、聖地を所管するイスラム国家の君主にとって名誉あふれるものであった。預言者の直系を自認するメッカのシャリーフ家がオスマン帝国に臣属してスルタンに譲った称号とは、メッカとメディナの「両聖地の奉仕者」の名であった。

その時セリム一世は、メッカに二人のカーディーを派遣し、シャリーフ家と「貧民」に対して総額二〇万フローリンを下賜したという。これがスルタンによって毎年メッカに賜与される贈物つまり歳賜(スュッレ)の濫觴(らんしょう)と伝えられる。また、カリフが連れられていった帝国のコスモポリタンな首都イスタンブルは、語呂を合わせて、しばしば「イスラムブル」つまり「イスラムに満ちあふれた街」とも通称されるようになった。

このヒジャーズのシャリーフ国家は、イエメンやオマーンによく似た「イマーム首長一致型国家」の例である。ヒジャーズは、支配の正統性をスンナ派中のスンナ、預言者の嫡流であることに求めた。第一次世界大戦後にはパリ講和会議に代表団まで送り、国際連盟にも複数議席を確保していた。ヒジャーズは、一九二五年にサウジアラビアに吸収されなければ、国民国家として発展する基礎条件を優に備えていたといえよう。

2 ボスニア＝ヘルツェゴヴィナのイスラム化

カリフとアラブ人宗務官僚

アラブ人のムスリムは、オスマン帝国がシャリーア（イスラムの聖法）を基礎に支配していたこともあって、宗務機構や行政制度の中で無視できない顕職を占めた。『コーラン』やイスラム法学の文献は例外なくアラビア語で書かれていたからである。カイロのアズハル学院はじめ、ダマスクス、アレッポ、タラーブルス（トリポリ）などアラブ地域の大都市で養成されたウラマー、カーディー、ムフティーと呼ばれるイスラム法に通じた宗教者たちは、帝国各地の宗務機構やイスラム法廷に配置された。その頂点を極めたのは、イスタンブルの「シェイヒュル・イスラム」（イスラムの長老）であった。この官職は、『コーラン』を解釈する最高権威であるとともに、あらゆる法令の発布と立法行為にあたってもシャリーアに照らして適法か否かの判断を下すことができた。シェイヒュル・イスラムは、スルタンによって任免されたが、時にはその国事行為を制約したばかりか、スルタンの廃位さえ左右するほどの権威を行使することもあった。これは、カリフに異端信仰や乱行、精神や肉体の欠陥の発生、自由行動権の喪失などの事態が発生した場合には廃位されてもやむをえないというスンナ派法学の解釈によっている。実際に、シェイヒュル・イスラムのフェトヴァ（意見書）で廃位されたスルタンとしては、セリム三世（一八〇八年）、アブデュルアジーズ（一八七六年）、ムラト五世（一八七六年）、アブデュルハミト二世（一九〇九年）などがあげられる。まさに、アラビア語への通暁が条件だったその地位は、大宰相に次ぐオスマン帝国の顕職だったとも言えよう。

メリトクラシー

広大な版図の統治にあたって、オスマン帝国が関心を払ったのは、征服地に如何なる民族が存在するかではなく、どのような宗教を信じる集団が生活するのか、という点にあった。オスマン帝国は、三大陸にまたがる多民族国家を統治するために二つの支柱に依拠した。その第一は、優秀な人材の開発を目指して、キリスト教徒の子弟からも才幹の発掘を狙ったデヴシルメと呼ばれる制度など、メリトクラシー（実力本位主義）による人事の登用と昇進のシステムである。第二は、啓典の民に寛容なイスラムの理念と伝統である。現在のバルカン諸民族の祖先にあたるキリスト教徒の男子たちは、資質と家系に加えて健康と眉目秀麗ぶりを評価されると、デヴシルメによってムスリムに改宗させられた後に、軍人や官僚としてオスマン帝国の加判の列に参与したものである。

オスマン帝国は、確かに「帝国」と銘を打っていた。しかし、トルコ史研究者の鈴木董(ただし)がオスマン帝国の性格をいみじくも「柔らかい専制」と呼んだように、その多民族国家としての性格は支配民族からトルコ人という意識を希薄にさせることになった。なぜなら、大宰相や海軍提督のような文武の高官のほとんどがデヴシルメから頭角を現した者ばかりだったので、本来はトルコ系の王朝だったオスマン帝国も、発展につれてコスモポリタンな性格を強める一方だったからである。一六世紀半ばのハプスブルク朝のある外交官が、「トルコ人は隠れた人材を掘り出すことに無上の喜びを感じ、あたかも貴重品を入手するかの如くで、人材を陶冶する労苦をいとわぬ」と感嘆したのは、最盛期の帝国においては決して誇張ではなかった。

「超自然的同一化」

ユーゴスラヴィアの一共和国だったボスニア＝ヘルツェゴヴィナの歴史は、イスラム史の文脈で民族と国家を考える上でも興味深い。この地の住民はもともとスラヴ系だったが、その男女は強制からではなく、個人的判断からイスラムに改宗した。ムスリムに認められる免税特典が魅力だったことは間違いない。しかし、オスマン帝国の征服以前からボスニア＝ヘルツェゴヴィナでは、カトリックとギリシア正教のいずれも強力な教会組織を持たなかったので、個人が容易に信仰を変えられる条件も整っていた。いずれにせよ、「セルボ＝クロアチア語を話すカトリック教徒」（クロアチア人）や「セルボ＝

クロアチア語を話す正教徒」（セルビア人）のあいだに、「セルボ＝クロアチア語を話すムスリム」が生まれたわけである。

しかもオスマン帝国は、東南ヨーロッパの征服されたキリスト教徒にとって、当時の水準に照らして進んだ世界文明を体現していた。帝国は政治・経済上の権力を掌握していただけでなく、バルカン半島の文化や精神生活の上にもそびえ立っていた。帝国の支配下に置かれたキリスト教徒が、まばゆいばかりの帝国の支配ヒエラルヒーに参入したかったのは当然のなりゆきであり、イスラム帝国の国家宗教を受け入れるのも無理からぬことであった。支配エリートへの上昇志向や統治構造内部における地位の改善と特権の獲得こそ、改宗の大きな動機でもあった。これは、アメリカの文化人類学者ロックウッドが「超自然的同一化」（*supernatural identification*）と定義した現象に他ならない。

支配エリートと同一化したいという憧れは理にも適っていた。都市の発展に伴う経済と通商活動による富の獲得、行政各部での昇進、善良かつ勤勉な模範的臣民であることの誇示。これらを例証するためにも、ボスニア＝ヘルツェゴヴィナのキリスト教徒の中にはイスラムに改宗する者たちも出たのだ。改宗がとくに都市部で見られたのは象徴的である。都市こそイスラムが拡大した拠点であり、社会的に上昇する機会の点でも最適の条件に恵まれていたからである。つまり、都市には経済的な利益があがる「ビジネス・チャンス」が十二分にあったともいえよう。

ソコルル・メフメト・パシャと『ドリナの橋』

こうして、ボスニア＝ヘルツェゴヴィナのムスリムは、帝国の各分野で影響を発揮する才幹を綺羅星の如く生みだした。一六世紀半ばになると、スレイマン大帝の死後セリム二世を補佐して、帝国最大版図の維持に努めた大宰相ソコルル・メフメト・パシャ（一五七九年没）はじめ、大宰相や閣僚に数あまたのボスニア＝ヘルツェゴヴィナ出身者を見いだすことになる。彼のライヴァルで、セリムの王子時代の傅育掛カラ・ムスタファ・パシャもそうである。ソコルル・メフメト・パシャは、ソコル村のソコレヴィッチ家の生まれだったためにこの名がある。彼が少年期に村から帝都に連れて来られ、スルタン股肱の臣として成長する有様は、かつてのユーゴスラヴィアの作家イヴォ・アンドリッチの小説『ドリナの橋』にもよく素描されている。こうしてみると、ある時期には、帝国の政策決定中枢ともいえる大宰相府（バーブ・アーリー）において、トルコ語に次ぐ共通語がセルボ＝クロアチア語になったのも不思議でない。

ちなみにいうと、スルタンの生母にも多数のバルカン出身者が見られたが、これはイランのサファヴィー朝（一五〇二―一七三六）のシャー（国王）の生母にジョージア人やチェルケス人が多かったのとよく似ている。ジョージア人との混血のシャーがいたように、クロアチア人やセルビア人の血を受けたスルタンも珍しくなかったのである。スレイマン大帝のあとに即位したセリム二世の母ヒュッレム（ロクゼラナ）にしても、スラヴ系の出自と伝えられる。

他方、国力の減退や国際関係などのせいで、一七世紀以降オスマン帝国においてバルカンからの人材登用や奴隷購買がむずかしくなると、代りに「チェルケス」と総称された北カフカースの人びとが高官の職に就くようになった。また、チェルケス人少女たちがスルタンや廷臣に嫁する慣習は、一九世紀末まで続いたようである。マムルークやデヴシルメによる奴隷の売買は、イスラム史の文脈だけで評価をつくせない複雑な制度であるが、イスラム王朝にコスモポリタニズムの性格が共通していた点だけは言えるだろう。

ボスニア＝ヘルツェゴヴィナの「トゥールツィ」（トルコ人）

ボスニアのムスリムの民族的起源は、オスマン帝国による一四六三年のボスニア王国、ついで一四八二年のヘルツェゴヴィナ公国の征服にさかのぼる。オスマン帝国が支配したボスニア＝ヘルツェゴヴィナの住民の間では、アルバニア以外の東南ヨーロッパには見られない全般的なイスラム改宗の波が生まれた。改宗の背景については未だに確たる定説もないが、一説によると、イスラムの支配下に入ってでも、ボスニア＝ヘルツェゴヴィナの大土地所有貴族が経済や政治の特権を失うまいとしたからだともいう。そのうえ、ボゴミールと呼ばれる異端宗派のボスニア教会がカトリック教会のゆきすぎた改宗政策に報復するために、進んで集団改宗した点を強調する論者もいる。

しかし、この見方に対しては、ボスニア教会がボゴミールではなく、オスマン帝国の征服以前に教会組織が解体していたという反論も挙げられている。別の識者は、ボスニアのムスリムが単線的に発生した事実を疑い、セルボ＝クロアチア語を話すキリスト教徒とオスマン帝国の他地域から来たムスリム（やがてアルバニア人、トルコ人、アナトリア遊牧民のヨリュックと呼ばれる）集団との混淆から生じたと考える。

いずれにせよ、自主的にイスラム信仰を選択したらしい「セルボ＝クロアチア語を話すムスリム」は、地元のキリスト教徒からは「トゥールツィ」（トルコ人）と呼ばれるようになった。これは、セルボ＝クロアチア語を話すカトリック教徒と正教徒が同じ言葉を話す隣人のムスリムを、帝国の支配エリートを生み出す集団と同一視したことを意味する。また、ムスリムの側でも隣のキリスト教徒から自分を区別する必要のある時には、トゥールツィと自称することもあったらしい。これは、「超自然的同一化」に有利と考えられる場合には、イスラムの社会でも民族的な呼び方も用いられた例である。この点では、現在ボシュニャク人と呼ばれる「セルボ＝クロアチア語を話すムスリム」たちは、彼らが地元や首都イスタンブルで日常不断に接触していたトルコ語を話すムスリムたち（現在ではトルコ人やアルバニア人などと呼ばれる人びと）とほとんど変わるところがなかったのだ。

3　イスラム国家とヨーロッパ

エリザベス一世のアイデンティティ

こうして、イスラムと世界帝国の二大伝統を担いながら、バルカン半島のキリスト教徒やアナトリアのシーア派系のイスラム異端勢力と対決したプロセスのなかで、もともと部族のアイデンティティから抜け出したばかりで未成熟なトルコ人意識も、早々と姿を消してしまった。狭い自意識によって、多くの民族と宗教から成り立つコスモポリタンな国家の存在基盤を自らの手で崩すことを恐れたからである。オスマン帝国は、預言者ムハンマドの死後に最初のカリフとなったアブー・バクル（五七三頃―六三四）が教団国家を継承して以来、連綿として中東を支配してきたコスモポリタンなイスラム帝国であることを自負していた。それは、巨大なイスラム王朝のなかでも最後にして最大の、しかもいちばん長く続いた世界帝国だったのである。

オスマン帝国は他の国家についても、同じような世界観で眺めたものである。一六世紀にイギリスのエリザベス一世（在位一五五八―一六〇三）に宛てられた書簡が女王の称号に加えた形容は興味深い。

キリスト教徒のミッレトの婦徳あまねき貞女たちの誉れ、イーサー（イエス）の宗派の敬愛する婦女たちの第一人者、ナザレびとの教えを信奉する人びとの監督者、荘厳と栄光の徴（しるし）をおびし至高の女性、イギリス州（ヴィラーイェト）の女王、彼女の行く末に幸いあれ。

最初に強調されるのは、キリスト教徒のミッレトを統べる女王であることだ。ミッレトについてはこのあとすぐに述べる。その次も、キリスト教徒の元首であることが強調される。ようやく最後になって、彼女の領土の範囲が言及されている。しかも、オスマン帝国の行政州を指すヴィラーイェトという、マイナーな用語法であっさりと片づけてしまっている。どこをさがしても、民族的なイマジネーションを呼びさますものはない。

ダンテとイスラム国家

帝国の版図の内部にいたトルコ人、アラブ人、クルド人、アルバニア人などのムスリムたちは、イスラムとそれを政治的に体現した帝国、支配した王朝に対して忠誠心を発揮した。もちろん、雑多な顔ぶれの不平不満分子たちの反乱がムスリム内部から生まれたことは言うまでもない。この不穏な輩は閣僚の更迭やスルタンの廃位を図り、時には大胆不敵にも王朝の交替さえ画策しようとしたかもしれない。しかし、彼らのような〝不逞分子〟であっても、イスラム国家の統治理念や存在理由に正面から挑戦するほど大胆不敵ではなかった。

　こうした点をみると、二〇世紀にいたるイスラム世界における民族と国家との組み合わせは、中世ヨーロッパの様子に似ていなくもなかった。たとえば、中世の西方キリスト教世界の文化を代表した詩人ダンテ（一二六五―一三二一）は、キリスト教ローマ帝国の再興を夢見ていたが、当時の神聖ローマ帝国の皇帝がドイツ人でありイタリア人でなかった事実に当惑した様子は見当たらない。イタリアやイタリア人というコンセプトは、当時も無くはなかったし、時には重要性を帯びることもあったかもしれない。しかし、中世ヨーロッパの人びとにとって、自らを政治的に表現するアイデンティティは、宇宙的な理念に支えられたキリスト教帝国ではあっても、民族的な色彩の強い王朝ではありえなかった。

シリアのウラマーの疑問

　同じように、オスマン帝国の支配下におかれたアラブ従属民は、自らの特異な言語と文化のアイデンティティや、イスラムを生み出した歴史的追憶に誇りをいだいていた。しかし、彼らはオスマン帝国から領土的に分離したアラブ国家を構想することはなかったし、トルコ人から訣別する野心にも乏しかった。こうしたアラブ人の姿勢は、エジプトとシリアの知識人（とくにキリスト教徒）を例外とすれば、二〇世紀初頭まで続くことになった。帝国支配下のアラブ人たちは、スルタンがたまたまトルコ人であるという事実に長いこと疑問をさしはさんだ様子も見受けられない。

たとえ、一八世紀にシリアにいた或る「アラブ人ウラマー」のように、アラブ人の広げたイスラムがアジャム（異人）によって法を発展させられ維持されているのは何故なのか、という際どい質問を発した時でも、イスタンブルのエスタブリッシュメントによって軽くあしらわれたものである。その折の大宰相はイスタンブルのウラマーを集めて、コーラン解釈の最高権威シェイヒュル・イスラムのもとで質問状を討論させた。結論として出た答えは、こうである。

――アラブ人はイスラム法の遵守を怠ったために、十字軍戦争などでシリアやエジプトの海岸部をヨーロッパ人の不信者に占領させるがままにした。この不信者たちを追放したのは、アジャムの王たちであり、アラブの王たちではない。彼らは腐敗しきっていたからである――。

4 多民族と平和共存

ミッレト制と民族政策

帝国の民族政策の上でアラブ人とトルコ人との関係を規制した原理はミッレト制である。ミッレトとは、アラビア語の「ミッラ」に由来する語である。もともとは「言葉」を意味するアラム語に由来するという。中東内部のキリスト教徒たちは、アラム語で「ミッラ」をロゴスと訳したらしい。しかし『コーラン』の中にも、「イブラーヒーム（アブラハム）のミッラ」なる表現が見られるように、ミッラは宗教や信仰信条を意味した。後世になると、ミッラは同じ宗教を信奉する人間集団とくにイスラム共同体を指すようになった。特別の「言葉」、啓典を受け入れた人びとというわけである。ムハンマドはキリスト教徒とユダヤ教徒の共同体に「啓典の民」として広範な文化・内政自治の特権を認めていたが、オスマン帝国のミッレト制もこのイスラム的伝統を忠実に継承したものである。

すでに『コーラン』では、イスラムの他宗教に対する優越性を前提にしながら、各宗教の分離と共存のあり方が原理的にうたわれていた。

これ、信仰なきやからよ、お前らの崇めるもの（偶像）をわしは崇めない。わしの崇めるもの（アッラー）をお前らは崇めない。お前らが崇めて来たものをわしは崇

めとうない。わしの崇めて来たものをお前らは崇めとうない。お前らにはお前らの宗教、わしにはわしの宗教。（一〇九章）

これは、先行するユダヤ教やキリスト教とはかなり異質な醒めた宗教感覚であった。ムハンマド以来の宗教共存を尊重する伝統を継承したミッレトとは、キリスト教徒とユダヤ教徒に対する保護と支配の単位になった宗教共同体と定義できるだろう。そこに属する人びとの民法レベルの雑務は、ミッレト管長の監督と裁量で処理することが許された。ミッレト管長は、その宗教・宗派の最高幹部でもあり、帝国の統治意志をその信徒に伝える役割も果たした。従ってミッレトには、総大主教座や大ラビのように、宗教共同体の公的な組織や機構の意味も含まれていた。

たとえば、「ルームのミッレト」とはギリシア正教徒の共同体であり、近代の民族的コンセプトからふりかえるなら、ギリシア人とスラヴ系諸民族はもとより、バルカン以外のアラブ人のギリシア正教徒を含んでいた。このミッレトは、一四五三年のイスタンブル陥落の数週間後に、カトリックの敵対者だったために、メフメト二世（在位一四五一—八一）に愛でられたゲンナディウスがコンスタンチノープル総大主教に叙任された時にさかのぼるという。もちろん、ユダヤ教徒にもミッレトを創ることが認められていた。

「トルコ人のミッレト」がなかったのは当然であろう。なぜなら、彼らは、アラブ人やクルド人やアルバニア人などのムスリム系諸民族と一緒にイスラムのミッレトを構成したからである。ただし、彼らのミッレトには他の総大主教や大ラビにあたる管長職がなかったために、ミッレトとしてのまとまりを欠きがちだった。だからといって、ウィスコンシン大学のケマル・カルパトのように、ムスリムにはミッレトがなかったというのも言い過ぎである。また、時代によって変遷のあるミッレトとそのシステムが最初から制度として完備していたとは考えがたいが、その存在自体にまで懐疑的になるには当らないだろう。

以上からもわかるように、ミッレトは決して民族を基準にして仕切られた個別的な集団や共同体ではなかった。したがって、ギリシア正教徒のミッレトとは、イスタンブルはもとより、セルビア、ルーマニアの信徒はじめ、中東のアラブ人やアルメニア人の信徒を含む多言語集団から成る共同体だったのである。してみると、グレゴリウス派（アルメニア正教）のアルメニア人と、カトリック教徒のアルメニア人が別々のミッレトに所属したのは何ら不思議でなかった。こうして、イスラム、ギリシア正教、アルメニア正教、ユダヤ教が帝国の最初から設けられた「四つのミッレト」(*milel-i erbaa*) を構成したのである。このうちイスラムのミッレトは、しばしば「支配するミッレト」(*millet-i hakime*) と呼ばれ、「他の諸ミッレト」(*milel-i sa'ire*) は「支配されるミッレト」(*millet-i mahkume*）と呼ばれることもあった。

この時期にギリシア正教徒のミッレトに属した人びとは、公のレベルでは、ギリシア人やセルビア人といった民族的なアイデンティティを表に出すことは少なかった。また、ユダヤ教徒への偏見もまずなかったので、東中欧やイベリア半島にいた多くのユダヤ人がカトリック教徒による迫害を逃れて、オスマン帝国の領内に亡命してきた。それどころか、ユダヤ教徒は「啓典の民」のなかでもいちばん古い由緒を誇っていたので、オスマン帝国では一般に尊敬されるのが常だった。現に、スルタンのムラト二世（在位一四二一―五一）の侍医を務めたヘキム・ヤアクブのような存在は珍しくなかった。

一七世紀にはツァーリズムの迫害を避けて、ロシア正教の「異端」とされた古儀式派がロシア帝国からバルカン半島に亡命してきたが、彼らは独自の教団組織を維持することに成功し、コサック軍団さえつくってスルタンに奉仕したものだった。

ベオグラードとイスタンブルの民族構成

宗教信仰を「住所と同じくらい簡単に変える」ので、いずれのミッレトからも歓迎されない、「ジプシー」と通称されたロマ民族のように定住しない特異な集団もいた。ヨーロッパのキリスト教社会で疎外されたジプシーやユダヤ教徒たちも、オスマン帝国では独特な社会的役割と職業上の特権が認められた。たとえば、一五七〇年のベオグラードの課税台帳によると、ジプシーの世帯一九一戸のうち五二戸までが、オスマン帝国海軍廠の造艦工や鍛冶工だったので、税の一部を免除されていた。ドナウ川の通商交易にあたったユダヤ教徒にも各種の免税特典が与えられている。さらに、ベオグラードの「上砦」地区にいた帝国守備隊五四一人のなかには、キリスト教徒が一六一人もおり、ムスリム兵士を指揮する将校には二人のキリスト教徒もいた。ベオグラードのオスマン海軍水夫にいたっては、九三人のうちムスリムはわずかに七人であり、残りはすべてキリスト教徒であった。

こうして、バルカン半島のイスラム化が進んだ一六世紀から一七世紀になると、帝国の軍人のなかには、ムスリムでない人びとも含まれていたことがわかる。ベオグラードの例は、バルカン半島の各地でもほぼ共通する特徴であった。

ほかならぬ首都のイスタンブルにおいても、一四五三年の征服直後から行われた「スュルギュン」と呼ばれた強制的な人口移住の結果、首都人口におけるムスリムと非ムスリムとの人口比は六対四ほどになり、ビザンツ帝国滅亡でいったん減少した非ムスリムの割合が比較的多くなった。キリスト教徒たちは、モスクの近辺に住むことを禁じられ、彼らの住居から退去するように命じられることもあった。非ムスリムの定着を促進して、荒廃した市街地を再建するという目的があったにせよ、ムスリムでない人びとがあえて移住してきた背景は、ミッレト制に見られる宗教的な「寛容」を念頭に入れないと理解

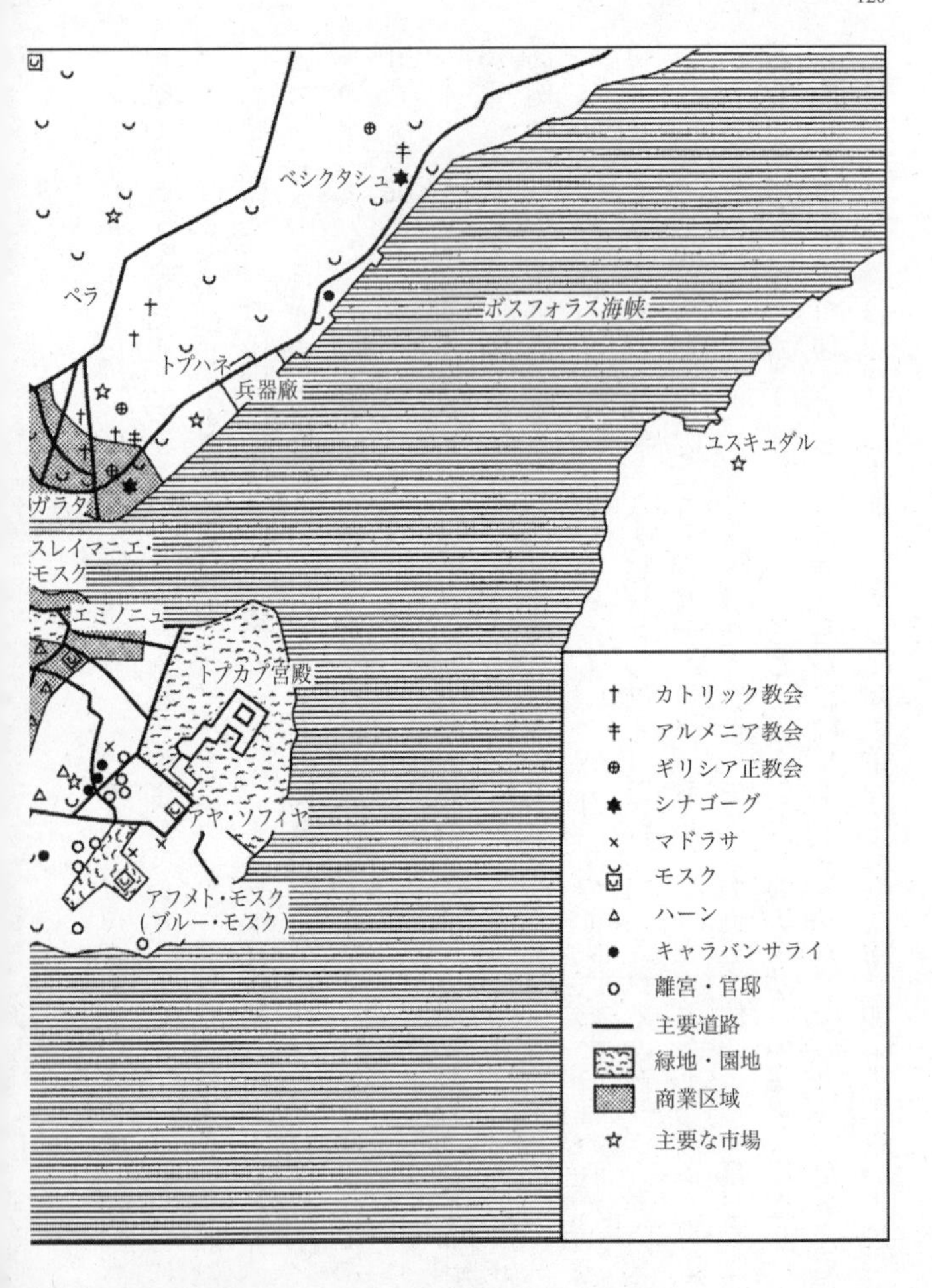
ベシクタシュ
ペラ
トプハネ
兵器廠
ボスフォラス海峡
ユスキュダル
ガラタ
スレイマニエ・
モスク
エミノニュ
トプカプ宮殿
アヤ・ソフィヤ
アフメト・モスク
(ブルー・モスク)
カトリック教会
アルメニア教会
ギリシア正教会
シナゴーグ
マドラサ
モスク
ハーン
キャラバンサライ
離宮・官邸
主要道路
緑地・園地
商業区域
主要な市場

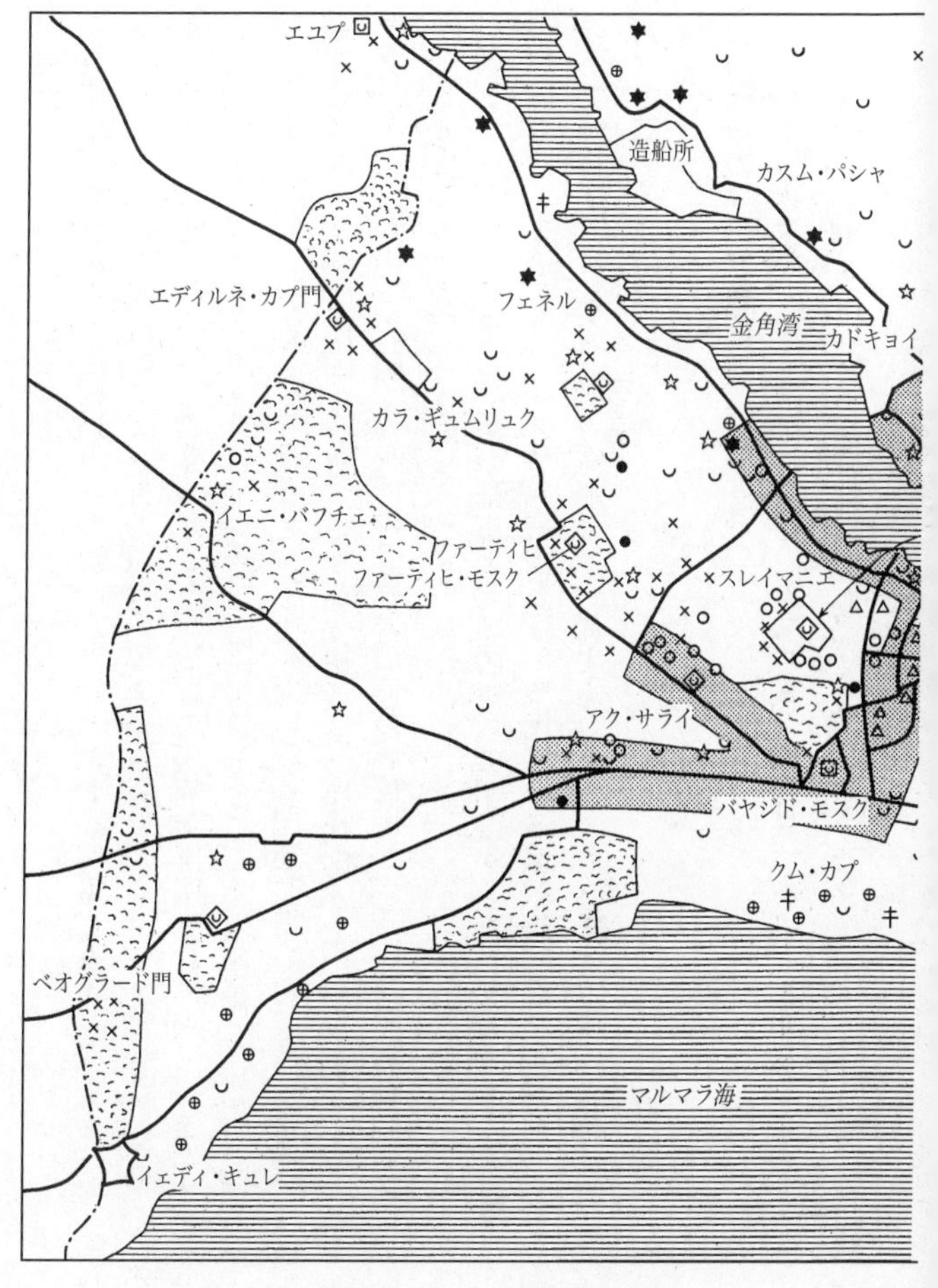

図9　イスタンブル ―17 世紀の都市構成

できない。

実際に、それから二世紀以上たった一六九〇年においても、女性や子どもや学生を除くと、イスタンブルにはジズヤ（人頭税）を支払っていたキリスト教徒が四万五〇〇〇人、ユダヤ教徒が八〇〇〇人もいたことが最近の研究で証明されている。またオスマン朝の旅行家エヴリヤ・チェレビーは、当時のガラタとペラ（金角湾を挟んで北側のヨーロッパ地区）に、かなりの非ムスリムが住んでいると記述していた。彼の指摘によると、そこにはムスリム居住区が一七、ギリシア正教徒の居住区が七〇、フランク（在留ヨーロッパ人）の居住区が三、アルメニア教会信徒の居住区が二、ユダヤ教徒の居住区が一つあったというのだ。

以上からも、イスタンブルの都市としてのコスモポリタンな性格がかもしだす賑わいが想像できるであろう。オスマン帝国とは、多民族・多宗教集団をスルタン＝カリフ制の下で統合するような、ミッレトの複合体ともいうべきコスモポリタンな国家だったと考えることもできよう。

四種類のユダヤ教徒

とくに興味深いのは、ユダヤ教徒とムスリムとの関係である。ベルベル系のアラブ人旅行家で一四世紀に『三大陸周遊記』を著したイブン・バットゥータ（一三〇四―六

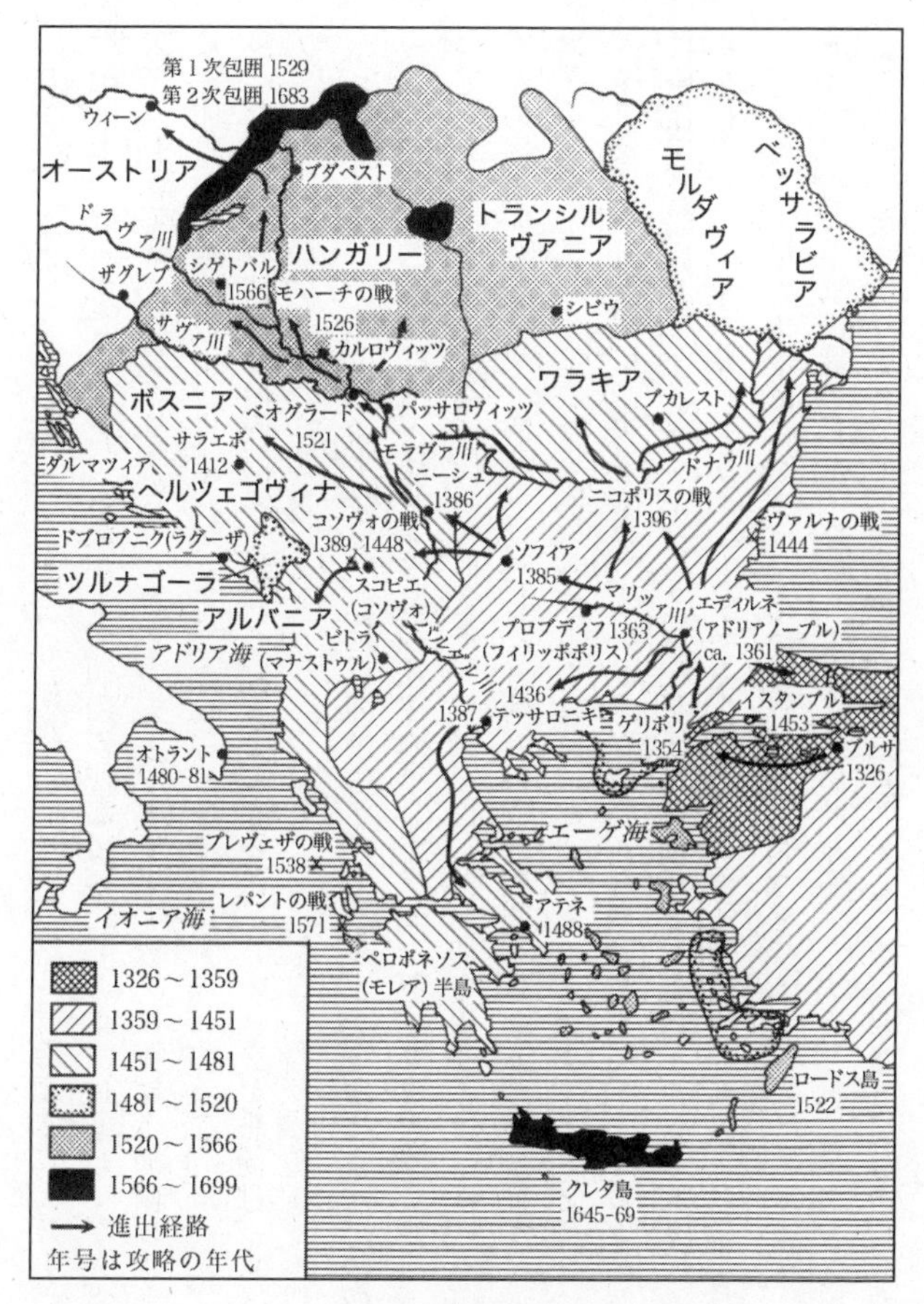

図 10　オスマン帝国のバルカン進出

八・六九または七七）によれば、オスマン朝が小アジアのブルサを首都にしていた一四世紀前半には、すでにユダヤ教徒がその領内に住んでいたらしい。彼らは、ブルサ、イズミット、アンカラなどヨーロッパから中央アジアや東アジアに抜ける通商ルート沿いに定住しながら商取引に従事していた。オスマン帝国の方も領土が拡大するにつれて、多彩なユダヤ教徒をその内部にかかえこむことになった。このユダヤ教徒は、大きく四つに分けて考えることができる。

その第一は、一四世紀後半から一五世紀前半にかけてバルカン征服によって吸収した「ロマニオット」。これは、ビザンツ帝国在住のギリシア語を話すユダヤ教徒、もしくは小アジアとバルカン半島に住んでいたその子孫を指した。彼らの多くは、一四五三年のイスタンブル陥落以来、帝国が奨励した首都の再建と振興をはかる政策に従ってイスタンブルに移住した。このために、各都市のロマニオット人口が減少することになった。

第二は、一五世紀に中央ヨーロッパのドイツ語圏からやって来て、バルカンの各都市に居住区を設けた「アシケナージ」。彼らが住んだ都市としては、エディルネ（アドリアノープル）、サロニカ（テッサロニキ）、ソフィア、ニコポリス、イスタンブルなどがあげられる。その多くは、エディルネのラビ（宗教指導者）だったイツハク・ザルファティの有名な手紙に魅せられて移住してきたといわれる。このラビは、オスマン帝国によるユダヤ教徒への政策がキリスト教国の敵愾心とまるで正反対だと賛辞を寄せた。すぐここにやって来て、このイスラム国家に住み着くように勧めていた。

第三は、一五世紀末から一六世紀初にかけてイベリア半島や南イタリアから集団移住してきた「スファラディー」である。その主な出身地としては、トレド、コルドバ、リスボン、アンダルシア、アラゴンなどが知られている。彼らは、一四九二年、一四九七年から九八年にかけて追放されていたが、人数が多いうえに文化と挙措（きょそ）も洗練されていたので、まもなく帝国で一番有力なグループとなった。一六世紀前半になると、アラブ東方地域が征服された結果、そこにいたスファラディーも吸収されたので人数がいっそう増えた。

第四は、アラブ地域の征服にともない、アラビア語を話す独特なユダヤ教徒の共同体として「ムスタァリバ」がオスマン帝国に加わった。彼らは、シリア、パレスチナ、エジプト、イラクに住んでいた。ムスタァリバとは、アラブと同じ語根に由来し、「アラブに同化する」「アラブの慣習を採る」「アラブになる」の意味から来た言葉だとされている。

ところで、オスマン帝国政府は、こうした多様性に富むユダヤ教徒たちをいかに統治したのであろうか。最近のシュムエルヴィッツの研究によれば、たとえばスファラディーの場合は、トレド、コルドバ、シチリアなど元の出身地ごとに「カハル」(*qahal*) とか「カハル・コドシュ」(*qahal qodosh*) と呼ばれる「会衆単位」に自らを組織したらしい。イスタンブルやサロニカではその数が三〇にも達したという。時には、一つの都市のカハルなどがまとまって、「ケヒッラ」(*qehillah*)という大きな「市共同体」を創ることもあった。こうした自治感覚は、オスマン帝国の寛容な民族政策ぬきには考えられないものだった。

ユダヤ教徒のミッレト

ユダヤ教徒が大ラビの下で独自のミッレトを許された年代については、よく分からない。メフメト二世による一四五三年の征服から二、三年以内に認められたという説、ギリシア正教徒以外の人びとと一緒にアルメニア教会のミッレトに加入したという説、一五世紀末のスファラディーの移住とともに独立ミッレトを許されたという説などが紛々としている。確かなのは、オスマン帝国におけるユダヤ教徒の安全保障が、メフメト二世とモーゼス・カプサリとの間の伝説化したエピソードとともに語られることだ。

ラビのモーゼス・カプサリは、イスタンブル占領以前からそのユダヤ教共同体の長であった。メフメト二世は、モーゼス・カプサリをたびたび招いて、「ラブ・ホジャスィ」(ラビ先生)と呼んだものである。金・銀・衣服などを褒賞として与えたのはむろん、ユダヤ教共同体の法にまつわる事柄を処理する権限を彼に与えた。また、このラビは宮廷儀礼にも参加して、行政官として遇されたという。

ただし、一五二六年にラビ・ミズラヒが死ぬと、一九世紀まで大ラビの地位は空白のままだった。そこで、代わって宮廷や高官の筋に影響力をもつユダヤ教徒が紛争の処理やミッレトの管理にあたった。「シタドラン」（仲裁者）、「ケトヒュダー」（世話役）、「キャフヤ」（幹事）と呼ばれた人たちである。彼らは、課税、老朽化したシナゴーグ（ユダヤ教の会堂）の修繕、ユダヤ教徒への中傷の根絶、地方行政官の秕政の是正などにあたった。しかし、こうした人びとは、当局と民衆を仲介する役割を担ったために、ともすれば帝国の言い分に妥協しがちであり、スルタンに忠誠心を発揮することが珍しくなかった。そこで逆に、共同体から解任される憂き目にもあったことは注意しておいてよいだろう。

ユダヤ教徒たちが才能を発揮した分野は、通商・医術・行政など広範囲にわたっていたが、とくに銀行金融や両替の知識を必要とする関税業務や租税徴収の実務は彼らの独壇場であった。ムラト二世の侍医に限らず、著名な医師のなかにはユダヤ教徒が多く、宮廷の記録にはユダヤ教徒の医師への金品や衣服の賜与がしばしば記録されている。一五〇六年の文書には、アブラハムとヨセフという医師が国庫から金三〇〇〇アクチェと衣服一領を受け取った記事が見られるという。

ミッレト内部の矛盾

ところで、同じミッレトに属していても、信仰の共通性だけを手がかりに、大土地所有者や各種の貴族と農民を同じ社会的カテゴリーで考えるのは、ゆきすぎたことになる。民族間の相違に劣らず、支配エリートを生み出す貴族と一般農民の差異も激しかったからである。オスマン帝国において社会的上昇が可能だったのは、都市住民と地主貴族の場合だけであった。ムスリム農民が富を蓄積して、地主貴族に上昇する道は限られていた。農民は内部で結婚する閉ざされた集団と居住空間を作っていたからである。ボスニア゠ヘルツェゴヴィナの例で見ておこう。

ミッレト制が有名無実になるのと軌を一にして、ボスニア゠ヘルツェゴヴィナは一八七八年のベルリン会議の結果、オーストリア帝国の管理下におかれることになった。その時期には、六〇〇〇人から七〇〇〇人のベイやアガと呼ばれたムスリム地主が、八万五〇〇〇人ほどの小作農を支配していた。ただし、ムスリムの小作農は少なく（二〇〇〇人）、大部分がキリスト教徒であった（正教徒六万人、カトリック教徒二万三〇〇〇人）。これは、ムスリムの自作農が七万七〇〇〇人もいた事実と好対照をなしている。

しかし、ムスリムのなかでも、商品経済の進展とともに農村の所領地を離れて都市部に居住するようになったベイとアガは、都市を通してイスラム世界の国際的な通商経済圏と結びついていた。他方、ムスリム農民は局地化した地方経済圏にしばられており、ベイとアガを介して外部世界と接触したにすぎない。ちなみに、ムスリム内部の二大集団の相互関係は、オスマン帝国の没落とともに変化するが、ベイとアガの地位に由来する特権は、第二次世界大戦頃まで維持された。ティトー大統領による大戦後の土地改革によって、ようやくムスリム地主貴族の末裔の特権が姿を消したと言われる。

ついでに言っておくと、オスマン帝国時代の身分格差は、現代のボスニア＝ヘルツェゴヴィナにさえ痕跡を残している。それは、帝国時代の身分に由来する独特なアイデンティティにうかがうことができる。

ムスリム農民はかつての大土地所有貴族の末裔を「ベゴヴィ」と呼び、自分たちを「バリィエ」と称することも多い。前者はベイたちの意味であり、後者は「粗野な人びと」の意味である。内戦以前の現地調査によっても、ムスリムの農民は、二つの集団をそれぞれアッラーに恵与された独特な個性をもつ別々の「ナーツィエ」、つまり民族と考えていた形跡さえあるという。

都市に住む人びとを例外とすれば、ユーゴスラヴィア解体とボスニア内戦以前においても、この二集団の出身者が混合結婚を行う機会は非常に少なかった。小さな都市のベゴヴィは、伝統的なイスラム生活様式を維持してきた。彼らはもはや大土地所有者ではないが、過去の特権的な力と威信の名残りで、多くのムスリム農民にとって夢のまた夢の高等教育を享受できた者も多い。

従って、医師・弁護士・大学教授・高級官僚などの専門職には、ベゴヴィの出身者が目立つのである。第二次大戦後でさえ、能力や機会に恵まれない不運なベゴヴィでも、地方の行政官やその属僚、教師などの職業には無理なく就くこともできた。このように、内戦以前のボスニア＝ヘルツェゴヴィナのムスリム内部では、今でも社会的に二つのカテゴリーに大別できる集団が存在したのである。

第四章　愛国心か、ナショナリズムか

――ムスリムの見た外国と異民族――

オスマン帝国は、ミッレト制を通して民族の違いを相対化することによって、どの多民族国家も苦しむ民族問題をある程度まで上手に解決してきた。オスマン帝国は、「トルコ」ではなかった。それどころか、その国名には普通、民族や領土を示唆する名称がつけられなかった。また、帝国の支配民族は自らを「トルコ人」とは呼ばず、ムスリムと名乗っていた。しかし、民族と国家をめぐるイスラム世界のアイデンティティは、一八世紀から一九世紀にかけてヨーロッパの衝撃で大きく揺さぶられた。フランス革命が生んだパトリオティズム（愛国心）とナショナリズム（国民主義）は、多民族国家のミッレトに隠されていた非ムスリム民族の世俗的アイデンティティを刺激したからだ。「国民国家」のフランスが領域内の小集団を上から「フランス人」に同化したように、「オスマン人」なる疑似民族が他の民族を統合する動きも現れたが失敗に終わった。その理由と背景が本章で説明される。

1　ヨーロッパの中のイスラム

「戦争の家」のカーフィル

一八世紀になるまで、イスラム世界の人びとにとって、ヨーロッパは十字軍を送りこんで侵略してきたフランクの土地であり、まさに「戦争の家」以外の何物でもなかった。オスマン帝国の人びとも、そのように考えていた。ヨーロッパを訪れたムスリムの外交使節や商人などは、イラン人であれ、モロッコ人であれ、キリスト教徒の世界にいる自分に気がつくと、いつも居心地が悪い思いをしたものである。自分たちについてはもちろん、ヨーロッパの相手方についても、そのアイデンティティを民族や領土とのつながりで考えることはなかった。これとは対照的に、ヨーロッパからイスラム世界を訪れた者たちは、ムーア人と接するフランス人、トルコ人と商談するイギリス人、イラン人と取引するロシア人として交わりを結んで、民族性との関わりで彼我の違いを意識したものである。

「イスラムの土地」に住んでいたムスリムは、ヨーロッパの人びとをしばしば不信者や異教徒を意味するカーフィルと呼んだ。ヨーロッパ人たちも、カーフィルと呼ばれるのが面白くなかったらしく、今様に民族や国の名をつければよいのに、わざわざカーフィルの呼び方で大雑把（おおざっぱ）にくくられることに不満をもらしていた。オスマン帝国も、ハルビーであるヨーロッパのキリスト教徒を公用や著述の際に区別する必要がおきた時には、「フランスのカーフィル」とか「ロシアのカーフィル」などと呼ぶこともあった。オスマン帝国に住むユダヤ教徒が寛大に扱われていても、商用なり外交のためにヨーロッパから来たユダヤ人については、「不信者のユダヤ人」（*kafir yahudisi*）と呼ばれて差別されたものである。

さらに、批判や罵倒をためにするような場合には、はっきりと民族名が出されて偏見に満ちたあだ名や呪詛（じゅそ）によって強調されることもあった。その典型例は、リズムや音の語呂合わせである。インギリズ・ディンスイズ（*İngiliz dinsiz* 宗教知らずのイギリス人）、フランスズ・ジャンスズ（*Fransız cansız* 腑抜（ふぬ）けのフランス人）、エングルス・メンフス（*Engurus menhus* 不吉なハンガリー人）、ルス・マクス（*Rus ma'kus* つむじまがりのロシア人）、アルマン・ビアマン（*Alman bi'aman* 慈悲に無縁のドイツ人）などがそうである。

興味深いのは、オスマン帝国のスルタンがヨーロッパの友好的なキリスト教徒の君主に宛てた親書においても、知らず識らずのうちに、偏見と優越感が滲み出ていたことである。一六世紀のムラト三世（在位一五七四―九五）がイギリスのエリザベス一世にあてた手紙は、「オーストリアとハンガリーのカーフィル」への勝利の告知に続いて、「劣等なカーフィルたちの土地」への軍の進撃に触れている。そして、イギリス女王に対して、「スペインのカーフィルたちに目を向ける」ように、そして「神の加護によって勝利する」ことを期待し、「足下の友邦たるポーランドとポルトガルのカーフィル」に善き意志を表すように伝えている。ここでは敵国も友好国も等しく、キリスト教国家としてカーフィルと呼ばれていることがわかる。あからさまにはささやかれていないにせよ、エリザベス一世もカーフィルの女王だと考えられていたのだろう。

ヨーロッパ人のパーディシャー

戦争や外交にまつわる文書や歴史記述にしばしば見られる自信と優越感に満ちた評価は、オスマン帝国がヨーロッパの国際関係に受け身の立場で組み込まれてゆく時まで続いた。それは揺るぎない自信の現れだったのかもしれない。ヨーロッパ側はオスマン帝国に対して、独立と対等の証としてスルタンの正式称号「パーディシャー」の称号を自分たちにも認めるように折衝してきたが、神聖ローマ帝国への対抗上、特殊な協力関係にあったフランス国王フランソワ一世(在位一五一五―四七)以外には許されなかった。

これらの虚飾が最終的にはぎとられるのは、一八世紀もおしまいになってからである。オスマン帝国は、一七七四年のキュチュク・カイナルジャ条約において、クリミア汗国への保護権を放棄することに同意したが、これはカリフの沽券(こけん)にかかわる取り決めであった。クリミア汗国は、オスマン帝国の進出以前からその地にあったイスラム国家であり、帝国の征服によってイスラム化したバルカン半島とは性格が違っていた。つまりスルタンは、古くから「イスラムの家」に入っていた土地を異教徒の手に渡すという屈辱を甘受せねばならなかったからだ。しかも、この時期からヨーロッパ諸国が文書で用いるのは、あれほど熱望しながら認められなかったパーディシャーではなく、ヨーロッパ諸語による称号であった。ここに東西の力関係の逆転が象徴されている。

もっとも、退潮の不吉な兆候は、すでに一六〇六年のシトバ・トロク条約の締結時に芽生えていた。その条文で、オスマン帝国が「ウィーン国王」の称号で接してきた神聖ローマ帝国の皇帝に対して、パーディシャーの称号使用に同意したことは、ヨーロッパの国際関係でも優位にあったオスマン帝国が、初めてハプスブルク朝を対等の国家として認知する屈辱の象徴となった。また、一六九九年のカルロヴィッツ（カルロフチャ）条約では、ハプスブルク朝にハンガリーとトランシルヴァニアを割譲して、歴史上初めて敗戦国として講和を結んだのである。

こうした時でさえ、ムスリムの外交官たちは、本国宛の報告書で彼らが出会った人物たちや建物施設に言及する時には、異国の民族を相変わらずカーフィルと呼び続けたのである。カーフィルは、日常語や通俗語としてはずっと後まで使われたが、歴史史料からはまもなく姿を消してしまう。

一般的に言うと、預言者ムハンマドの時代以来、ムスリムたちはキリスト教をイスラムにとって宗教的な意味での脅威とは考えなかった。キリスト教徒の軍隊がイベリア半島、続いてバルカン半島さらにヴォルガ中流域を征服した時でさえ、差し迫る危機は、信仰上というよりも政治や軍事の条件の下でとらえられた。たとえ軍事的に敗北したとしても、それはキリスト教の宗教的勝利を意味するとは、到底考えなかった。ムスリムにとって、神が預言者イエスを通して下した初期の不完全な啓示を受け入れることなどは、沙汰の限りであった。

実際に、ムスリムからキリスト教徒に改宗する者はごく稀であり、イスラム世界では、ムスリムから他の宗教に転向することは、極刑を含めて相当な覚悟をする必要があった。ムスリムたちは、キリスト教徒の支配に屈するより、むしろ難民として亡命する方を選んだ。彼ら自身の聖法もそのように鼓舞していた。強制的な改宗がある程度成功した例としては、一六世紀にロシアに征服されたヴォルガ中流域のタタール人を考えることができる。それでも、クリャシエンと呼ばれた改宗者はたえずムスリムに再転向しようと努めたので、ロシア人との間に悶着が引きも切らなかった。

モリスコとオスマン帝国

しかし、少し注意深く目をこらすと、オスマン帝国が全盛を極めた時期でさえ、ムスリムのヨーロッパ撤退は着実に進んでいた。ムスリムは、一四九二年に追放令が出されたスペインでも、その後しばらく生活していた。彼らは「モリスコ」つまり「小さなムーア人」と呼ばれて、一種の「隠れムスリム共同体」を作っていた。スペイン国王への反乱を起して、短期間であれ時にはグラナダを陥落させたこともある。追いつめられたスペイン・ムスリムたちはオスマン帝国に援助を求めた。一五五六年にはハプスブルク朝スペインのフェリペ二世（在位一五五六―九八）が、モリスコに信仰・言語・生活様式の放棄を強要していたが、一六〇九年になると息子のフェリペ三世（在位一五九八―一六二一）がモリスコ追放令を布告したために、五〇万人のモリスコが北アフリカに渡った。衆寡敵せずモリスコもユダヤ人と同じく亡命の道をたどったわけである。スペインを逃れたモリスコの数は、約三〇〇万人にも達したといわれる。この迫害は、オスマン帝国が示した宗教的寛容性と鮮やかな対照をなしている。

しかし、かつてイスラムが支配した土地を訪れる者たちにとって、過去の栄光を偲ばせるモニュメントは、ノスタルジアを交えた記憶を甦らすのに十二分であった。東中欧に派遣されたオスマン帝国の使節や、スペインを訪ねたモロッコの使者などは、キリスト教徒による征服で失われたイスラムの故地を通過せねばならなかった。彼らは、ちょうどヨーロッパ人がイスラムに支配された地域や東方の世界を訪ねる時に、彼らが文明的に連続性を感じる古典古代のギリシア＝ローマ遺跡や、イエスや使徒たちの足跡などキリスト教の遺産を熱心に探し求めたように、イスラムが支配した過去の歴史に思いを馳せて想像力をめぐらしたものである。彼らは、アラビア文字で書かれた碑文を見出しては感動にひたり、誰も顧みないイスラムの遺跡にぬかずいて来し方を回想するようすがにした。

他方、彼らは、グラナダでは道路の敷石に使われたアラビア語の碑、スペインでは燈台に、セルビアでは時計台に転用されたミナレット（モスクの尖塔）、ベオグラードでは住居に変えられたハンマーム（イスラム浴場）の変わり果てた姿を見て慨嘆した。たとえば、浴場を軽視する行為は、いずれもカーフィルたちの不潔な慣習の証左に他ならない、と自らを慰めて傷心を納得させようとした。

オスマン帝国からハンガリーや南ポーランドに出かけた使節たちも、同じ感情を表している。一七九〇年にハンガリーを通過したアズミ・エフェンディーは、ハンガリー人たちが使節の一行に示した善意、オスマン帝国に寄せた友好的感情についても記している。ヨーロッパの失われた土地を訪れた彼らは、イスラムから「不正に」奪われた土地を回復すべきだと信じて感情を高ぶらせた。一七六三年にポーランドのカーメニェツ要塞を訪れたレスミ・エフェンディーは、一六七二年から九九年までオスマン帝国が占有していたこの砦を来訪した際に、イスラムのヒジュラ暦を刻んだミナレットとそこに書かれた『コーラン』の引用を発見して、あまりの感動に打ち震えたという。

余がこの碑文を読んだ折、神がこの地をイスラムにお返しになられるように心から祈りを捧げた。真実を語る言葉がこのミナレットから再び響くように、と。

こうして、一一世紀から一五世紀にかけて、オスマン帝国以外のイスラム勢力が撤退してキリスト教徒が征服した土地、イタリア、スペイン、ポルトガルでは、多数のムスリムが異教徒の支配にさらされた。死と改宗と亡命のいずれかを迫られたムスリムたちの圧倒的大多数は、その故地を離れる道を選んだ。キリスト教徒の君主は、少しでも均質な住民から成るような将来の国民国家形成に向けて思わざる成果を挙げたともいえる。このように多くのムスリムたちがキリスト教徒の支配する地域から立ち去った理由は、明らかにイスラム世界とは対照的に、イスラムやユダヤ教の信仰に偏狭だったハルビーのキリスト教徒による迫害のためである。

イスラム世界の「固有の土地」と考えられた地域をキリスト教徒の征服者に切り取られるという未曾有の事態に直面して、とくに北アフリカ、イベリア半島、シチリアで優勢だったマーリキー学派の法学者たちは、イスラムの地を喪失するという事態をめぐって意見を戦わせた。とるべき態度については、意見が二つに分かれた。

第一は、少数派の見解として、キリスト教徒の支配者がムスリム住民に信仰の自由を認めて、イスラム法に従って生きる権利を認めるなら、その土地に留まってもよいと考える。生命に危険を感じる時には、異教徒の前で真の信仰を隠してもよいという判断も下した。

第二は、多数派の判断。異教徒が征服した土地に住むムスリムは、預言者のメッカでの故事にならって、異教国から「イスラムの家」にヒジュラ（移住）をしなくてはならない。モロッコの有名な法学者ワンシャリースィーは、たとえ異教徒が寛容だったにしても、その土地をすぐに離れなければ背教の危険がますます大きくなる、と警告を発していた。彼は、ムスリムの暴政家の方がキリスト教の公正よりもましだとさえ言い切っている。

他の地域でも、多くの法学者たちは、ムスリムがイスラム以外の権力によって支配される土地に住むことを是としない、という判断を下していた。たとえば、異教徒の土地に住む人びとがイスラムに改宗したなら、その故郷を去り、イスラム法が卓越してムスリムが支配する土地に移らなくてはならない、と（図6参照）。この教えの典拠は、クライシュ族の迫害にあって六二二年にメッカからメディナにヒジュラしたムハンマドとその教友の経験に基づいていた。このヒジュラこそ、イスラム国家の生誕とムスリム新時代の開始を告げるエポックを画するものであり、イスラム独特の暦の元年なのであった。

こうした居住地の移動という考えは、現代のイスラム原理主義にも継承されており、エジプトで一九七〇年代の要人暗殺事件で有名になった「タクフィール・ワ・ヒジュラ」（「贖罪と移住」の意）という団体は、汚濁と不正にまみれた名ばかりのイスラム世界から逃れ、宗教的に清浄な空間を現世に創るという発想から出発したと思われる。

2　国名のない国家

トルコ人・ムスリム・オスマン人

世界を民族や国家の単位に区分するのは、西方キリスト教世界の忠誠心の感覚としては重要だったにせよ、イスラム世界ではあまり意味を持たなかった。領土にちなむ国名よりも、王朝に由来する名称の方が、人びとの耳になじんできたからである。ヨーロッパの君主はしばしば自分を「フランスの国王」とか「イングランドの国王」と称したが、イスラム世界の君主はその版図を土地や民族の名で表すことはなかった。一六世紀にオスマン帝国のスルタンとサファヴィー朝のシャーが覇権争いをした時に、彼らは互いを単にスルタンとシャーと呼びあったにすぎない。争点は、限定された領土ではなく、いずれかがイスラム世界の覇者にふさわしい「イスラムのスルタン」になるのか、それとも「イスラムのシャー」になるのか、という点にあったからである。

　そもそも、領土の広がりを指す言葉として、アラビア語には「アラビア」にあたる単語がなかったように、トルコ人は、もともとトルコ語にも「トルコ」を意味する語句はなかった。近代に入ると、トルコ人は、もともとヨーロッパで広まった単語を使うようになった。「テュルキエ」という単語は、はじめイタリア人が使い始めたとされ、中世ラテン語に由来するという説もある。また、形容詞の「アラブの」や「アラブ人」にあたる単語はあっても、「アラビア」にあたる言葉がなかったので、アラブ人は「アラブの半島」「アラブの国」「アラブの王国」といった表現に国家のニュアンスを仮託して使用せざるをえなかった。これは、やがて第一次世界大戦後の新中東秩序の構想を描く上で、植民地主義とアラブ主義のせめぎあいのなかで少なからぬ波紋をまきおこすことになる。

　オスマン帝国の支配民族が自分を「テュルク」（トルコ人）とみなす考えは、一九世紀半ばになるまで一般的ではなかった。たとえ「ヨーロッパ人」ではあっても、エリートとして宮廷の典雅な作法に通じ、行政の委細と実務に熟達した者は、本来のトルコ人よりも優雅なオスマン・トルコ語を自在に駆使しながら、超民族的な「オスマン人」またはムスリムとしての強い誇りと自負心を培ったのである。帝国で一般的だった考えによると、テュルクなる語は、アナトリアの農民と遊牧民を意味した。その語感は、アラビア語のファッラーフ（土民・土百姓）のニュアンスにほぼ等しい。一七世紀に書かれたコチュ・ベイの『トルコ語年代記』の中でも、イェニチェリ（常備歩兵軍団）がよそ者やもぐりの商人に荒らされたと不満を述べた際に、「トルコ人」ことテュルクは、「トルコ人、ジプシー、タート人、ラーズ人、ラバ追い人、ラクダ乗り、荷運び人夫、追剝ぎ、すり」のように、「いかがわしい」手合いと並んで言及されている。タート人とは北カフカースに住む人びと、ラーズ人とは黒海東南岸に居住する人びとであった。このコチュ・ベイ自身も、マケドニアかアルバニアの生まれであり、宮廷で出世したバルカン半島の出身者であった。

一八〇二年にパリに赴任したハレト・エフェンディーも、フランス人たちに「トルコ人の大使」と呼ばれた体験にショックを隠しきれなかった。それは、「粗野な田舎者」と呼ばれるに等しかったからである。イスタンブルの紳士をトルコ人と呼ぶのは侮辱につながった。一九世紀もおしまいの一八九七年になっても、イギリス人の一旅行家が報告しているように、トルコ人は「とんま」や「愚か者」の意味で使われていたからである。

現在ではトルコ人という名前は滅多に使われない。私は、二通りのやり方で用いられるのを聞いただけだ。たとえば、「トルコ人」の村か「トルクメン人」の村かどうかを尋ねるように、人種を区別する言葉として一つ。さもなければ、侮蔑の言葉としてのいずれかだ。あなたが「テュルク・カファ」とつぶやくとしよう。それは、英語で「とんま」(*Blockhead*)と言うに等しい。

「両大陸と両海洋」の国家

トルコを意味する「テュルキエ」という名称も、「トルコ人」に劣らずなじみが薄かった。オスマン王朝とイスラム文化の二重の伝統を担った帝国は、敵対的なキリスト教徒やイスラムの異端勢力との不断の対決に追われていたが、民族的アイデンティティに対応する国家意識を発展させなかったからである。初期のアラブ人と比べても、トルコ人は、イスラムの歴史と伝統に自らのアイデンティティを一体化させた点では遜色がない。一九世紀半ばのオスマン朝の史書や文学では、トルコを想わせる表現はほとんど使われていない。どちらかといえば、トルコという呼び名は、ヨーロッパ諸国で慣用的に使われた名称に由来しており、トルコ人自身が格別に好んだわけではない。

イスラム改宗後のトルコ人は、それ以前の歴史的思い出を忘れたかのように、自らの国家を「至高の帝国」「イスラムの世界」「庇護された国土」「神の恩寵により庇護された国土」など、ペルシア語風の荘重な修飾法で表現した。いったいにイスラム国家は、自らの版図を地域や民族の名で限定するのを嫌った。必要がある場合でも、ヨーロッパの相手方についてのみ、王朝や領土の名前をつけたものである。せいぜい、時として

「両大陸と両海洋のスルタン」(*Sultan'ul-Berreyn ve'l-Bahreyn*) と称することもあったくらいである。もちろん、両海洋とは地中海と黒海を意味する。一六世紀のオスマン帝国は、ユーラシア大陸西部とアフリカ北部を扼する世界最強の超大国であり、イスラム国家論を体した理念の帝国でもあった。かつてのソビエト社会主義共和国連邦がそうであったように、国名をことさらに地域や民族の名称で限定する必要がなかったのである。その自負は、スレイマン大帝が神聖ローマ皇帝のカール五世（在位一五一九―五六）にあてた外交文書における自他の版図と称号の言い回しにもよく表れている。

> 朕（ちん）は、諸スルタンのスルタン、諸君主のあかし、地上における神の影、地中海と黒海、ルメリーとアナドルとルームとカラマンとエルズルムとディヤルバクルとクルディスタンとルーリスタンとイランとズルカドゥリエとエジプトとダマスクスとアレッポとエルサレムと全アラビアの諸地方とバグダードとバスラとアデンとイエメンの諸国土とタタールとキプチャク平原の諸地域とブダとそれに属する諸地と、そしてまた我らが剣をもって勝ちえた多くの諸国土の大王（パーディシャー）でありスルタンである、スルタン・セリム・シャー・ハーンの子、スルタン・スレイマン・シャーである。スペインの諸地方の王（クラル）カールであろう。以下のことを知れ……。（鈴木董『オスマン帝国』より）

一九世紀になると、「至高のオスマンの帝国」「庇護されたオスマンの国土」のような名称が現れるようになるが、これは自らの版図をイスラム世界の他の地域から区別する必要がある場合に限って使われたにすぎない。オスマンを民族や領土になぞらえるのは明らかにヨーロッパの影響であった。地域を限定する必要があった場合でさえ、奇妙にも、「ルームの土地」（ギリシア人の土地）と呼ぶ有様であった。トルコ人の居住地を他のムスリムから区別するために使われたルームの呼び方は、ギリシア正教徒のミッレトの名前とも同じだったので、しばしば混乱を引き起した。しかし、この名前の背後に隠された地域こそ、ヨーロッパ人のいうトルコだったのである。

「奴（やつ）はトルコ語知らず」という名前

しかし、どの名称に依拠したとしても、それが多民族・多宗教国家の版図全体を含むことには変わりなかったので、トルコ人の居住地域だけを指す名称とはならなかった。その行政官や軍人などにエリートを供給してきた人びと、つまり「トルコ」の主人公たるべきトルコ民族の存在は、ペルシア語風に修飾されたコスモポリタンな国名の背後に隠されていたともいえよう。帝国の行政官や軍人などのエリートは、次のような三つのカテゴリーから供給されていた。

第一は、東南ヨーロッパ出身のキリスト教徒から改宗したムスリム。
第二は、東南ヨーロッパとイスタンブル出身のムスリム。
第三は、カフカース出身のムスリム（チェルケス人、オセット人、アゼルバイジャン人）。

アナトリア出身のムスリムがわずかに優勢だったのは、トルコ語とアラビア語をバイリンガルに理解できる条件が望ましい宗教指導者ぐらいであった。帝国の公用語はオスマン語やオスマン・トルコ語と呼ばれたが、それは語彙と文法の両面でトルコ語、アラビア語、ペルシア語の完全な混淆物であった。

トルコ人以外の人びとに、民族的な偏見がもちこまれることは珍しかった。少なくとも、ムスリムに改宗するなら、その出自が何であれ「オスマン人」として帝国のエリートに昇進する道は開かれていた。ただし、そのためには、かつてウマイヤ朝やアッバース朝に仕えた非アラブたちがアラビア語を学んで出世の階段を昇っていったように、オスマン帝国でもトルコ語を自由に使えることが上昇の基本条件であった。この点に関連して、エジプトの王朝創始者ムハンマド・アリー（一七六九―一八四九）にまつわる逸話を想いおこさざるをえない。

ムハンマド・アリーは、アラビア半島に遠征軍を送った時に知事に任命した人物をしばしば「テュルクチェ・ビルメズ」（*Türkçe Bilmez*）という愛称で呼んでいる。もちろん、この人物には本名があったのだろうが、史料ではいつもこの名で登場する。「奴（やつ）はトルコ語知らず」という意味のありがたくない愛称をつけられた当人は、知事級の高官には珍しく、トルコ語の知識を持っていなかったに違いない。この逸事が彼のアイデンティティとなったのだろう。

　トルコ人の祖国をトルコと呼ぶ試みは、一九世紀後半に入って芽生えたにすぎない。それは、ヨーロッパのナショナリズム思想に感化された青年トルコ党運動の所産であった。しかし、テュルキエも帝国のムスリム・トルコ人の間に定着するには時間を要した。大体において、その綴り方からして一様ではなかった。やや気どって「テュルキア」と書く者もいた。また、テュルキエの第一音節にアラビア文字のある字を入れるべきか否かといった論争さえ大真面目におこなわれた。初めはトルコ語に適当な言葉がないので、やはりペルシア語風に「トルキスタン」と呼んだが、これでは中央アジアを指す表現と同じになるのでテュルキエの名称を採用したのである。それが正式国名として採用されて、「国民」の支持を満遍なく受けるのは、ムスタファ・ケマル・パシャの革命が成功した一九二三年を待たねばならない。まもなくケマル・パシャには、トルコ大国民議会から姓を贈られたが、それが「トルコ人の父」を意味するアタテュルクという名字だったのはあまりにも象徴的であった。

3　フランス革命とオスマン帝国

イスラム世界と愛国心

民族と国家をめぐるイスラム世界のアイデンティティは、一八世紀から一九世紀にかけて外から大きく揺さぶられた。フランス革命の衝撃は、ムスリムの信仰の基盤をおびやかすことになった。それが深刻だったのは、ムスリムが自信をもって対抗できた伝統的な挑戦、つまり勝手知った宗教の名によってではなく、イスラム世界にとって未知のイデオロギーによる挑戦を受けたからである。その思潮こそ、パトリオティズムとナショナリズムであった。

パトリオティズムとは、人びとが所属する国家に対して忠誠心を要求する「愛国主義」に他ならない。そして、ナショナリズムとは、民族への抽象的な帰属を実体に変えながら、人びとを国家の枠組に整合する国民に変えようとする思潮と運動であり、「国民主義」と呼ぶのが適切であろう。

明敏なオスマン官僚は、これらの新しいイデオロギーの挑戦が信仰だけでなく人びとの存在を根底から脅かす危険性をすぐに察知した。それは、事実上の外相職だった帝国書記官長が一七九八年に国政最高会議の決定を仰ぐために起草した覚書にも見てとれる。『ジェヴデトの歴史』によれば、書記官長は、フランス革命がヨーロッパ史に与えた画期的な意味合いを理解している。

著名な無神論者ヴォルテールとルソー、彼らのような唯物論者たちは、真正の預言者や偉大な国王に対する冒瀆や復讐をあえて辞さず、すべての宗教を廃棄して、平等や共和主義の甘ったるさへの暗喩を内容とする多種の書籍を刊行した。そのすべてが、平易な言葉や文章で書かれており、冷笑と嘲りの言葉や農民の言葉で表現されている。

オスマン帝国のエリート官僚にとって、アナトリアの「トルコ人」やエジプトの「フアッラーフ」たちが、自分たちの粗雑な言葉でスルタンへの「冒瀆や復讐」を事とするのは、思うだにおぞましいことであった。それにもまして、ナポレオンのエジプト遠征は、国家の心臓部がいともたやすく異教徒に占領された一点においても、帝国の首脳に大きな衝撃を与えた。

ムスリムに対して最初、新しい忠誠心と帰属感情をもたらしたのは、パトリオティズムの方であった。この考えは、フランスやイギリスのように、民族と国民の重なりがまずは前提とされる。これに衝撃を受けたオスマン帝国では、まちまちな言語を話し、違った宗教を信じていても、帝国の臣民である限り、彼らは「一つの国民」として「一つの国家」に一体化すべきだと信じられた。パトリオティズムとは、人びとが日常的には政府や公権力に向かって表明する忠誠心を指したからである。イスラム世界では目新しいこのコンセプトは、帝国の臣民から忠誠を取り付けて、国家のまとまりを盤石（ばんじゃく）にしようとする支配エリートからも歓迎された。しかし、王朝の君主に向けられた忠誠心が、抽象的な理念への忠誠に切り換えられるに従って、まもなく予期せぬ困難がもちあがった。

パトリ・「くに」・ワタン

フランス語の「パトリ」や英語の「カントリー」に相当する言葉は、アラビア語ではワタンである。この言葉は、多少の発音の違いはあっても、トルコ語やペルシア語にも入っている。ワタンは、主に人びとの生まれた土地や、住んでいる土地を意味する。つまり、それはもともと「まち」や「むら」といった生まれ故郷、ひいてはやや広がりをもたせた「くに」を意味する情緒的な言葉だったといわれる。つまり、ワタンは多くのイスラムの古典的作品、たとえば九世紀のアラブの作家ジャーヒズが自分の故郷に対する情愛について評論を書いているように、人びとに素朴な感情や美しい情愛の念を呼びさまし、献身や熱愛の対象とさせるものだったといえよう。

シリアの地理学者イブン・シャッダードがシリアとイラクの地誌に関する叙述を自分の故郷アレッポから始めたのは、自分のワタンへの愛からであった。彼は、このやや身びいきな振る舞いにも臆した様子がない。というのも、彼は預言者ムハンマドがいみじくも公言したように、「故郷への愛は信仰の一部である」(*Ḥubb al-waṭan min al-īmān*)と信じて疑わなかったからである。

また、一五世紀に中央アジアで活躍した「トルコ人のチョーサー」こと詩人ナヴァイも、自分のワタンについて次のように誇らしく自負している。

ひとは生きる限り　家族とワタンのために
あとう限り　戦うであろう

ムスリムの間でも、自分の生まれた故郷への愛はよく知られた美徳であった。しかし、それに格別の政治的なニュアンスを託した者はいなかった。また、ワタンを民族性と関係づけて議論する人びとも少なかった。ワタンは、家族の情愛や青年期の追憶、憧憬と結び付けられていた。古典的な用法に関する限り、ワタンはやや政治的な陰影が勝るフランス語の「パトリ」(祖国・生国)よりも、英語でいう「ホーム」(故郷・家庭)の方に近かったといえるだろう。

家族、母語、自分の「まち」と「くに」に対して素朴な愛着を感じるのは、人間にとって当然すぎるほどの本性である。故郷や家族への愛情は、生まれながらにして人間に備わっている根本特性だからである。それは、日本の例に照らしても明らかである。戦前の軍歌「戦友」を分析した塚本学によると、その歌詞のなかで「お国」のために戦う兵士が「御国」を何百里も離れた満州で斃(たお)れて、その魂が空しく冷えて「くに」へ帰る様が歌われていた。そこでの「お国」や「御国」は政治的献身の対象としての国家であり、「くに」の方は死んでも魂だけは帰る故郷であった。軍国主義華やかなりし戦前の日本でも、政治的献身の対象としての「パトリ」を情緒的なワタンや「ホーム」という身近な存在に重ねるのはむずかしかったのである。

フランス革命とオスマン帝国

フランスの「パトリ」がイスラムのワタンの意味を豊かにしたのは、一九世紀のことである。ムスリムによるパトリオティズムへの最初の関心は、フランス革命の総裁政府時代（一七九五―九九）に、パリでオスマン帝国大使を務めたモラル・エッセイッド・アリー・エフェンディーが本国に宛てた報告書の中に芽生えている。彼はそこで、「共和国の大義と祖国（ワタン）のために尽くした熱情」のせいで、身体が不自由になった市民がワタンの責任で看護される有様を記しており、フランス共和国政府の「廃兵・病疾対策」に驚きを隠していない。フランス語の「パトリ」に祖国の意味でワタンの訳語をあてる用法は、イスラム世界ではまったく新鮮な感覚であった。

しかし、エッセイッド・アリーに関する限り、それが新時代の到来を告げる画期的な思潮であることを理解した形跡は見あたらない。彼のギリシア人通事は、そこに孕まれていた革命的な意味を理解できないままに、語句の含蓄を深く考えずに直訳したのかもしれない。エッセイッド・アリーはあまり知的な人物でなかったし、その公信は任国に関する理解力の不足でも際だっていたからである。他ならぬスルタン・セリム三世は、ある時に文書にこう感想を記したほどである。「こやつはのろまではないのか」(*Bu herif esek imis*)。

それでも、パトリオティズムは、ワタンに祖国の意味を取り入れながらオスマン帝国のなかで人気を博するようになった。一八三九年になると、ギュルハネの勅令として知られる重要な公文書には、「祖国(ワタン)への愛」という表現が使われていた。タンジマートと呼ばれた西欧化改革運動の開始を告げるこの勅令は、ムスリムと非ムスリムとの法的な平等を定めていた。また、フランスに在勤したトルコの外交官ムスタファ・サミは、その『ヨーロッパに関するエセー』のなかでパリジャンやパリジェンヌの賞賛すべき資質として「祖国愛」を挙げており、自分がこの小冊子を出す動機も祖国への愛からだと述べていた。一八四一年に出されたハンジェリの『土仏辞典』には、ワタンの意味としてパトリオティズムをあてていたように、この新奇な言葉もすでに市民権を得ていた。そこには愛国的な感情を表現するいくつかの文例も紹介されており、パトリとワタンが等置されたのである。

詩人のシナースィー（一八二四―七一）は、一八五一年に母に宛てた手紙のなかで、「私は自分の信仰・王朝・祖国・国民のために一身を捧げるつもりです」と述べていた。そして、クリミア戦争（一八五三―五六）は、戦闘的なパトリオティズムと愛国的な詩が出現する最初の機会となった。この時には、オスマン帝国への愛国心を鼓舞するワタンという用語はすでに十二分にジャーナリスティックな時流に乗っており、一八六六年になると新しい新聞の名前にさえ採用される栄誉に浴していた。しかも、それは意味深長にも『アイネ・イ・ワタン』（祖国の鏡）と名付けられていた。

このパトリオティズムは、オスマン主義、英仏語では「オットマニズム」と呼ばれることが多い。しかし、オスマン人という超民族的アイデンティティは大方の賛同を得られず、オスマン主義も多民族国家としてのオスマン帝国の多種多彩な住民たちから幅広く支持されなかった。それは、ナムク・ケマル（一八四〇―八八）やシナースィーのような信奉者の努力にもかかわらず、本質的に外来思想であり帝国の現状にそぐわなかったからである。同じ言葉と同じ信仰をもつ国民から成る国家と、違う言葉と違う信仰をもつ多民族から成る帝国との隔たりはあまりにも大きかった。ナムク・ケマルの言い分はあまりにも自己中心的といわざるをえない。ケマルは、自分たちがフランス人やイギリス人と同じように、偉大な「パトリ」をもっており、愛国者にならねばならないと主張した。その国はかつてスレイマン大帝、メフメト征服者、ウマル・イブン・アルハッティーブのような偉大な君主に治められていた、と。しかし、キリスト教徒やユダヤ教徒の臣民は同じように楽観的になれたであろうか。

しかも、おかしいのは、オスマン帝国のスルタン二人に加えて、第二代正統カリフのウマルを挙げていることだ。これは、ナムク・ケマルがアラブ人のカリフを含めて自分の「祖国」（ワタン）を考えていたことを意味する。ウマルの事例は、イスラムのウンマにつながる考えが新しいイデオロギーに適合させられて再生された例ともいえよう。

「愛国心」の危険

オスマン主義を「われわれ」のアイデンティティと感じたのは、「ガラタの銀行家」や帝国政府の官僚出身源だったイスタンブルのキリスト教徒とユダヤ教徒のエスタブリッシュメントを除くと、都市部でトルコ語を話すムスリム、肥沃な三日月地帯でイスラム文化のアイデンティティを共有するアラブ人の都市エリートたちにすぎなかった。

バルカン半島のキリスト教徒たちは、いかにしてオスマン帝国の「国民」つまりオスマン人として、ムスリムのスルタンに仕えるパトリオット（愛国者）になりえたであろうか。また、そもそも支配エリートに限定されたオスマン人というアイデンティティが、満遍なく人びとの心をとらえることができたのだろうか。それは、十分すぎるほど申し分ない理想だったが、帝国のムスリム・エリートに好都合な空想上の産物でしかなかった。政治的な洞察にもたけていた聡明な歴史家ジェヴデト・パシャは、その史書で、他の誰よりも的確にパトリオティズムの本質を次のように見抜いていた。

いざ緊急時が出来（しゅったい）するなら、違った信仰をもつ者から成る大隊の指揮官は、いかにして兵士たちに熱情を駆り立てることができるのだろうか。ヨーロッパでは、愛国心が宗教的献身にとって代わった。しかし、これは封建時代の末期に生じたことだ。その子どもたちは、幼い時から祖国（ワタン）という語句を聞いた。そして、成人すると兵士として、パトリオティズムの呼びかけが効果的なものとなる。しかし、われわれの間では、仮にワタンという語句を述べるにしても、それは兵士の心に村の広場を追憶させるだけだ。仮に将来、ワタンなる観念がヨーロッパのように定着して力強くなったとしても、宗教的熱情に勝るものではなく、ましてやそれに代わることができないのだ。たとえ時間をかけて、それを達成したにしても、その時でさえ、われわれの軍は、精神を欠いたままになるだろう。

第五章　ムハンマド対マルクス

——資本主義・労働運動・民族問題——

民族と国家のあり方をめぐる中東イスラム世界とヨーロッパ世界の相違は、一九世紀に入って鮮明になる。ヨーロッパのナショナリズムは、バルカンだけでなく中東にも浸透して、地縁的なワタニーヤを次第に刺激した。その劇的な例は、エジプトに国民国家の基礎を樹立したムハンマド・アリーとオスマン帝国との戦争に見出される。他方、アーヤーンと呼ばれる在地有力者層に指導されるバルカンのキリスト教徒は、所属するミッレトから離れ、共通言語と居住地域を根拠にした集団へ転化することによって、民族的アイデンティティを獲得した。すなわち、ミッレト制が少数民族のモザイクに分解し、意欲的で活力あふれる人びとが帝国当局に反抗しながら民族紛争が激化したのである。「アルメニア人虐殺」で知られるオスマン帝国晩年の悲劇は、社会主義・労働運動内部の民族対立など市民の日常生活にも暗い影を落とす。本章は、これらの事情を描いている。

1　クウェートとサウジアラビアの原型

バルカンは独立不能、アラブは独立拒否か

ナムク・ケマルは、分離や政治的自由を求めるバルカンの人びとの運動によって、オスマン帝国の一体性が危険にさらされていると考えた。しかし、バルカンではあまりにも人びとが混住しているために、どの住民も独立国家を樹立できない、と自らを慰めるのも忘れなかった。帝国の中で共通の帰属意識と言語をもつのは、唯一アラブ人だけである。しかし、彼らは同じ信仰の指導者カリフによって、帝国として結ばれているから案じるには及ばない。これがナムク・ケマルの意見であった。しかし、この見通しは楽観的にすぎた。その理由の一つは、ナショナリズムの推進力としての経済のダイナミズムを見落としていたからである。

フランス革命とナポレオン戦争の衝撃によって、オスマン帝国はその国家理念と社会の基礎を脅かす二つの挑戦に直面した。第一は、西欧が産業革命による経済的実力の充実によって、正面からイスラム権力に挑戦しながら、それにとって代わる力量を備えるようになった点である。それまでキリスト教徒の勢力がイスラムの進撃を抑えるのに

汲々としていたことが今となっては嘘のようであった。第二は、帝国支配下のバルカン半島とアラブ地域の周縁や外縁で遠心的な分離の動きが出てきたことである。

帝国のペルシア湾岸周縁部と非イマーム首長単独型支配

オスマン帝国の退潮は、目だたぬ形で帝国のアラブ支配を少しずつ腐食させていった。一八世紀半ばにあらわになる帝国の衰退は、ペルシア湾岸における小さなアラブ系三首長国の勃興と重なっていた。クウェート、カタール、バハレーン三国の特徴は、イマームなどの宗教的権威が格別の力をもたず、聖性をもたない世襲王家の首長が自立的に統治した点にある。この三つの小国はいずれも、ナジュドからクウェートの小さな集落に移ってきたウトゥブ部族に由来する。そのうちサバーハ家の代表者が一七五六年にその集落群を統べる首長として選ばれたのが、今日のクウェート王家の濫觴（らんしょう）である。

現在でいえば、イラク南部のバスラとサウジアラビアのハサとの間の境界地域につくられたこの小さな国は、オスマン帝国の宗主権を受け入れたが、それは名目的にすぎず、エジプトの場合とも違って王位継承についても干渉を受けることがなかった。かえって、湾岸に跋扈（ばっこ）する海賊などから海上交通を守る代償として、歳賜金さえ受け取る特権に恵まれた。こうした措置は、有名な改革派官僚のミドハト・パシャ（一八二二―八四）がバグダード州長官を務めていた（任期一八六九―七二）という幸運にも支えられていた。

ウトゥブ部族の一部は、一八世紀後半にクウェートから去って、カタールとバハレーンにハリーファ家のもとで別々の国をつくった。これらの国々は、一九世紀末からイギリスとの間に保護条約を結んで、オスマン帝国との関係を少しずつ弱めていくことになった。バハレーン（一八八一年）、トルーシャル・オマーン（現在のアラブ首長国連邦、一八九二年）、オマーン（一八九一年）、クウェート（一八九九年）、そしてカタール（一九一六年）といった具合である。こうした保護条約が結ばれた時には、これらの国々は独自の統治権が及ぶ領域をもち、やがて独立した国民国家に発展していく素地をもっていた。しかし、イギリスの干渉はクウェートなどの「地域小国」の力を強める反面、「地域大国」だったオマーンの力をそぐことになった。

いずれにせよ、これらの国々の興隆についても、領土を基礎にしたナショナリズム、ワタニーヤの一発展プロセスとして再検討する必要があるだろう。

ワッハーブ派とイマーム首長連合型支配

トルコ人とは区別されるアラブ人の民族意識への衝動は、不完全かつ不定形ながら近代初期のイスラム社会運動の内部に生じていた。アラブ人によるオスマン帝国への挑戦は、まずミッレト制による社会的統合が十二分に及ばず、帝国の支配とは名ばかりの外縁部から生まれた。その最初の兆しは、一八世紀半ばにアラビア半島で起きたワッハーブ派運動に見られる。それは、イスラム改革主義に基づく徹底した反オスマン帝国運動であるとともに、アラビア半島における国家システムを創りだす役割も果たした。ナジュドを中心とする中央アラビアの部族を糾合したサウード家の首長、ムハンマド・イブン・サウード（一七六五没）は、七世紀のイスラム原点への回帰を唱えるイスラム復興運動のイマームともいうべき指導者、ムハンマド・イブン・アブドゥルワッハーブ（一七〇三—九二）と連合を組むことによって、オスマン帝国から分離した「国家」をつくることになった。

「二人のムハンマド」の連合は、アデンと湾岸首長国を除くアラビア半島の大半を統一させて、現在のイラクとシリアにあたる地方を席捲せんばかりであった。この第一次ワッハーブ王国（一七四五—一八一八）の勢いを妨げたのは、エジプトで独自の力を蓄えていたムハンマド・アリーであった。ワッハーブ派運動は、一八四二年に再建された第二次ワッハーブ王国をへて、やがてアブドゥルアズィーズ・イブン・サウード（一八八〇—一九五三）の時に半島の大半を統一することに成功する。こうして成立したサウジアラビア王国による「アラブの統合」が、植民地主義によるアラブ分割とは何の関係もないことは明らかであろう。

2 「アラブ国家」か、エジプト国家か

ムハンマド・アリーと官僚軍人寡頭型支配

ムハンマド・アリーが支配したエジプトの場合は、サウジアラビアとは異なる。歴史上、エジプトが何らかの形で、国家の枠組や中央政府を持たない時期はなかったと言ってよい。その起源は、望むならファラオの時代までさかのぼることができる。しかし、近代エジプト国家の枠を準備した時期を問われるなら、オスマン帝国による一五一七年の占領で滅びるマムルーク朝あたりの時代になるかもしれない。ムハンマド・アリーは、一八〇五年にカイロのウラマーや市民によってワーリー（州長官）職に推戴された後に力量をめきめきとつけて、スルタンの勅命で第一次ワッハーブ王国の解体に成功したほどである。

ムハンマド・アリーの国家は、エジプト在地の人びとから兵士や役人を登用することによって、イスタンブルからトルコ人その他の官僚や部隊の派遣をあてにせずに済むようになった。とくにフランスに範を求めて西欧化を図った軍隊を支えるために、エジプト人の手になる独自の経済活動も熱心に育成した。また、高等教育のための学校を開い

て、留学生をヨーロッパに送ることもいとわなかった。彼は、イスラムへの尊敬心も人並み程度には持ちあわせていたが、ウラマーから意見を聴取したり、宗教上のタブーに政策が左右されることはなかった。その国家の性格は、他のアラブ地域に見られたイマーム首長連合型支配ではなく、一種の近代化論を信奉するエリートに支えられた官僚軍人寡頭型支配であった。

一七〇六年以来、近国チュニジアを支配していたフサイン朝も、エジプト以上に、帝国からの実質的な独立を達成した官僚軍人寡頭型支配の例である。スルタンには貢納を支払わず、オスマン軍にも兵士を送らなかったばかりか、条約にも自由に調印して外国の使臣を気ままに接見した。領土は、隣のアルジェリアと同じく、のちにフランスが内陸部の「テッラ・インコグニタ」（未開拓の土地）に向かって拡大を遂げた部分を別とすれば、海岸部を中心とする大枠で現在の国民国家の基礎が作られたことになる。

ムハンマド・アリーとワタニーヤ

ムハンマド・アリーは、長い治世が終わる前に、オスマン帝国に対して二度にわたるシリア戦争（第一次は一八三一―三三年、第二次は一八三九―四〇年）を引き起している。しかしそれは、エジプトの国家と人びとにアラブとしての意識を覚醒させた事件とは言いがたい。何よりも、彼の版図はエジプトに限定されざるをえなかった。トルコ系アルバニア人の出身だったというムハンマド・アリー自身は、オスマン帝国に対抗して「アラブ帝国」の創出を理想化したわけではないからだ。彼を後援したフランスが、イギリスの押す「トルコ国家」に対抗して、「アラブ国家」(*Royaume arabe*)の形成を構想したのは事実であるにしても、ムハンマド・アリー自身の意識にアラブ的な要素を見出すのはむずかしい。或るフランス人外交官がそれを「ロマン主義的考え」と評して、空想的な観念だと斥けたのも無理からぬことではあった。

しかし、息子のイブラーヒームの方は、ヨーロッパ人との接触を介して、愛国心と民族意識の重要性を理解した形跡がある。これまでは無視されがちだったが、ムハンマド・アリーが国民国家としてのエジプトの土台を築き、その王朝も一九五三年まで続いたことを考えあわせると、エジプト人のワタニーヤの歴史において、イブラーヒームにも名誉ある地位を与えてしかるべきかもしれない。エジプトは、近代ヨーロッパ的な意味合いにおいてさえ、その枠組が多民族・多宗教・多言語のオスマン帝国以上に、愛国心を涵養する土壌として成熟しきっていた。エジプトは一八八二年にイギリスによって占領されるが、国民国家としての原型はその前に定まっていたのである。

タフターウィーと愛国心

エジプトが国民国家として独自の道を歩むにあたって、思想的に大きな役割を果たしたのは、リファーア・ラフィ・タフターウィー（一八〇一―七三）であった。ムハンマド・アリーが派遣した留学生の監督官として、一八二六年から五年間もパリに滞在した経験をもとに、詩作を通して愛国心とは何かを、人びとに語りかけることになった。タフターウィーは、世界がそれぞれの個性をもつ国々から成っており、その住民は自分たちが属する国と格別の関係を有するだけでなく、特別の愛を抱いていると説いた。七月革命に立ち会った彼は、オスマン帝国の駐仏大使エッセイッド・エフェンディーと同じく、フランス語のパトリの訳語にアラビア語のワタンをあてた。そして、ファラオの時代から際だった一体性を保ってきたエジプト人にとって、愛すべきワタンとはまずエジプトに他ならなかった。

タフターウィーも、同時代のオスマン人と同じように、「キリスト教徒フランク」の文明がイスラム世界の現実よりもはるかに進んでいることを知って、愕然としたに違いない。もちろん、彼らの科学や産業や技芸を学ぶにしくはない。しかし、重要なのは発展の源泉が何かを知ることであった。『パリの要約における金の錬金の書』のなかで、彼はヨーロッパ人の進歩の秘訣を愛国心に求めていた。祖国愛こそ進歩と力強さの源泉であり、イスラム世界とヨーロッパの間の格差を克服するよすがになるはずであった。

タフターウィーと「タアファルン」

彼が初めて書いたエジプト通史は、従来のアラブ人年代記作者であれば叙述を始めた時期、すなわちエジプトのイスラム化の箇所で歴史叙述を終えている。これは、従来の正統的な歴史観への大胆な挑戦でもあった。彼の功績は、エジプト人に対して、アラブの「大征服」やイスラム化以前に、エジプトに数千年の歴史が実在したことをわかりやすく説いたことにある。これは、アラブでいう「タアファルン」つまり「ファラオ気分」とか「ファラオ時代への遡行」ともいうべき現象だったかもしれない。エジプト人を含めたアラブ人一般にとって、預言者ムーサー（モーセ）を圧迫したファラオは、『旧約聖書』の出エジプト記に並行する『コーラン』の記事に象徴されるように、決して評価される存在ではなかった。しかし、タフターウィーの仕事はこうしたタブーを破って、エジプト人のアイデンティティを国民としての意識に成長させる上で大きな貢献を果たしたのである。こうして彼は、翻訳や出版活動を通じてエジプト人のアイデンティティの確立に貢献したといえよう。

3　民族問題と経済問題

パクス・オットマニカ解体の経済的背景

経済面から見るなら、多民族国家としてのオスマン帝国にとっての試練は、すでにパクス・オットマニカが動揺し始めた一六世紀末に芽生えている。一五世紀後半に始まるヨーロッパの大航海時代は、国際的な通商交易の大動脈を地中海ルートから、大西洋・インド洋ルートに変えてしまった。こうして、オスマン帝国からは、地中海中継貿易の利益が奪い去られた。一六世紀に起きた英仏蘭三国の重商主義への推転は、オスマン帝国を生産品の売り手から原料品の売り手に少しずつ変化させるきっかけになった。一五八〇年代に新大陸から中東に流入してきた大量の銀が、悪性のインフレ、失業者の増加、食糧危機を招いたことは、帝国の事態をますます悪化させた。

また国内的な要因に目を転じれば、オスマン帝国が衰退したのは、かつて国庫を潤して経済を活気づけた国際貿易と通商の利潤と莫大な戦利品が入らなくなったからだ。しかも、ティマール制と呼ばれたイスラム軍事封土制の解体にともなうイェニチェリ（歩兵）やスィパーヒー（騎兵）の戦闘能力と軍紀の弛緩、小農の独立経営を軸にした土地所有関係の解体と徴税請負制（イルティザーム）の発展、遊牧民の匪賊（ひぞく）化など治安状態の悪化も、オスマン帝国を内部から腐食させた。

アーヤーンとは何か

オスマン帝国の精緻を極めた行政・軍事機構が分解しはじめた結果、一八世紀後半になると、バルカン各地にムスリムと非ムスリムとを問わず、アーヤーンやデレベイと言われる在地の有力者が台頭した。永田雄三の研究によると、アーヤーンは、大土地所有の拡大に努めて、小麦・タバコ・米・トウモロコシ・綿花などの市場向け生産物を、エーゲ海・アドリア海・ドナウ川・黒海を経由して東西両ヨーロッパに送り出したので、内外の事情をよく熟知することにもなったという。この消息通たちは、その地域に特定の民族や宗派に属する人びとがまとまって居住している場合には、リーダーとなる資格に恵まれることになった。

ムスリムのアーヤーン層は、土地・家畜・各種不動産を所有しただけでなく、中央政府からも徴税権を与えられ、しばしば地方の重要官職にも任命された。彼らと農民との関係は、外見上ティマール制時代のスィパーヒーと農民との関係にも似ていたが、それとは比較にならないほど強い結びつきをもっていた。そのうえ、アーヤーン層は、都市の商人や手工業者それに農民を相手に高利の金を貸し付けたように、豊かな経済力と軍事力に支えられた在地性のきわめて強い集団だったのである。このために、アーヤーンの中からは、事実上の支配下に収めた領域に対する中央政府の公権力行使を妨げる者も現れた。彼らは、その領域に一円的な支配権を確立して、独立王朝のような勢いを誇示することもあった。

キリスト教徒アーヤーンとミッレト

バルカン半島には、アーヤーンのような在地有力者に多数のキリスト教徒もいた。彼らは、商品作物の生産と販売をめぐって競争相手のムスリム・アーヤーンと対立した。このような「キリスト教徒のアーヤーン」は、ギリシアではコジャバシ、セルビアにおいてクネズ、ブルガリアの場合にはチョルバジなどと称されていた。彼らの台頭は、ミッレト制が実体を失って空洞化するプロセスとも対応していた。コジャバシたちの間から、ムスリムとの競合関係を背景にやがて、自覚を強めた民族の利益を代弁する者となって、オスマン帝国からの分離を図る者も現れたのである。

ハプスブルク朝にハンガリーとトランシルヴァニアを割譲したカルロヴィッツ条約(一六九九年)以後、ヨーロッパとの通商関係の復興にともない、商人を中心に多くのキリスト教徒とユダヤ教徒がバルカンの都市に移住した。彼らの活動の結果、バルカンの各都市では、少しずつイスラムの影響が薄められていった。それまでは、ユダヤ教徒の多かったサロニカ(テッサロニキ)やギリシア正教徒の優勢なアテネを別とすれば、ベオグラード、サラエボ、ソフィア、スコピエなど、主要都市で多数派を占めたのはムスリムの住民であった。しかし、西欧の通商船が立ち寄る港市では、非ムスリムはヨーロッパ風の衣装をまとうようになり、食生活でもフォークを使い、ベッド、それに椅子も日常生活に用いるようになった。各種のアルコール飲料をたしなむ習慣が流行し、それを商う店が繁盛する。とくにアルメニア人はギリシア人以上に喜んで、こうした新しい風俗に適応していった。クリミア戦争以後になると、これらの新しい衣食住の習慣は、トルコ人の上流階層にも浸透していった。

オスマン帝国が政治的に凋落してイスラム文化も退潮するにつれて、ムスリムの商人や金融業者は、ヨーロッパの商業情報や文化・生活・言語知識に通じた非ムスリムとの競争でも押されぎみになった。他ならぬ首都のイスタンブルでも、非ムスリムの特権的な金融業者が帝国の財政を左右する力量を蓄えるに到った。こうして、キリスト教徒アーヤーンやユダヤ教徒の有力名士層と、ムスリムとの間に対抗関係が生み出され、バルカンの複雑な民族問題の原型が作られたのである。

実際に、一七七〇年のペロポネソス（モレア）半島の「ギリシア人」の反乱を指導したのは、ロシア軍と協力したコジャバシたちであった。これを鎮定したオスマン帝国の兵力も、マケドニアとテッサリアのムスリム・アーヤーンたちであった。同じ構図は、一八五〇年のブルガリアに起きたヴィディン反乱にも見られた。こうして、非ムスリムの有力名士層がフランス革命の生んだ近代ナショナリズムの衝撃にふれて、ロシアなど列強の援助を受けながら、帝国内の同信者たちと協力して反乱を引き起こすパターンが生まれた。いわば、ミッレト制の殻のなかで成長した活力あふれる実が、はじけんばかりに外に姿を現したのである。自他ともにギリシア正教徒と認識してきた人びとは、今やギリシア人・ブルガリア人・セルビア人などに分解して民族意識を強めることになった。

アナトリアの民族問題の経済的背景

こうした民族意識の発生は、それまで首都や沿岸部のミッレトと違って、ムスリムと非ムスリムの生活慣習や商慣行がさほど変わらなかったアナトリア内陸部の都市や農村などでも、双方の対立を激しくすることになった。とくに農業に従事するムスリムたちは、一八五〇年から七五年頃にかけて没落の傾向をたどり、やがて非ムスリムへの反感を民族紛争として募らせることになった。ムスリムが没落した大きな理由は、軍役が彼らだけの義務だったからである。非ムスリムは、もし収入に恵まれていれば、軍役の代わりに一人あたり二八ピアストル相当の「ベデル」（兵役免除税）を払って、競争相手のムスリムには満喫できない「市民的自由」を謳歌できた。彼らは、ヨーロッパ人や海岸部の同胞にならって抜け目なく立ち回り、トルコ人農民の没落を促した。アルメニア人とトルコ人・クルド人との対立が抜き差しならなくなる東部アナトリアからの現地報告は興味深い。

ある時期には市街の全居住区がキリスト教徒の所有に帰したディヤルバクルでは、「アルメニア人、ヤコブ派教徒、プロテスタントたちが引き続きトルコ人の家を買っている。しかし、トルコ人がキリスト教徒の家を買うようなことはまったくない」。ハルプトの近郊でも、「土地はゆっくりとキリスト教徒の手に入っていく」。「心ないトルコ人の地主」たちは、小作人に負債を支払わせるために豊かなアルメニア人の金融業者を斡旋したりもする。アマスヤでは、トルコ人よりも豊かになったギリシア人は法廷を買収して、武装もする。各地では、ギリシア人の高利貸たちがトルコ人を負債の形に土地から追い出すようになった。民族問題の背後にこうした経済的な軋轢があったことも忘れてはならない。

4　民族モザイクの変容

ミッレト制の再編成

こうして帝国政府は、新しい時代の到来に対応してギリシア正教会・アルメニア教会・ユダヤ教会の三つのミッレトを一八六二年から六六年にかけて再編成した。というのは、この時期になると、大商人や銀行家だけではなく高等教育を受けた他の人びとが、富裕な高級聖職者のコントロールするミッレトの寡頭的な運営に異を唱えるようになったからである。とくに、ギリシア正教会とアルメニア教会の最高聖職者や宗務会議（シノード）は選挙で任命されることになり、商人や手工業者のような「俗人」の利益が大きく反映する仕組みとなった。

ミッレトの数は、一八八二年頃までにギリシア正教会・アルメニア教会・ユダヤ教会に加えて、ブルガリア、プロテスタント、ギリシア・カトリック、アルメニア・カトリックの各教会が加えられていた。アルメニア人を中心とするプロテスタントのミッレトは、アングロ＝サクソン系の宣教師の力で一八五〇年に創られている。一九〇六―〇七年の人口調査によると、カルデア、ヤコブ、サマリアといった小さな宗派もミッレトとして登録されていた。こうして、一九世紀後半に入るとミッレトの数も増やされたが、その制度的運用だけではキリスト教徒諸民族を帝国に統合することは、もはや困難になっていた。

実際に、バルカン半島のキリスト教徒の分離独立は、ミッレト制の伝統に対するヨーロッパ・ナショナリズムの画期的な勝利であった。それ以来、セルビア教会やルーマニア教会のミッレトがもはや帝国から姿を消したのは当然であろう。すなわち、一八三〇年のギリシア、一八七八年のルーマニアとセルビアに続いて、一九〇八年のブルガリア独立によってブルガリア教会のミッレトも意味を失う。

それでも、ムスリムの場合には、アルバニア人、クルド人、アラブ人そしてトルコ人の政治エリートの思想信条にナショナリズムが定着するのは、それより後のことである。トルコ人に至っては、帝国も解体した一九二〇年代になってのことにすぎない。

ユダヤ教徒の活力低下

一方、ユダヤ教徒も次第に、ヨーロッパ流のユダヤ人アイデンティティの影響にさらされるようになった。しかし、それは、帝国内で発揮していたユダヤ教徒の独特な活力が次第に精彩を欠き始めるプロセスでもあった。

オスマン帝国のもとでは、イスタンブルの人口を増やすために四〇以上の都市からユダヤ教徒の移住が積極的に図られたが、それを仕切った人物が、第三章で触れたモーゼス・カプサリであった。レコンキスタでスペインを追われたスファラディー系の人びとは、徴税などの計数に明るかったが、オスマン帝国のイスラム化が進行するにつれて、ユダヤ教徒は国際商業における主導権を次第に失うことになった。また、彼らは金融業などにおいても、アルメニア系やギリシア系に次第に席を譲るようになり、一九世紀に入ると、その人口もイスタンブルではわずか五万人を数えるだけとなった。金角湾に面したカドキョイとペラ両地区にわずかに富裕層が残されていたが、全体としては行商人・荷役・窓ふき・水運びなどの慎ましやかな職業に従事していた。二九歳で祖父になるなど早婚の慣習でも知られていたが、ユダヤ教徒の間で貧困と居住地域のスラム化が進んだのは意外な驚きである。

コンスタンチノープル総大主教座の凋落

オスマン帝国支配下のギリシア正教徒は、イスラム支配が長く続いたために、トルコ語を日常会話に使う者も多かったが、トルコ語を書き表す時にはギリシア文字を使うなど、古典古代のギリシア文明との精神的なつながりを維持しようとしていた。すでに、チョルバジやコジャバシなど在地の有力者は、政府の代理人として治安の維持にあたって、実質的にギリシア正教徒の利益を代弁するエリートとしての役割を担っていた。まもなく、この人びとが、各地の同胞の教育や信仰ヒエラルヒーのギリシア化を進めて、一八世紀から一九世紀にかけて、オスマン帝国とそれに協力するコンスタンチノープルのギリシア正教の総大主教座への反抗を指導するようになった。

オスマン帝国のもとで再編成されたコンスタンチノープル総大主教座は、旧ビザンツ帝国領のみならず、ブルガリアやセルビアなどオスマン帝国内の正教徒全体を管轄することになった。それは、つねにスラヴ系信者をギリシア化しようとしたので、住民との間に摩擦を起こすことになった。ギリシア正教徒のミッレトの中でも、実際にはセルビア語・ブルガリア語・ワラキア語などを話す住民の優勢な地区は、独自の教区と主教を有していたために、この「ネオ・ビザンツ・ナショナリズム」ともいうべき運動に反感を示した。その教区がオスマン政府の末端行政単位でもあったことが、ミッレト内部の非ギリシア的な要素の自立性を強めた大きな理由でもある。実際に、一八五〇年以降、その村長たちは中央政府の末端代表として公的に認知されるほどだった。

一九世紀半ばまでに、セルビア、ブルガリア、ルーマニアの正教会がコンスタンチノープルの総大主教座から独立するようになると、ビザンツ教会以来のギリシア正教会が解体してしまった。アテネさえも独自の国民教会をつくってしまう有様であった。ギリシア正教会では政治的区分と教会管轄区域の一致という古代教会以来の原則に従ってきたために、ビザンツ帝国時代からスラヴ系諸民族が独立するにつれて、各国の教会も独立を達成していった。その結果は、各教会の国民教会としての出現であり、これは民族意識の形成にも大きな影響力を及ぼすことになった。国民教会を精神的な基礎にしながら、独立した国民国家の形成が企図されたわけである。ギリシア正教会の解体は、ミッレト制に支えられたオスマン帝国の進路にとっても、歴史の大きな分岐点となる大事件であった。

5 バルカンの労働運動とアナトリアのアルメニア問題

表2 マケドニアの民族構成（1905年）

	セラーニキ州	マナストゥル州	コソヴォ州	計
ムスリム（トルコ人・アルバニア人）	393,612	195,989	178,236	767,837
ブルガリア人	501,110	370,410	300,616	1,172,136
ギリシア人	147,097	42,830	120	190,047
ワラキア人	25,421	37,040	1,434	63,895
キリスト教徒アルバニア人	234	11,720	54	12,008
合計	1,067,474	657,989	480,460	2,205,923

出典：表2～表4はいずれも山内昌之『イスラムのペレストロイカ』より

マケドニアの民族問題と社会主義・労働運動

ミッレトから民族への変化は、帝国を支配する民族と支配される民族との対立だけでなく、資本主義が発展するにつれて各民族間の対立を生み出して複雑な影を人びとに投じることになった。たとえば、さまざまな異民族が出会う場所としてのマケドニアは、バルカン半島でもいっそう複雑な民族対立のるつぼとして知られていた。民族問題を引き起こしたマケドニアは、オスマン帝国の統治下では、セラーニキ（サロニカ）、マナストゥル（ビトラ）、コソヴォ（スコピエ）の三つの州から成っていた。一九〇五年当時のマケドニアには、表2のように多数の民族が混在していた。この他に、セルビア人が約一五万、ユダヤ人が約八万、ロマ人が一万三〇〇〇人ほどいた。この表でもムスリム・アルバニア人とキリスト教徒アルバニア人が分かれているところに、ミミットレト制の下では互いの民族の違いは表面に現れなかったが、資本主義の発展とミッレトの崩壊によって、民族のダイナミズムは、逆説的ながら社会主義と労働運動を組織化する分野にいちばん目立って現れた。大体において、社会主義労働運動は民族ごとに組織化された。一九〇八年に憲法を回復した青年トルコ党革命の時期、ブルガリアやセルビアの社会主義政党や労働組合の機関紙を見てみると、オスマン帝国領内の労働運動内部におきた複雑な民族対立に驚いてしまう。あるブルガリア人社会主義者が外から見た観察を一例として紹介しよう。

ビトラの「ルカー・ガプレティー仕立工場」には、八人の仕立職工がいた。そのうち四人がギリシア人、他はブルガリア人であった。この雇主は「実際家」であり、「御都合主義者」でもある。たとえば、ある日ギリシア人の味方をするとおもえば、その翌日はワラキア人に迎合する。今日ともなれば、ブルガリア人の権利をかばうといった按配である。一九〇八年九月一七日に、仕立職工の七人がストに突入するが、ブルガリア人のヴァンゲリ・ミハリという「親方」(マエストロ)だけは就労する。この人物は、これまで他の労働者と一緒の「同志的行動」を一貫して拒否しており、「雇主のスパイとしての役割を演じてきた」。

ストによる要求項目は、ミハリの解雇と出来高払い賃金五クルシュの値上げだったが、これは通らず、以前の条件で再就労せざるをえなかった。しかも、ブルガリア人労働者は同じ民族出身のミハリと折り合いをつけるが、ギリシア人たちはミハリをボイコットし続けた。まさに民族的アイデンティティが「階級的連帯」を上回ったわけである。

また、同じビトラにある「コスタ・ゴルタン菓子製造工場」の三五人の製菓工の例も興味深い。職工のほとんどはギリシア人であるが、「彼らの多くは狂信的であり、同職のブルガリア人労働者に信頼感を持たない。これは、他の職種のブルガリア人に対しても同様である」。ビトラでは一般に、ギリシア人労働者はギリシア人経営者のもとで、ブルガリア人労働者はブルガリア人経営者のもとで働くのが普通であった。

サロニカの労働組合と民族対立

このように、マケドニアで労働運動の発展を阻んでいた大きな要因は、労働者内部の民族対立であった。労働組合の性格にしても、多民族労働者が混在する「国際主義的組合」だけでなく、「民族別組合」や民族別分会をもつ「連合型組合」などに分かれていた。サロニカのユダヤ人社会主義者アブラム・ベナローヤなる人物がセルビアの或る新聞に寄せた論文を手がかりに、サロニカにおける民族問題と労働問題との関わりについて整理すると、興味ある事実が浮かび上がる。

ベナローヤによると、一九一一年頃のオスマン帝国にはヨーロッパとアジアを合わせて約一〇〇万の労働者がいた。そのうち一〇%がムスリムであった。約一五万人が組織労働者だったらしい。彼の指摘に従って、組織労働者の構成を地域・職種・民族別に分類すれば、表3のようになる。サロニカについて言えば、組合の構成は表4に示される通りである。このうち、⑤はもともとユダヤ人によって創られ、一九〇六年から翌七年にかけてギリシア人指物職工との間に衝突が生じたほどだが、一九〇九年以来、他民族出身の職工も受け入れはじめた。この事情は、一九〇八年にギリシア人が創り、一九一〇年に再編成された結果としてトルコ人とユダヤ人も加入した⑧の場合も同じである。また、②は単一組合に組織されていたらしく、民族差別については史料には出てこない。これらはまず「国際主義的組合」の代表例といってよいだろう。

組織労働者構成（1911 年現在）

民族	組織労働者数
ギリシア人	35,000-40,000
トルコ人-アラブ-アルメニア人	30,000-35,000
アルメニア人	20,000
ユダヤ人	20,000
その他（ブルガリア人 セルビア人 イタリア人 フランス人）	35,000-45,000

（1911 年現在）

ブルガリア人	アルメニア人	組合基金
200		1,500/34,500
40		1,000/23,000
		100/2,300
50		100/2,300
30		25/575
		15/345
		150/3,450
		30/630
		200/4,600
		トルコ・リラ/ディナール

が多い鉄道労働者の組合を除外.
が合わないところもある.

表3　1908年革命期における全オスマン帝国領土の

地　　域	組織労働者数
ブルサ-小アジア	50,000
イズミル	8,000
パレスチナ-シリア-アルメニア	15,000
イスタンブル	20,000
サロニカ-マケドニア	60,000
計	153,000

職　　種	組織労働者数
紡織工	50,000
パン焼職工	5,000-8,000
タバコ労働者	50,000
指物職工	10,000
鉄道労働者	10,000
印刷工	1,000-2,000
その他（仕立職工，港湾労働者など）	23,000-27,000

表4　サロニカにおける労働組合

	労働組合名	創立年	組合員数	成年男子	婦女子	トルコ人	ユダヤ人	ギリシア人
①	タバコ製造工組合	1908	3,200	1,050	2,150	400	2,000	500
②	レジ（専売局）・タバコ工場労働者団体	1908	500	90	400	10	400	50
③	紡績工組合	1910	450	100	350			
④	紡織工組合	1907	70	30	40			
⑤	指物職工組合	1907	250			90	110	
⑥	印刷工組合　ブルガリア人分会	1909	30					
	印刷工組合　ユダヤ人分会	1910	55				55	
⑦	港湾労働者組合	1909	250					
⑧	石工組合	1908	80			20		60
⑨	商店販売従業員組合	1908	300					
⑩	その他		800					
	計		5,985					

空白部は史料にデータなし．また，⑩その他からは，西ヨーロッパ人労働者組合基金は，1トルコ・リラ＝23ディナールとして計算した．一部数字の計

他方、①は五万人に及ぶマケドニアの同職種労働者の中心であり、サロニカのタバコ製造工の九五％を組織する大組合であったが、キリスト教徒分会、ムスリム分会、ユダヤ教徒二分会の四分会から構成される「連合型組合」の典型例である。⑥も同様だが、両分会の関係は友好的であり、「単一組合」のように機能していた。ここで、純粋に「民族別組合」として確認できるのは⑨の場合である。これにはギリシア人組合とユダヤ人組合の二つがあり、合わせて三〇〇人の組合員をかかえていた。「民族別組合」ではなく、表4には人数が現れていないが、特定の民族出身の労働者が多いのは、ユダヤ人が圧倒的多数を占めた③と⑦である。⑩について付言しておけば、ギリシア人が多数派だった組合は仕立職工・製靴工・製本工・金物職工であり、板金工組合はトルコ人が優勢であった。

これらから比較的目立つ特徴としては、サロニカ市民の最多数を占めていたユダヤ人労働者の組織率が高かった点である。いずれにせよ、こうした民族別組合や民族別分会が成立する背景にあったのは、ミッレト制の破綻にほかならない。イスラムのミッレトも分解の宿命から逃れられなかった。バルカンではキリスト教徒のミッレトの民族への転化はスムーズにいったが、帝国に残された最後の領土アナトリアの東部にしっかりと根を張っていたアルメニア人や、中東の心臓部を占めたアラブ人の場合ともなると事態は容易ではなかった。それは、労働運動と民族問題の相克どころではなく、第一次世界大戦と絡んで民族と国家の存亡を賭けた争いに発展していく。

「忠良なるミッレト」としてのアルメニア人

オスマン帝国の東部国境を構成した東アナトリアには、ユーフラテス川の上流から中流にかけてアルメニア人が多く住んでいた。いわゆる「アルメニア六州」である。アルメニア人は、紀元前五世紀にはすでにオロンテス朝という自前の国家をもつほど歴史の古い民族であったが、その後居住地はローマ帝国とサーサーン朝イランによって分割された。ビザンツ帝国の後を継承したメフメト二世は、一四六一年にグレゴリウス派アルメニア教会がギリシア正教のミッレトから分かれることを認めた。そこには、ギリシア正教徒以外のシリア教会など一部の東方教会の信徒も含まれていた。荒廃した首都再建への協力の代償でもあったのだろう。

実際に、この首都移住の時に、イラン、アナトリア、クリミアから多数のアルメニア人が来着し、今日に及ぶイスタンブルのアルメニア人社会の基礎がつくられた。一七世紀末になると、首都のアルメニア人は一五万にも増加し、一九世紀半ばには二二万四〇〇〇人にも及んだ。首都人口九八万一〇〇〇人のうち、約二二・八%をアルメニア人が占めたことになる。彼らは、帝国の忠実な藩屏（はんぺい）として「ミッレティ・サドゥカ」（忠良なるミッレト）と呼ばれた。彼らが、何故にアルメニア人大虐殺という悲劇を甘受せねばならなかったのだろうか。民族と国家の相克の狭間に起きたこの問題については、やや後に触れる。

アルメニア人とアミラ

もともとアルメニア教会の信徒のミッレトは、イスタンブルの市域とその周辺に限定されていた。やや古い史料には「六つの社会と呼ばれるアルメニア従属民」とあるように、アルメニア系の社会は均質ではなかった。一七世紀には地方に割拠する司教間の対立を利用しながら、イスタンブルの教会が権威を獲得するようになった。一八世紀半ば以後になると、アラビア語のアミールに由来する「アミラ」という裕福な人びとが現れて、特権階層を構成するようになったが、これはギリシア正教徒のファナリオットに相当する人たちであり、オスマン朝との結びつきが深い人たちであった。

ガラタ近辺のアルメニア人とギリシア人のサッラーフ（金融業者）は、大宰相府や政府閣僚に貸し付けていただけでなく、高官たちの個人財産の運用を任されていた。一説では、一八四〇年に政府に向かって紙幣発行の利益を初めて進言したのは、アルメニア人だったとも言われている。国有のティマール制度（知行地制）の解体にともなって、徴税請負権を落札して税の徴収にあたる人びとも少なくなかった。造幣局や火薬製造廠の長官職もアルメニア人の世襲であった。

一八世紀に帝国の土地制度や税制度が変わると、アミラの経営はますます栄えた。しかし、東部アナトリアのアルメニア人はイスタンブルの同胞と違って、経済的繁栄を享受することはできなかった。こうして、一八世紀半ばになると、アナトリアのムスリム農民だけでなく、アルメニア人農民の中には、スルタンと結びつくアミラやコンスタンチノープル大主教への反発が強まる。ヨーロッパ諸国と接触するにつれ、アミラの間でカトリックやプロテスタントに転向する者も相次いだように、アミラはアルメニア・ナショナリズムの担い手になれなかった。民族運動のリーダーたちは、アナトリアとロシアにまたがる新興勢力の間から出現することになる。それがヘンチャクやダシュナクと呼ばれ、今日のアルメニア共和国にも大きな影響を与えている政治結社の誕生である。

東アナトリアのアルメニア人は、ミッレトによる保護や自治の保障も完全に得られなかったばかりか、クルド人遊牧民とその部族長の絶えざる圧迫や暴行によって、生命の安全さえおぼつかなくなった。一八三九年と一八五六年の勅令による法的権利の平等も名ばかりであり、一八七八年のベルリン会議の取り決めも実効性を伴わなかった。国際化したアルメニア問題は、オスマン帝国を衰弱させる民族問題の象徴となった。このディレンマ解決の「特効薬」と考えられた住民移動の強制が虐殺の悲劇につながっていく。

あまり知られていないが、この大悲劇の背後には、ロシア帝国の圧政を逃れてカフカースからオスマン帝国に亡命してきたムハージルーン（移住者）の悲劇が重なっている。

とくに、一八六五年と七六年にはチェチェン人とイングシュ人、一八七七年と七八年にはムスリム・ジョージア人（アジャール人）、一八六五、七四、九二の各年にはダゲスタンの小さな諸民族がやってきた。ムハージルーンたちは、一八五六年から六四年までに限定しても、五九万五〇〇〇人に達したという。

一八九四年のクルド人に対する納税の拒否、九六年の首都オスマン銀行占拠事件などと前後して、東部全域で「第一次アルメニア人虐殺」が起った。イスラム＝カフカース史の研究者北川誠一によれば、この虐殺はムハージルーンに与える農地を確保するために、アブデュルハミト二世が仕組んだとされる。ついで、第一次世界大戦が起きると、一九一五年にアルメニア人約一七五万のシリアやイラク方面への強制追放が企てられ、そのうちおよそ六〇万人から一〇〇万人のアルメニア人が途中で殺害されるか、もしくは行方不明になった。これが「第二次アルメニア人虐殺」である。その略奪や婦女子暴行の加害者には、トルコ人やクルド人やアラブ人だけでなく、チェルケス人やチェチェン人など、カフカースからのムハージルーンたちも含まれていた。

こうして、アルメニア人問題はカフカースと中東の歴史を交錯させる重要な争点となるが、第一次大戦後にアルメニア人社会の中心がカフカースや欧米に移ったために、トルコでは民族問題としてのアルメニア人問題に苦しむことはなくなった。しかし、国際世論による政治的な責任の追及と道徳的な後遺症は、現在に至るまでトルコに大きな試練を与えている。

第六章　「高貴な民」の目覚め
――アラブ人とトルコ人――

二〇世紀の「アラビアのロレンス伝説」は、アラブ人とトルコ人があたかも一貫して仇敵関係にあるかのような誤ったイメージを作っている。しかし、トルコ人が「高貴な民」と呼んだアラブ人は、帝国のトルコ人君主を「われわれのスルタン」として尊敬した。双方は、民族対立を希釈するイスラム共同体に一緒に帰属していた。オスマン帝国においては、アラビア語の素養も信仰と文化を涵養する上で不可欠であった。こうした良好な関係に終止符が打たれるのは、トルコ人が強烈なナショナリズムと同化政策を打ち出す一九〇八年の青年トルコ党革命を機とする。また、二〇世紀のアラブ・ナショナリズムの一源流は、一九世紀後半のシリアに芽生えていたが、それはイスラム改革思想と結びついていた。実際に帝国に反抗するアラブの反乱と独立運動は、皮肉なことにアラブ・ナショナリズムとは無縁の辺境ヒジャーズの地から、第一次世界大戦中にようやく始まったのである。

1　ミッレトから民族へ

ミッレト制とアラブ

ミッレト制は、帝国の民族政策において、アラブ人とトルコ人との関係を規制した原理でもある。すでに述べたように、ムスリムのアラブ人は、この制度の下で、トルコ人、クルド人、アルバニア人などのムスリム諸民族と一緒にイスラムのミッレトを構成していた。他方、アラビア語を話すキリスト教徒のアラブ人は、おおむね「ルーム」のミッレトに編入されていた。

一九世紀になると、各ミッレトの構成分子は少しずつ民族としての共通性を自覚するようになるが、それまで帝国の臣民は、アイデンティティの原則的基準をミッレトが代表する宗教信仰への帰属意識に求めた。しかし、中東のキリスト教徒は、バルカンの同信者と違ってイスタンブルの総大主教の拘束を受けることが少なかった。七世紀以来のイスラムの圧力で、ローマ教会との紐帯も薄くなっていた。しかも、アルメニア人、ジョージア人、アッシリア人、アラブ人のような独特な言語と信仰を重ね合わせた人びとには、バトラ（総主教）やムタン（大主教）という民族・宗教共同体を統べる長老たちが存在しており、独立心を保持することができたのだ。

実際に、言語・慣習・風俗・居住地域などの次元で集団を民族的カテゴリーに区分しがちなヨーロッパ人たちが、しばしばミッレトを民族や国家と同一視しがちだったのは面白い。一九世紀末に中東各地に駐在した英仏の外交官の文書には、宗教・宗派を、それを信じる人びとの民族や祖国でもあるかのように理解する例が散見される。たとえば、シリアを見聞した或るフランス人はこう述べている。「シリアでは同じ人種に属する人間でも、違う宗教の思想的な影響にさらされて、正当にも民族と呼ばれる異集団に分かれている。これは、ヨーロッパの人びとと同じように、自他の違いを分ける集団である」。

イギリスのイスタンブル駐在大使を務めたヘンリー・バルワが本国宛の報告（一八六一年四月二五日付）で、「トルコ帝国の全域を通じて、宗教共同体（ミッレト）は、別々の民族と考えられている」と伝えているのも、同工異曲といってよい。

シリアにいた外国人外交官は、しばしば「マロン派民族」（*la nation maronite*）とか「ギリシア・カトリック民族」（*la nation grecque catholique*）のような表現を好んで用いた。一八八八年に、シリアにいたフランス人外交官がマロン派大司教を「マロン派民族の長」（*le chef de la nation maronite*）と呼んで、「マロン派民族」を「ギリシア・カトリック民族」から区別した事実も、ヨーロッパ流解釈の典型例といえる。この言い方は、おそらくキリスト教の各ミッレトの大司教を指したトルコ語の「ミッレトの長」(*millet başı*)を直訳したものであろう。

「アラブ問題」は存在したのか

ミッレト制がひとまず機能している限り、一九世紀中東の国際関係では、やがて第一次大戦を機に姿を現す「アラブ問題」はありえなかった。アラブ住民を呼ぶ場合でも、ムスリムとキリスト教徒の二分法に従うのが普通であった。少なくとも、帝国内部で生活する限り、ムスリム・アラブ人とトルコ人は「信仰の兄弟」であり、相互にムスリムとして意識しあったものである。もちろん、このことは人びとの意識のなかにアラブというアイデンティティがまったくなかったということではない。たとえば、「シャームのくに」(ビラード・アッシャーム)というのは、今のレバノンを含むシリア地方を地理的に表していた。シリアは、一九世紀のアラブ主義の思潮につながるアラブ人アイデンティティに最も鋭敏に反応した地方である。

ダマスクス生まれの哲学者アブドゥルガーニー・ナーブルシーが、一七世紀に「アラブのくに」(アル・ビラード・アルアラビーヤ)というコンセプトを使っていたことはすでに紹介したが(第一章参照)、シリアの知識人には伝統的にアラブという意識へのこだわりが強かったらしい。しかし、そのナーブルシーでも、「われわれのスルタン」という表現を使うことにためらいを感じなかった（アブドゥルカリーム・ラーフィク教授の教示による）。アラブであることの意識を反トルコ人、ましてや反オスマン帝国という次元だけでとらえることはできない。

オスマン主義とアラブ主義

一九世紀になっても、ウラマーや官僚など知識人のレベルでは、アラブ人でありながら、オスマン人であると意識することは、格別に矛盾するものではなかった。一九世紀に生まれたアラブとしての民族的アイデンティティの目覚めと、二〇世紀の「政治化した」アラブ・ナショナリズムをつなぐ流れは、アメリカの研究者ドーンの命名以来、オスマン主義と比較してアラブ主義（アラビズム）と呼ばれることが多い。しかし、この二つはたがいに排除しあう考えではなかった。アラブ主義者の大多数が、同時にオスマン主義のコンセプトを信じていたからである。

一九一四年以前のアラブ主義者の多数派は、オスマン帝国に忠誠心を抱きながら、アラブ人アイデンティティをそれに結びつけようとした。一八六八年頃にシリアのイブラーヒーム・ヤズィージーは、トルコ人の軛（くびき）を捨ててアラブ人として自立するように訴えたが、オスマン帝国からの分離をめざすこうした極端な少数派は、七〇年代にベイルートで反乱を叫んだ試みが失敗すると力を失ってしまった。同時期に「独立レバノン」を主張したキリスト教徒アラブ人にしても、「自治シリア」を要求したムスリム・アラブ人にしても、オスマン帝国とのつながりを維持しようとした点では共通していた。

シリア生まれのイスラム改革思想家ラシード・リダー（一八六五―一九三五）の見解に従うと、神による最後の啓示として、イスラムを初めて授かったアラブ人は、人種的な偏見に犯されてきた人類の長い歴史の上で、最後に登場してきた集団である。アラブ人はムスリムとして、宗教的民族性だけを意識すべきなのであった。『永遠不朽の召命』の著者、アブドゥッラフマーン・アッザムは明快にもこう主張する。

ムスリムの祖国は、イスラムである。ムスリムの祖国は、いかなる地理的な境界も持たない。祖国は、ムスリム信仰の拡大につれて広がるのだ。

2 「高貴な民」としてのアラブ

コーランの言葉を話す「高貴な民」
ケマルの革命が成功するまで、トルコ人のアイデンティティの核は、すでに述べたように、ムスリムであることに求められた。イスラム国家としての普遍性をもつ帝国の性格は、その支配下にあったアラブ人にもトルコ人とほぼ同じアイデンティティの特質を与えている。従って、ヨーロッパ人たちが往々にして、「トルコ人」という表現を民族的な差異にかかわりなく、帝国のムスリム全住民を包みこんだカテゴリーとして用いたのも驚くには当らない。アラブなる名称について言えば、ベドウィンなど砂漠遊牧民のために使われることも珍しくなかった。

たとえば、一八二〇年二月付のあるイギリス外交文書は、ベイルートのイギリス領事がベイルートの住民人口を一万と算定して、内訳を「トルコ人」三〇〇〇、各派のキリスト教徒七〇〇〇と推定したことを紹介している。ここでいう「トルコ人」がアラブ人を含むムスリムの代わりとして用いられていることは言うまでもない。

確かに、アラブ人はトルコ人と異なる言語・文化と歴史的記憶を培養していたが、一九一四年になるまでアラブ国家の分離独立を真剣に構想した人物は少数であった。アラブ人はオスマン帝国支配下でも『コーラン』の言語を話す「高貴な民」（カヴミ・ネジーブ）と見なされており、宗教面に関する限り、アラブ地域は他州から区別されていた。しかも、一九〇八年の青年トルコ党革命後ですら、トルコ人がアラブ人を宗教面で高く評価する事例は珍しくなかった。著名な知識人アフメト・ナイムは、「すべてのムスリムがアラブの民を愛する義務を負っている」と述べたほどだ。

アラブ人のイスラムへの熱情、預言者ムハンマドへの血の近さ、アラビア語が『コーラン』の言葉であること、これらはいずれも、アラブ人をすべての人種とは別格の存在とさせる根拠だった。イスラム的な理解によれば、オスマンもウマイヤやアッバースと同じく王朝の名前であった。オスマン朝のカリフとスルタンはたまたまトルコ語を話すムスリムにすぎなかったのである。

レアーヤーと領事保護民

近代に入って、アラブ人の地位を変化させる大きな行政区画の改革がおこなわれた。これについては便宜上第七章で後述するが、ここでは行政改革の中でも、オスマン帝国に住む多彩な民族を編成する伝統的な原理には、さしたる変動が生じなかった点だけを確認しておけば十分であろう。確かに、一八六九年に西欧諸国の圧力でフランス法に依拠して成立した民族法は、しばしばヨーロッパ人から「レヴァンテン」と俗称された中東など帝国のキリスト教徒の一部を、外国の「領事保護民」に変えることになった。レヴァント人を意味するレヴァンテンには、ヨーロッパ諸国の国籍を持つ者もいた。ヨーロッパ諸国との貿易にあたるキリスト教徒たちがそれらの国のパスポートを交付される現象は、ロシアの黒海自由航行権を認めた一七七四年のキュチュク・カイナルジャ条約以来目立って増えていた。

しかし、レヴァンテンにしても、その大多数は相変わらず帝国の市民というよりもスルタンの「臣民」のままであった。スルタンの「臣民」は、ムスリムか、さもなければ非ムスリムであったが、後者はとくに帝国支配下では「レアーヤー」と呼ばれることもあった。羊飼いを意味するアラビア語の「ラーイイー」に由来するレアーヤーは、「羊飼いの管理下にある羊その他の従順な家畜」の意味につながる。アッバース朝最盛期にカーディーのアブー・ユースフが、主君のハールーン・ラシード（在位七八六―八〇九）に宛てた『地租の書』は、カリフの任務を羊の群れを育くむ羊飼いになぞらえていた。

レアーヤーとは、オスマン帝国ではもともと、納税義務を負う農民・商人・職人などムスリムも含む庶民一般を指す法制上の基本身分だったが、帝国が弱体になるとムスリムと対比させられて、ことさらに「劣った存在」としてキリスト教徒やユダヤ教徒を指す通称に変わった。ちなみに、『オックスフォード英語辞典』（ＯＥＤ）は、この言葉（*rayah*）を「人頭税の支払を義務づけられたトルコのスルタンの非ムスリム臣民」と説明している。

レアーヤーと「領事保護民」との法的な関係はかなり複雑であった。一九〇二年にポートサイードのイギリス領事が本国に宛てた報告には、エジプト在住のあるマルタ人にまつわるエピソードが紹介されている。このマルタ人が住んでいたエジプトは、国際法上なおオスマン帝国の領土と考えられていた。ポートサイードに住むこの人物がイギリスからオーストリアにその国籍を変えようとしたので、話がややこしくなったのである。

当時のオスマン帝国では、あらゆる非ムスリム住民は「領事保護民」であるか、レアーヤーのいずれかであった。そこで、イギリス領事がこのマルタ人への保護（ヒマーヤ）を取り消すと、彼がオーストリア領事から別の「保護」をもらうまでは自動的にレアーヤーになってしまう。この空白の時間に不都合な事態が起きても、法的にはスルタンの「臣民」になっているので干渉のしようがない、というのが領事を悩ませた問題だったのだろう。

ムスリムとキリスト教徒やユダヤ教徒との公民権の平等は、一八五六年の改革勅令によって保障されていたが、それはムスリム保守派の抵抗にあって、なかなか効果を生み出すには至らなかった。ミッレト制のもとでも公民権をなかなか保障されなかったことは、多数のキリスト教徒がオスマン帝国領内の各国大使館や領事館に勤務し、「領事保護民」となる大きな動機となった。

キリスト教徒のアラブはアラブ・ナショナリズムの先駆者か

話題をオスマン帝国に対するアラブの反抗に戻すと、その運動がまずキリスト教徒内部から生じたのは不思議ではない。それは、同時代のセルビア人やギリシア人の活動とやや似ている。まず注目されるのは、一八六三年に「祖国の学校」をベイルートに創立したブトルス・ブスターニーの活動である。これは、従来アラブ・ナショナリズムの源流として「アラブの目覚め」の開始と考えられてきた。確かにブスターニーの主張は、マロン派キリスト教徒が目覚める先駆けとなったが、それでも同じアラビア語を話すムスリム同胞との分離を要求したわけではなかった。彼は、スルタンへの忠誠心を変えなかったし、ムスリムとキリスト教徒との同胞的連帯を決して否定していない。ブスターニーらのマロン派教徒は、アナトリアやバルカンにいた非アラブのキリスト教徒と異なり、ムスリムの隣人と同じ言語・文化・慣習を共有していたからである。この意味において、マロン派キリスト教徒も文化的アイデンティティの一部として、イスラムを受容したと言えるのである。ここにこそ、現在に至るまでレバノンがまがりなりにも、多宗教・多宗派国家として存続してきた根拠があったといえよう。

3　イスラムから生まれたアラブ意識

「アラブの目覚め」の神話

キリスト教徒のアラブ人は「キリスト教ヨーロッパ」に親近感を抱いたので、西欧の近代科学や世俗主義を受け入れ、アラブの広がりの中でナショナリズムに目覚めたという説がある。これはジョルジュ・アントニウスの『アラブの目覚め』以来の有力な解釈だったが、最近の研究によって疑問が寄せられている。エジプトやオスマン帝国の教育や学問が、アラブ主義揺籃の地とされる、シリアのアラブ知識人の教育や学問に与えた影響を無視できないからである。

アメリカの研究者ドーンの試算によると、一九一四年以前のシリア地方のアラブ知識人のうち、オスマン帝国の近代教育システムを受けた者が六三%に上っているのに対して、現地の伝統教育で訓練された者は二〇%、西欧式教育を受けた者は一七%にすぎない。一九二六年にはシリア人口のうち一〇―一二%がキリスト教徒であったのに、シリアの範囲に広がりを持たせても、一九一四年以前に名の知られたキリスト教徒は、アラブ主義者のうち六%にすぎなかったという。

一般に、ブスターニーのようなキリスト教徒にしても、ムスリム同胞と同じように、西欧と自らの文化伝統との関係に親近感を抱いたとは決して言えない。彼らは、アングロ＝サクソン系のプロテスタント宣教師のパトロンめいた傲慢さには反発を感じたものだ。また、ゆきすぎた「フランク化」(西欧化)にはいつも批判を隠さなかった。

彼らは、むしろ歴史におけるアラブ的遺産に誇りを感じていた。他方、彼らは同時代の平均的なムスリムと同じように、アラブ人であることに政治的な含蓄を認めたこともまずなかった。彼らの立場を「文化的なアラブ主義」と呼ぶことはできるかもしれない。それしかし、それは「政治化されたアラブ・ナショナリズム」ではなかったのである。それどころか、その誰もがオスマン帝国に忠誠心を示す「オスマン愛国主義者」であり、多くの点でイスタンブルの「オスマン人」と共通する面をもっていた。

エジプトのタフターウィーがすべてのムスリムの土地の再生を願ったように、シリアのブスターニーたちも「東方」がかつての栄光を回復することを心から願った。このいずれもワタンとワタニーヤ、祖国と愛国心について語ったものである。しかし、ひとりの人物がひとつ以上のワタンをもったとしても不都合を感じなかったこと、アイデンティティに重層性や複合性をもっていたこと、これが西欧から近代ナショナリズムの衝撃を受けた中東知識人たちの特徴であった。

そこではまず「小さなワタン」こそ、彼らが直接に忠誠心を向けるいちばんの中心となった。タフターウィーにとってはエジプト主義であり、ブスターニーにとってはシリア愛国主義であった。ブスターニーは、ワタンへの愛情を説いたが、そのワタンとは青年オスマン人や帝国の支配エリートの理解とはかなり違っていた。それは帝国全体よりも、帝国の一地方にすぎないシリアやレバノンを重視していたからである。彼らは、帝国という現実に存在する「大きなワタン」を無視しなかったが、同時に茫漠たるアラブなるものの広がりに、現実には存在もしない政治的なワタンを求めもしなかった。

この複合アイデンティティは、イスラムの文脈で帰属意識を語る人びとにも共通していた。そして、広域的なアラブ世界に政治化されたアラブ・ナショナリズムを求める流れは、このイスラムの文脈から出てくることになる。

カワーキビーのアラブ意識

この点でも、オスマン帝国支配下のシリアに生まれたムスリム・アラブ出身者の中から、トルコ人とアラブ人の民族的な相違を区別する思想家が出現したのは、偶然ではないかもしれない。その一人、『町々の母』や『専制の本質』の著者、アブドゥッラフマーン・カワーキビーは、イスラムの再生とイスラム世界の統一を熱心に説いた人物である。この考え自体は、有名なジャマールッディーン・アフガーニーなどパン・イスラム主義者の主張と変わるところがない。しかし、カワーキビーの独創性は、アラブが言語と出自の面でイスラムに特殊な地位を占めると強調して、「アラブ人カリフ制」を説いた点にある。

『コーラン』とスンナは、正しいアラビア語によって初めて理解できる。アラブ人以外には、これを正確に果たせる者はいない。とくに、古典的アラブに最も近いアラビア半島のアラブ人だけが、イスラム統一の媒体となって栄光を復活させる資格を持っている。アラブ人はトルコ人と違い、神の摂理のおかげで精神的堕落から免れているからだ。

カワーキビーのトルコ人批判は鋭かった。それでも、彼は、帝国からアラブ人を分離させようとする、性急な政治化されたアラブ・ナショナリズムの指導者になったとはまだ言えない。彼は依然として、オスマン帝国を「ムスリムの全体性を体現する最も偉大な国家」として尊敬するからである。彼によれば、必要なのは帝国の行政改革にすぎない。

カワーキビーによるスルタン批判の骨子は、スルタンがカリフとしては敬虔なムスリムでなく、その政策も御都合主義だという点にあった。つまり、彼はイスラムの利益よりも世俗的な政治利益を重視する側面を非難したわけである。カワーキビーは対照的に、アラブ人に対しては、彼らが善良なムスリムとしての資質に恵まれているので、イスラム防衛の術を知っていると高く評価する。結論として彼は、イスラム社会の改革とパン・イスラム主義の絆として、メッカにアラブ人出身のカリフを据えるのが得策だと提言した。アラブに託して彼が喚起した民族的な議論も、宗教的な文脈と不可分だったのである。

ラシード・リダーのイスラム改革構想

同じシリアに生まれたラシード・リダーがアラブの優越性を強調する文脈も、宗教的性格をおびていた。「新しいアラブ主義」とも言うべきその政治性は、父祖（サラフ）の時代のイスラム精神を復興することにイスラム世界再生の夢を賭けた、師のムハンマド・アブドゥフの改革思想の副産物でもあった。彼は、アラブ人を「世界で実際に生まれた最良の民族」と考えたが、トルコとエジプトのナショナリズムや政治的改革主義の支持者を次のように批判している。

彼らは無神論者か、さもなくば不信者である。宗教が彼らのナショナリズム思想の本質になっていないからだ。

ラシード・リダーのイスラム改革構想は、すぐには「アラブ人カリフ制」を説くものではなかった。スルタンはカリフ職に留まるが、メッカに本拠を置く法学者群の勧告に従う義務を課せられるはずであった。これは、政治をトルコ人、宗教・文化をアラブ人が分担することによって、オスマン帝国を二重国家として再編成する構想に道を開くものであった。それでも、帝国からの分離、ましてやアラブの独立は、ラシード・リダーの視野には入ってこなかった。彼が強調したアラビア語とアラブ意識の復興が、やがてアラブ・ナショナリズムの刺激にもつながるのは事実であるが、それでもこの復興は直接にはイスラム再生の方策として考えられたにすぎない。彼は、一八九九年にこう述べていた。

イスラムの統一は、これまでもアラブを通して達成されてきた。今世紀もアラブ抜きの再統一はありえない。統一の基盤はイスラム自体の中にある。イスラムとは『コーラン』とスンナ以外の何物でもない。それはアラビア語で書かれている。高貴な言語を理解できない者は、『コーラン』とスンナを正しく理解できない。

カワーキビーとラシード・リダーの二人は、預言者がアラブ人であり、『コーラン』がアラビア語で書かれている特性を強調した点でも共通していた。また、イスラムの復興への最初のステップが、アラブの復興になることでも一致していた。しかし、それが独立したアラブ統一国家の構想をひっさげた、政治化されたアラブ・ナショナリズムだった、と考えるには無理があるだろう。

4 預言者の正系とアラビアのロレンス

アッバース・ヒルミー二世とアラブ・ナショナリズム

アラブの広がりとイスラムの普遍主義を結びつけた二人のシリア人の考えは、思いがけない野心家によって注目された。エジプトのヘディーヴ（副王）アッバース・ヒルミー二世（在位一八九二―一九一四）は、その治世を通じてオスマン帝国に代わる大アラブ国家を夢想していた。彼はすでに、一八九五年にイスタンブルで会ったジャマールッディーン・アフガーニーから聞いた「アラブ人カリフ制」の構想に大きな関心を示していた。アッバース・ヒルミーは、一八九〇年代後半になると、カワーキビーの活動を援助するだけでは満足できず、シリアやアラビア半島に人を派遣して、エジプト中心の大アラブ国家を建設する可能性をさぐった。ラシード・リダーやカワーキビーらの野心的なシリア人が、活動拠点をカイロに移すのは、決して偶然ではないだろう。

アッバース・ヒルミーについては、一九一二年以来のバルカン戦争でオスマン帝国が苦境に立った時に、その野心についてまことしやかな噂が流布された。それは、苦境に立った帝国の足元を見透かして、シリアに駐屯する部隊の反乱を促し、シリアの独立を図ったというものである。しかし、彼の考えはアラブ分離主義には違いなかったが、アラブ・ナショナリズムというにはあまりにも個人的な野心、王朝国家の膨張主義がちらついていた。アラブ・ナショナリズムの立場からすれば、リビア戦争においてイタリアと対決するアラブ勢力の支援をして然るべきであった。しかし、彼が実際に行ったことはと言えば、イタリアからの財政援助の見返りとして、抵抗運動を挫折させてアラブ陣営に亀裂を入れる陰謀にすぎなかった。

フサイン＝マクマホン往復書簡

オスマン帝国からの自立をはかったアラブ・ナショナリズムの担い手が、アラブの大義とかアラブの連帯と言う場合に、アラブという言葉がカバーする領土の範囲について共通の了解があったわけではない。この点は、第一次世界大戦が始まった直後、イギリスがカイロ駐在の高等弁務官マクマホンを窓口として、メッカのハーシム家の当主（シャリーフ）だったフサイン・イブン・アリーにオスマン帝国への参戦を促した時に、往復書簡のやりとりであらわになった。それは、アラビア語のなかに「アラビア」を指す言葉がない現実と関連していた。

フサインは、一九一六年一一月の第三書簡のなかで、アラビア語で自らを「アラブ領土の王」と称したが、この「アラブ領土」（アル・ビラード・アルアラビーヤ）という表現は、一七・一八世紀のナーブルシーの例で見たように、一九一六年頃までは一般に「まち」や「くに」など地方・地域の意味で使われていた。しかし、国土の広がりを指すこともあったので、フサインはただ漠然と、英語でいう「アラビアの王」を指そうとしただけなのかもしれない。

しかし、「アル・ビラード・アルアラビーヤ」という語句は、主権の及ぶ範囲に神経を尖らすイギリスを刺激することになった。両者の間に論争が応酬された結果、公式のタイトルとしては地域をより限定した表現を用いて、「ヒジャーズの王」が認められることになった。イギリスが危惧した理由も分からなくはない。それは、この言葉が今では実際に「アラブ諸国」の意味で使われているように、アラブ人の生活する領域全体を具体的に示唆するニュアンスを帯びていたからだ。実際に、「アル・ビラード・アルアラビーヤ」とは、イラン人やトルコ人が多数を占めた地域と事実上の独立国家エジプトを除いて、アラブ人が多数派として居住する「領土」と考えられたから、それを図示するとすれば図11のように広大な地域を覆いつくしてしまいかねない。もし、より抽象的な「アラビア」を指すとすれば、つまり政治的に特定された地域を意味しなければ、「アラブの国土」(ビラード・アルアラブ)の方がふさわしい。事実、この表現は、マクマホンがフサインに宛てた第一書簡で、英語の「アラビア」を表す訳語として用いられていた。

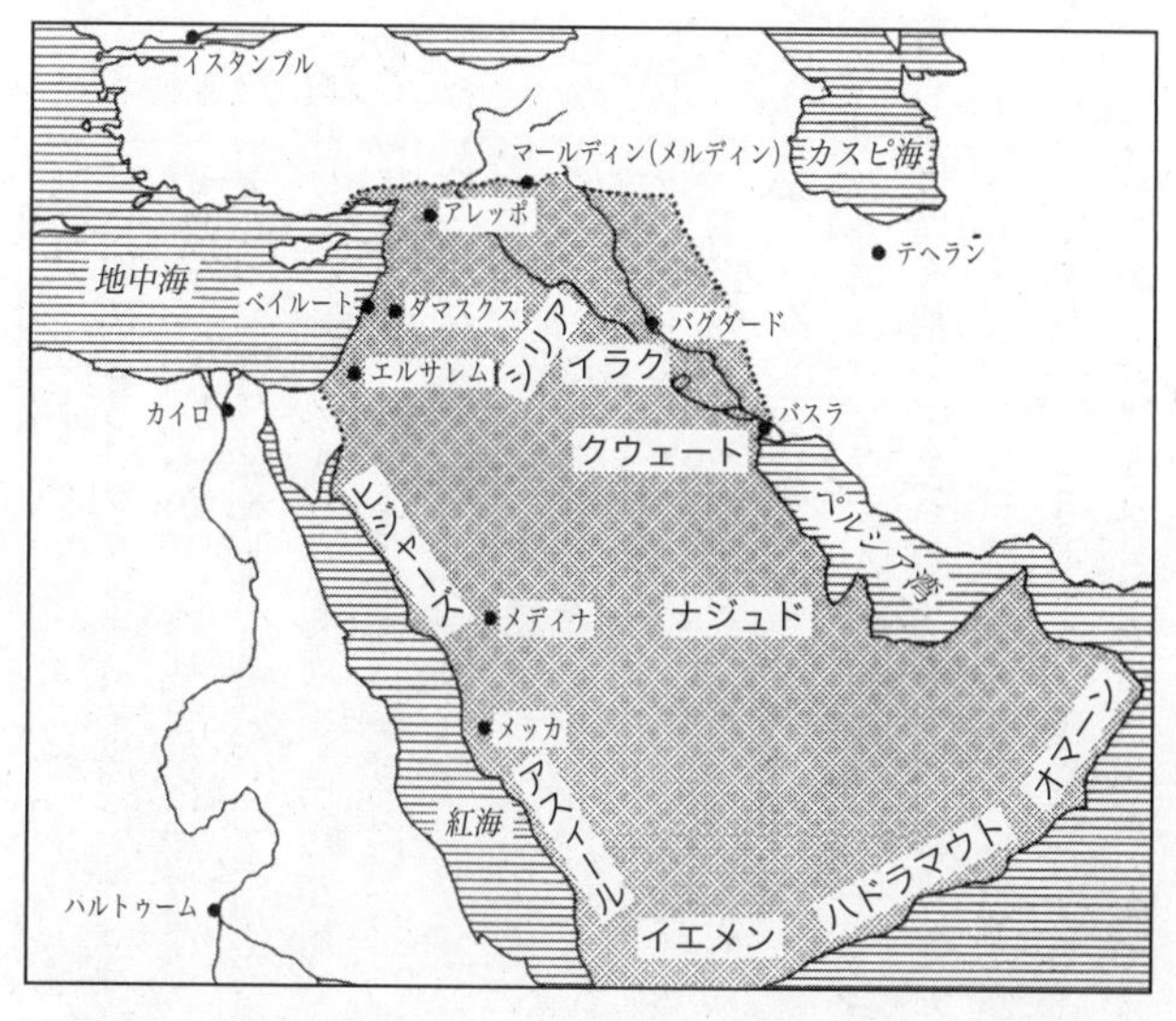

図11　フサイン書簡などにおいて「アラブ領土」と考えられた範囲

しかし、この段階でさえ、フサインのいうアラブを近代的な民族のコンセプトでとらえるには無理がある。フサインの書簡には、「神はわがウンマを鼓舞するために、われわれを選び給うた」とか、「われわれは誠実なウンマに対してイスラム的熱情やアラブ的熱誠をもって喜びを表明する」などの表現が見られた。ここでは、しばしば「民族」の意味に、ウンマ（イスラム共同体）の語が用いられている。しかも、フサインは大義のためにアラブ民族に献身を呼びかける際にも、イスラムの文脈で語ったのである。いわば「民族的」な感情に格別に大きな政治的・社会的な意味を与えなかったともいえよう。たとえばフサインは、ある民族がその領土内で政治的に独立した権威をもつ正当性を認めるが、その土地からは異端や異教徒が追放されねばならないと強調した。オスマン帝国への反乱にしても、スルタンがシャリーアに反した違法な支配者だからこそ、イスラム的に正当化されるのである。それは、厳密に考えると、民族自決につながる議論とは言えないだろう。

こうした考えは、フサインの息子アブドゥッラーにも強く受け継がれている。彼は、第一次世界大戦が始まる一九一四年以前に接触していたラシード・リダーから、アラブとイスラムとの関わりについて理論的に学んだらしい。アブドゥッラーは、アラブの大義とは『コーラン』とスンナを忠実に実行するイスラム国家によって果たされるのであって、そこから分離独立したアラブ国家の力で実現されるのではない、と信じた。つまり、彼の考えでは、アラブが独立への志向を強めたのは、トルコ人がイスラムの国家システムをなおざりにして、それをタンジマートと呼ばれる西欧化の改革で置き換えたからだという。

それは、推進者たちでさえよく理解できない外国の制度に依拠しており、『コーラン』から生まれた教えに対する反逆の第一歩であった。アラブのムスリムが反乱する決意を固めたのは、一九〇八年の革命で青年トルコ党（統一進歩団）がカリフ制を西欧流の立憲政体とトルコ・ナショナリズムに置き換えた時からだ、とこのフサインの息子は回想している。ちなみに、アブドゥッラーこそ、ハーシム朝ヨルダン王国の開祖であり、現在のアブドゥッラー二世国王の曾祖父にあたる。

預言者ムハンマドの子孫とアラブ・ナショナリズム

フサインに限らず、ハーシム家の面々にとって、アラブ主義は実際面で利用価値ができるまで、格別に珍重すべきいわれはなかった。ハーシム家は、ファイサルがアラビアのロレンスとともにヒジャーズの「境界」を越えてシリアに向かった後に、ようやくオスマン帝国に反抗する武器としてアラブ主義を利用したのである。それは、アラブ主義揺籃の地シリアのアラブ知識人に、アピールする格好の材料だったからである。アブドゥッラーは、反乱の時には伝統的な部族連合に頼ったが、一九二一年にトランス・ヨルダンに移った時に、かつて弟のファイサルが五年前にそうしたように、アラブ・ナショナリズムをレトリックとして使ったにすぎない。それでも、彼は、肥沃な三日月地帯のなかでも、シリアやイラクと違ってトランス・ヨルダンでは、このイデオロギーの成功がむずかしいことを知ってもいた。

「トルコ嫌い」アラビアのロレンス

ここで、近代のアラブ人とトルコ人がたえず憎悪と不信の仇敵関係にあったと考える俗説を否定しておく必要がある。こうした神話は、やや倒錯したアラブびいきの「アラビアのロレンス」ことトマス・エドワード・ロレンスによる正負の影響で、欧米や日本の一部にも広がっている。ロレンスによれば、トルコ人はアラブ人のなかに「その足がかりをつかみ、はじめは従僕としてついで援助者として、やがてそのもとの国家の生命を窒息させた寄生者的成長をとげるにいたった」。道徳的知的なアラブの文明と幸福は、トルコ人の襲来とともに一朝の夢と消えてしまい、アラブ人の美質ははぎとられ、その精神は毒気を吐き出す軍政の息吹きを浴びて萎縮してしまった、とロレンスは批判する。

トルコ人はアラブ人に、その意見などの微妙な不一致により相互不信の念を誘発させるようにした。アラビア語さえ、宮廷からまた官庁から、政府の公用からまた上級の学校から追放された。アラブ人は、その種族的特質をことごとく犠牲にすることによってのみ、その国家への奉仕ができたのである。（柏倉俊三訳『知恵の七柱』第四章）

しかし、「豊かな弾力に富むアラビア語」と「粗雑なトルコ語」を単純に対照させるようなロレンスの見方は、あまりにも一面的であろう。帝国の公用語・行政語をトルコ語と定めた一八七六年のミドハト憲法以降でも、アラブ地域の法廷ではアラビア語も使われた。トルコ語を知らない被告には通訳もつけられたほどである。現代レバノンの歴史家ザインも主張するように、帝国最末期の不幸なトルコ＝アラブ関係は、長い両者の歴史のなかでも、むしろ例外とも言うべきものであった。

また、ムスリムのアラブ人がオスマン軍への勤務や武装を許されなかったという主張も誤りである。オスマン軍のなかには、アレッポ、ダマスクス、エルサレムなどで編制されたアラブ人部隊もいた。一八七七年の露土戦争の時にバルカン半島のプレヴナで、オスマン・パシャの指揮下でアラブ人部隊が武勲をたてたことも有名である。また、アラブ人部隊は、第一次大戦中に首都防衛に貢献した一九一五年のガリポリ、一六年のルーマニアのアルゴストリの戦闘にも参加している。代が下って、一九五八年のイラク革命で処刑されたハーシム朝の首相ヌーリー・サイードは、トルコ軍勤務時代を次のように回顧している。

オスマン帝国のアラブ人は、ムスリムとしてトルコ人の協力者と見なされた。アラブ人は民族的差別を少しも受けず、トルコ人と同じ責任を共有していた。軍人と文官の差を問わず、国家の高い官職は、アラブ人にも開かれていた。彼らは、上下両院でも議席を有していた。多数のアラブ人が大宰相、シェイヒュル・イスラム、将軍、州長官に任命された。国家機構の全官職には、必ずアラブ人を見出すことができた。

5　中央集権化 対 地方分権化

一国史観の神話

オスマン帝国のアラブ支配が中東アラブ地域の社会発展を阻害し、その後進性をもたらしたというのは本当であろうか。こうした見解は、帝国のバルカン半島支配の歴史的評価に際しても見られる。概して、どの帝国の場合でも当てはまるのかもしれないが、オスマン帝国から分離独立した民族は、ともすれば「一国史観」(*nationalist viewpoint*)

の神話に立つために、現実のあらゆる欠陥と不満を、近代で「ヨーロッパの病人」とされたオスマン帝国のせいにしがちである。

しかし、オスマン帝国のアラブ支配が多くの利益をもたらした側面も見落としてはならない。レバノン＝シリア商人の活躍を見るまでもなく、シリアが帝国に併合されたために、東西通商圏の重なる要衝の地を利して、多くの利益を上げた事実を強調する学者もいる。アブデュルハミト二世の治世まで、シリアを中心とする東方アラブは、帝国の支配によって「苦しんだ」のではなく、むしろ「放置されすぎた」という見解もある。

実際に、アブデュルハミト二世は、イスラムに統治のシンボリックな支えを求めて、シリアやリビアにしばしばアラブ人官僚を任命した。彼らが更迭されてトルコ人に置き換えられるのは、一九〇八年に青年トルコ党革命がおきて、統一進歩団がトルコ化政策を推進して以降のことだった。党機構の中枢をすべてトルコ人で占めた統一進歩団は、それを機にアラブ人の名士層を政治プロセスから疎外したのである。一九世紀半ばに至るまで、アラブ人は自らの封建領主や在地のパシャたちの圧迫に苦しんだのであり、イスタンブル政府の中央集権的な統制は弱々しいものだった。

「トルコ人の犬」

こうして、オスマン帝国への不満と抵抗がナショナリズムの炎として燃えさかる原因は、アラブ人をあたかも「トルコ民族の犬」（一九〇一年四月の統一進歩団中央委員ナーズィム博士の一私信での表現）として劣等視する、統一進歩団の強権的なトルコ化政策に求めなければならない。多民族国家において支配民族が自らのナショナリズムを鼓吹するのは自縄自縛に等しい。ヨルダン国王のアブドゥッラーによれば、トルコ人たちが彼らよりも人口数が多いアラブ人の民族性を変えるために、トルコ化を開始した意図は、その立憲体制の護持を図ることにあったとする。帝国議会でも、トルコ人か統一進歩団かのいずれかでなければ、議席を得られないようにした。これによって、「アラブ人と帝国の他の分子たちは、絶滅の危機にあると感じとった」ことが、アルバニアからレバノン山地にいたる帝国各地の反乱を誘発する原因となった、という見解を披露している。

肥沃な三日月地帯でのアラブ人の改革と地方分権化への要求は、アブデュルハミト二世以上に強力な、統一進歩団の中央集権化政策への反発として現れたのである。しかし、その時点でさえ、アラブ人の完全な分離独立をめざす潮流は少数派に留まっている。帝国の解体は、そのまま欧米列強の中東分割と占領につながるというのが大方の予想だったからだ。ここで疑問になるのは、初期のアラブ・ナショナリズムがどの程度まで、トルコ・ナショナリズムや統一進歩団の中央集権化政策への反発だったのかということである。その性格は、帝国行政の凝集度やヨーロッパ帝国主義の浸透度の違いに応じて、アラブの地域差によって違いがある。

肥沃な三日月地帯・リビア・ヒジャーズ

シリアでは、代表的な政治結社の「青年アラブ協会」が、アラブ人の独立をオーストリア＝ハンガリー二重帝国にならって、アラブ＝トルコ合邦国家の枠内で獲得しようとしていた。このように、シリアのアラブ主義者たちは、フランス人などヨーロッパ強国の野望に深く警戒心をもっており、帝国からの完全分離を考える者は少数であった。また、この結社は、西欧で達成された社会や教育面での高い進歩のレベルまで、アラブ人のウンマを引き上げようと努力した。

イラクでも、オスマン帝国がイギリス人に河川灌漑の利権を供与したり、国有地の一部を売却しようとしたことは、多くのイラク人のワタンに対する愛を刺激した。外国人がメソポタミアを支配するのではないかという危惧は、帝国から地方分権を獲得すべきだという主張よりも強かった。イラクのアラブ人たちは、統一進歩団が外国の勢力浸透から自分たちの「くに」を守ってくれない弱体ぶりに反感をもったのであり、そのイデオロギーに対して異を唱えたわけではない。一九〇九年頃からオスマン議会のアラブ系議員を団結させる動きが出たのも、イラクからであった。その時でさえ、彼らの中には、ヨーロッパの圧力に対抗するために、アラブ主義とオスマン主義の妥協をはかる者も現れたのである。

リビアでは、事情はもっと明快である。オスマン帝国とは地中海を隔ててつながっているにすぎず、肥沃な三日月地帯と比べても帝国への結びつきが弱かった。すでにアラブ以外にベルベル系遊牧民も包みこみながら、イマーム首長一致型支配としてゆるやかな国家のまとまりを有していた。この土地には、北からイタリア、南からフランスが野望をあらわにしていた。アラブ人の抵抗は、統一進歩団の中央集権化やトルコ化政策への反発ではなかった。むしろ、多数の統一進歩団の活動家がかつてリビアに流刑されていたせいもあり、イスタンブルとの結びつきも弱くなかった。オスマン帝国は、ヨーロッパによる植民地化を防ぐ盾でもあった。こうしてみると、現在のリビアにあたる地域では、第一次大戦前にアラブ主義が発達していたとはいえない。それどころか、オスマン帝国の崩壊後に現れるリビア人のアイデンティティは、アラブ的というよりもイスラム的なものであった。

ヒジャーズには、イスラムの両聖地があったが、ヨーロッパはこの遠隔の地を植民地化する関心を持たなかった。シャリーフのハーシム家は、すでに見たようにヨーロッパの脅威を直接に感じずに、宗教や部族の絆をもとにイマーム首長一致型支配の原型を築きあげていたこともあって、統一進歩団の中央集権化政策に利益を脅かされたのである。それでも、世俗的な教育もなく出版文化や職業集団を欠いていたこともあり、ヒジャーズは総じて第一次世界大戦が始まるまでは、肥沃な三日月地帯の都市知識人の間で発達したアラブ主義にあまり影響されなかった。青年トルコ党革命から第一次世界大戦の勃発に至るまで、ヒジャーズのハーシム家は、アラブ主義などのイデオロギーの痕跡をとどめず、むしろ政治的プラグマチズムに徹していた。皮肉なことに、アラブの反乱と独立運動は、アラブ・ナショナリズムのイデオロギーから一番遠いこのヒジャーズから始まったのである。

第七章　イスラム帝国の終焉
——国民国家に向かって——

第一次大戦によるオスマン帝国の解体は、王国であれ共和国であれ、中東にパン・アラブ的な統一国家をもたらさなかった。反対に、国際連盟による委任統治の名目でイギリスとフランスが「肥沃な三日月地帯」を分割した。本章は、この区分に由来する中東の国民国家の誕生をエジプトとトルコを中心に素描している。そこで目立つのは、各国の枠組を基礎にしたナショナリズムが、広域的なパン・トルコ主義やアラブ・ナショナリズムよりも堅実に成長しながら、新しい「国家」の内部に住む人びとを「国民」として成熟させるプロセスである。とくに、トルコのケマル・アタテュルク、エジプトのサード・ザグルールなど、国民国家の建設に地道な労苦を払うエリートのいた国々が、現在の中東でも自由、法の支配、人権、両性の平等などの点で許容基準に近いのは偶然であろうか。その両国でさえ、アルメニア人や「コプト民族」の国民への統合に成功しているとは言いがたい。

1　植民地分割か、国民国家の成立か

「トルコ・アナトリア」と「アラビスタン」の二重帝国

一九一四年に第一次世界大戦が始まると、連合国に圧迫されて軍事的に劣勢となったオスマン帝国では、トルコ人とアラブ人による統一国家の構想が、統一進歩団に批判的なトルコ人の間にも共鳴を呼んだ。戦後になると作家や評論家として活躍する女性のハリデ・エディプは、アラブ＝トルコ二重帝国の建設を唱え、首都をイスタンブルからシリアのアレッポに移転することさえ主張した。トルコ・ナショナリズムの思想家ズィヤ・ギョカルプも、第一次世界大戦の直前になると、オスマン朝のカリフが統治する二重帝国の創立を提案している。

オスマン帝国の敗色が濃厚になる一九一八年に至ると、ギョカルプはついに二つの独立国家、つまり「トルコ・アナトリア」と「アラビスタン」の連邦制樹立を夢みた。彼は、この連邦制を宗教的見地からだけでなく、地理的にも正当化できると考えた。その上、ギョカルプは、それがアラブ人にとっても、とくに有益だと心から確信していたらしい。行政・軍事機構と統治能力を欠いたアラブ人は、ひとたびトルコ人の同胞から分

離してしまうと、西欧列強に征服されかねないというのだ。実際に、第一次世界大戦後の肥沃な三日月地帯の分割は、ギョカルプの予測した通りになったと言えなくもない。

しかし、ギョカルプの処方箋は、帝国の敗北が時間の問題となってから出されたものであり、あまりにも遅きにすぎた。オスマン帝国議会の議員やジャーナリストとして、アラブ主義をオスマン主義と調和させようと腐心していたアラブ人の識者たちを、一九一六年に統一進歩団の高官がダマスクスで処刑するような有様では、アラブとトルコの連邦制は画餅に等しかった。大戦終結と帝国の領土喪失は、アラブ＝トルコの合邦構想の夢に終止符を打ったのである。

オスマン帝国の解体と肥沃な三日月地帯

第一次世界大戦が終わると、当時の大国として中東に君臨したのは、イギリスとフランスであった。もっとも、その統治期間は四世紀にわたってアラブ地域に威を振ったオスマン帝国と比べると、せいぜい三〇年たらずであり、あまりにも短いものであった。

しかし、それは国際連盟の委任統治という新しい植民地支配の装いをこらして、肥沃な三日月地帯を分割したのが特徴であった。他方、アラビア半島についていうと、イギリスはすでに一八三九年に植民地としていたアデンを除くと格別に領土に関心を示さず、ハーシム家のヒジャーズに一時的な影響力を及ぼしたにすぎない。

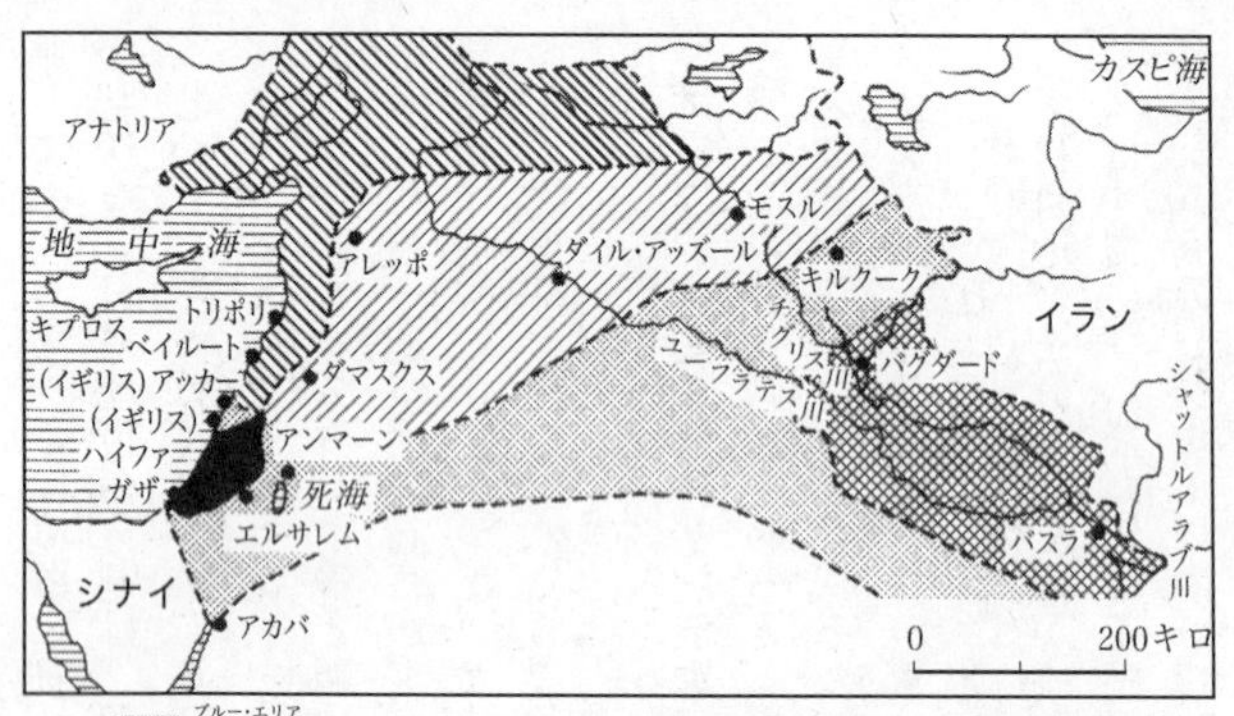

青地域（ブルー・エリア） = フランスが望む行政または管理を樹立できる地域

A地帯（ゾーン） = 独立アラブ国家または連邦．フランスが顧問・官吏をおける勢力圏

茶地域（ブラウン・エリア） = 国際管理地域

B地帯（ゾーン） = 独立アラブ国家または連邦．イギリスが顧問・官吏をおける勢力圏

赤地域（レッド・エリア） = イギリスが望む行政または管理を樹立できる地域

図12　サイクス＝ピコ協定による中東の肥沃な三日月地帯の分割計画

出典：Eugene Rogan, *The Fall of the Ottomans*, New York, 2015

……… フランスの委任統治地域　—— その小区分
—— イギリスの委任統治地域　---- その小区分

図13　第一次世界大戦後の肥沃な三日月地帯と英・仏の委任統治

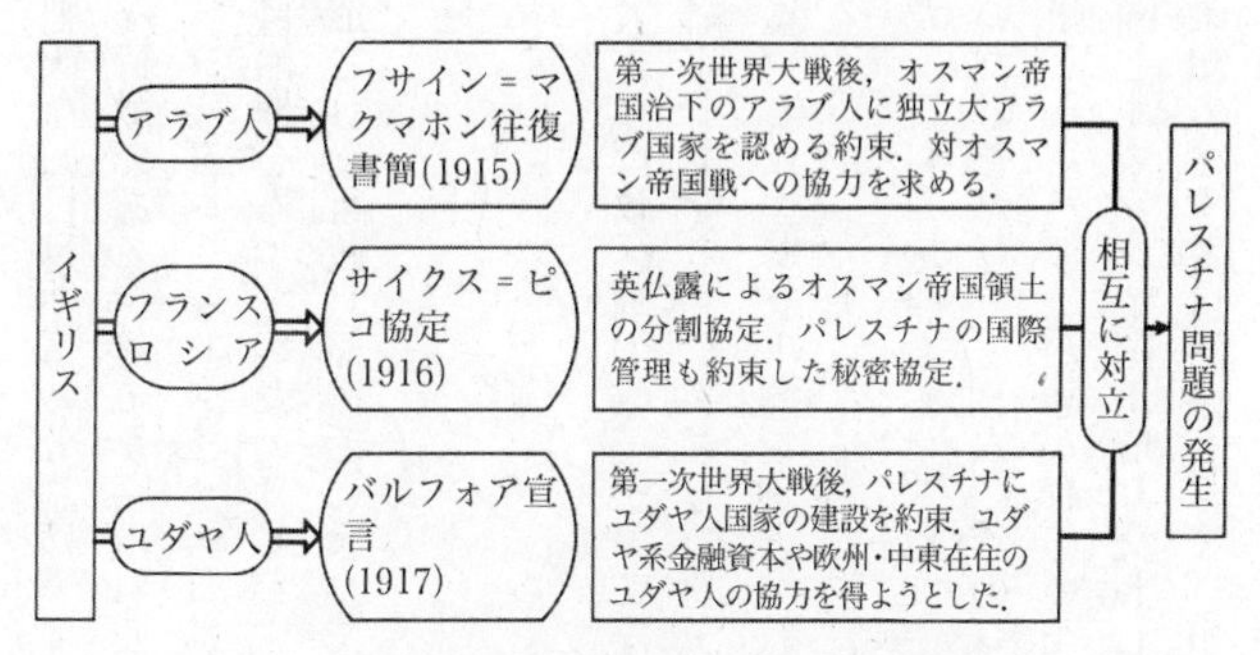

図14　第一次世界大戦中のイギリスの秘密外交

出典：板垣雄三「第一次世界大戦と
従属諸地域」（一部修正，図13・15）

オスマン帝国に最後まで残ったアラブ地域、肥沃な三日月地帯の分割は、オスマン帝国当時の行政区分とは合致しなかったのが大きな特徴である。そこから現れた五つの国、すなわちイラク、シリア、レバノン、トランス・ヨルダン、パレスチナのうち、帝国時代に多少なりとも、まとまった政治単位として自治権をもっていたのはレバノンだけであった。他は、イスタンブルの中央政府から派遣された行政官僚の手によって支配されていたのである。

肥沃な三日月地帯の行政単位

近代に入って、アラブ人の地位を変化させる大きな行政区画の改革がおこなわれたことは、本書でもまだ触れていなかった。一九世紀前半までのアラブ東方の肥沃な三日月地帯には、ムハンマド・アリー王朝が自治権を獲得したエジプト州を別とすれば、モスル、バグダード、アレッポ、シャーム（ダマスクス）、サイダーの各州がおかれていた。主要都市の総人口はおよそ五〇万人ほどであった。三日月地帯からはずれたアラビア半島は、ヒジャーズとイエメンの二州から成っていた。ただし、一八六〇年のレバノン山地部とダマスクスにおける内戦以来、シャーム州からレバノンが除かれていた。英仏露三国以外に、オーストリアやプロイセンの五大国とオスマン帝国が取り交わしたレバノン議定書によって、レバノンはキリスト教徒を県知事とする自治県として、事実上の自

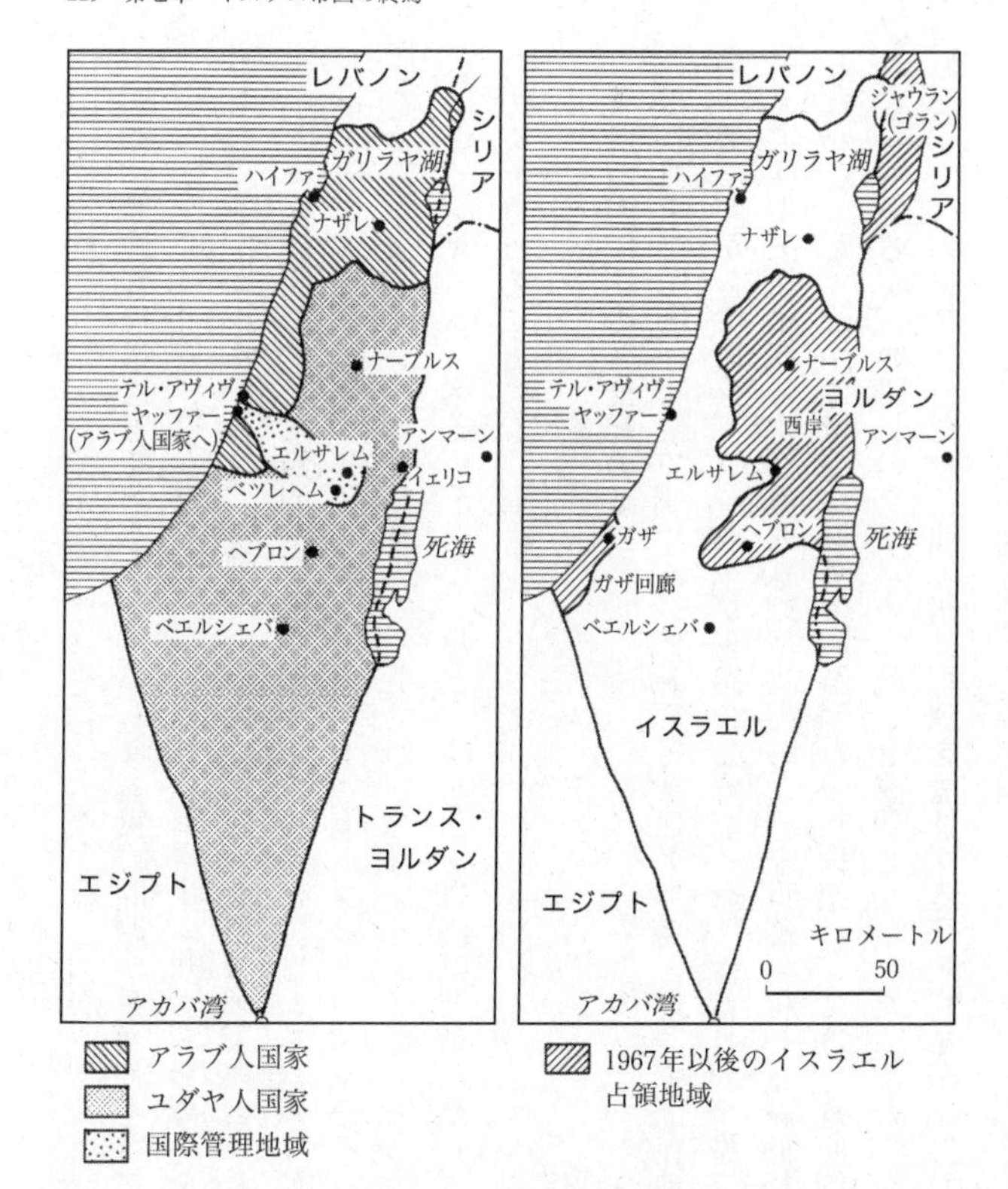

図15　パレスチナ分割
(左) 1937年イギリス・ピール委員会による分割計画
(右) 1949年パレスチナ戦争における休戦ライン (国境),
1967年第三次中東戦争以来のイスラエル占領地域

治国家に再編されたからである。

また、聖地管理権などをめぐって、いわゆる東方問題が重要性を帯びるにつれ、エルサレム（クドス）の地位も修正された。それはシャーム州から分離され、エルサレム県が創られる。エルサレムは、帝国中央の大宰相府の直轄管理下におかれた。一方、ベイルートの経済的繁栄と政治的重要性が増大すると、帝国は一八八八年に新たにベイルート州を創り、ラタキア、トリポリ、アッカー、ナーブルスの四県をそれに加えた。こうして一八八八年以来、文学や地誌での漠然としたコンセプトだった「大シリア」は、アレッポ、シャーム、ベイルートの三州と、レバノン自治県とエルサレム直轄県に区分されて支配されることになった。

植民地委任統治型支配の成立

この肥沃な三日月地帯では、エジプトやアラビア半島と違って、在地勢力なりアラブ系住民の間からであれ、ワッハーブ王国のようなイマーム首長連合型支配や、ムハンマド・アリー王朝に似た官僚軍人寡頭型支配のような世襲王権や永続的権力を生み出すことはなかった。確かに帝国が退潮に向かった一八世紀などには、野心的な州長官が現れたこともあるが、いずれのタイプの支配にも成功しなかった。また、シリアのアズム家のように、エジプトを含む各地の州長官職を歴任する行政官を輩出した名門もあったが、その支配はオスマン軍の守備隊によって支えられており、スルタンの名代にすぎなかった。

これらの地域のうち、イギリスは、モスル州とバグダード州を基礎にイラクを、エルサレム県を土台にパレスチナとトランス・ヨルダンを創出して、委任統治を布いたのである。他方フランスは、アレッポ州とシャーム州をもとにシリア、ベイルート州とレバノン独立県を合わせていわゆる「大レバノン」を組織した。しかし、これらの地域は、少なくとも帝国時代に関する限りは、独立国家もしくは自治国家の核に発展する政治的単位になったことはない。二つの植民地大国が肥沃な三日月地帯を占領した時に、レバノンを除くと、その地域はエジプトやチュニジアのような官僚軍人寡頭型支配、モロッコやオマーンのようなイマーム首長一致型支配、クウェートやカタールのような非イマーム首長単独型支配にあたる国家システムの原型を有していなかった。

しかも、新たにまったく人工的に導入された植民地委任統治型支配は、地元のアラブ系住民の抵抗に遭ったただけでなく、外から招いた力と現地に根づいた力との複雑な葛藤を招くことになった。シリアではヒジャーズのハーシム家出身のファイサル、トランス・ヨルダンでは同じハーシム家のアブドゥッラー、パレスチナには世界シオニスト機構に後援されたユダヤ人の入植運動、そしてレバノンでは新たに加えられた領土の多数派だったムスリム住民、さらにイラクではシリアから追われたファイサルが一九二一年に国王として招聘されたこと、これらの要因はいずれも地元住民との軋轢をいやがうえにも増すはめになった。

アラブ分割と国民国家――イラクの場合

肥沃な三日月地帯で植民地委任統治型支配がひとたび成立すると、アラブとしてのアイデンティティ以上に、分割区分された地域内部の部族や都市の伝統的な法慣行や文化的象徴が発展して、国民国家の基礎がつくりあげられた。その典型例は、一九三二年に肥沃な三日月地帯で最初の独立をとげて国際連盟にも加入したイラクである。かつては「アル・ビラード・アルアラビーヤ」(アラブの領土)に一体となった主権を樹立しようとしたファイサル一世は、今やイラク国王となり、詩人や音楽家にイラク国歌を作らせて、イラクを「ワタン」とする愛国心、またはイラク・ナショナリズムを作り出そうと努めた。これには、一九三五年から三六年にかけて起きた部族反乱が新しい国家の枠組に入れた亀裂を修復する狙いが隠されていた。

それでもファイサルは、パン・アラブ主義と最終的に袂を分かったわけではない。この考えは、隣のシリアやパレスチナとの合邦の野心を捨てきれないファイサルにとって利用価値のあるものだったし、ヨルダンを支配する同じハーシム家とともに大アラブ国家への見果てぬ夢に足がかりを与えてくれたからだ。しかし、国民国家としてのイラクの利益と、その枠や各国の区分を否定するパン・アラブ国家の理念は、なかなかに両立しがたかった。それを示すのが一九三二年のエピソードである。ファイサルは、イギリスが人工的に創出したイラク国家の足腰を強くしようとして、バグダードでパン・アラブ大会を開く構想にイギリス政府の了解を求めた。その時、高等弁務官のハンフリーズはやんわりとたしなめている。「陛下。そうした動きは近隣諸国の敵意を買うばかりでなく、かえって陛下の恐れておられる事態を招来しますぞ。アラブの大義に貢献する道は、イラクが自らの経済と文化の発展につくすことにこそあります」。

一世紀ほどたったいま、経済や国民統合の危機などで湾岸戦争やイラク戦争の後遺症に悩むイラクを見ていると、ハンフリーズの言にも、なにがなし真理も含まれていることを感じざるをえない。しかも、イラク・ナショナリズムとパン・アラブ主義の操作を政治的にもてあそんだファイサルの王国は、ハンフリーズの忠告から四半世紀たらずの一九五八年に倒されてしまった。

しかし、同時代のアラブ人のなかには、パン・アラブ思想やアラブ・ナショナリズムに徹底して距離をおく、クールなエジプト人政治家や知識人の姿も目につく。

2 エジプト・ナショナリズムの開花

ムスタファー・カーミルとエジプト・ナショナリズム

エジプトは、すでに一八八二年の反英叛乱のオラービー革命このかた、「エジプト人のためのエジプト」という有名なスローガンに象徴されるように、一九二二年にエジプト王国として独立する国家の領土的な枠に基づいたパトリオティズムが、アラブ地域のどこよりも発達していた。

第一次大戦の前夜にエジプトに現れた二つの新しい潮流はいずれも、アラブ・ナショナリズムとの関係が薄かった。ムスタファー・カーミルに率いられるワタン党の立場は、オスマン帝国の保全のなかで、国民国家たるエジプトの利益を図ろうとするパトリオティズムであった。党名が示すようにそのワタニーヤは、エジプト・ナショナリズムと呼ぶのがふさわしい。他方、ルトフィー・サイイドの名とともに語られるウンマ党は、いっそう徹底したエジプト・ナショナリズムを人びとの間に鼓吹した。この二つは、オスマン帝国に対する態度こそ違っていたが、アラブ人の精神的なつながりを政治的な統一に変えようとするアラブ・ナショナリズムには程遠い点で共通していた。

ムスタファー・カーミルは、一八九八年に著した『東方問題』という書物のなかで、アラブ人をカリフに置き換える考えがイギリスに挑発されてオスマン帝国を分割に導くだけでなく、それをイギリスの支配下におく考えにすぎないと強く批判していた。彼がエジプト人を「ファラオとアラブという二つの偉大な文明の後継者」であると主張したのは、そのナショナリズムがエジプトの土地とそこに住む人びとと結びついていることを強調するためであった。ムスタファー・カーミルにしても、大戦前のエジプト・ナショナリズムの担い手と同じように、エジプトでアラブ・ナショナリズムやイスラム改革主義の宣伝にあたっていたシリア出身者のグループ、たとえばラシード・リダーに批判的であった。

オスマン帝国の利益を損うだけでなく、イギリスを利するだけの主張にすぎないとして、彼らを「闖入者」（ドゥハラー）と蔑んだものである。ムスタファー・カーミルは死の直前には、一九〇八年革命に成功した統一進歩団との協力さえ試みた。彼の僚友たちは、やがてイスタンブルに移ってオスマン帝国に協力したのである。彼らの関心事が、「アラブ問題」ではなく「エジプト問題」にあったことだけは確かである。

ルトフィー・サイイドとウンマ党

ルトフィー・サイイドは、ムスタファー・カーミル以上に、徹底した世俗的な傾向をもつエジプト・ナショナリズムを主張した。エジプトでは、多彩な出身から成る人びとが一つの独特な共同体に融解しており、チェルケス人やトルコ人の子孫であれ、ギリシア人やアフリカ人の末裔であれ、エジプトに対してのみ忠誠心と愛国心をもつべきだと主張した。こうして、エジプト人としてのアイデンティティを基礎に、実在するエジプトを独立した国民国家に成長させていこうとしたのである。

彼のアラブ・ナショナリズムに対する冷淡さは、一九一一年のリビア戦争で不関与と不干渉を主張して、エジプトがアラブ系抵抗勢力に援助するのに反対したことにもよくあらわれている。また、リビア戦争からバルカン戦争に至るオスマン帝国の危機のなかで、もし帝国が崩壊する暁には、エジプトとシリアが合併すべきだとしたシリア人の申し出をも一顧だにしなかった。それは、「不可能な考えであるばかりでない。エジプトの利益にも反するからだ」、と。ルトフィー・サイイドは、まさに徹底して、国民国家としてのエジプトを育てようとする愛国者だったといえよう。

サード・ザグルールとエジプト・ナショナリズム

大戦後のエジプトの政治家と世論も、アラブ・ナショナリズムに背を向けていた。パリ講和会議では、一九一四年にイギリスの保護国（ヒマーヤ）となっていたエジプトの国民国家としての独立を求めた。一九一九年から二二年にかけて、エジプト・ナショナリズムの目標になったのは、エジプトの完全独立であった。しかし、その達成のために、肥沃な三日月地帯のアラブ民族運動との協力を図るという考えはまずなかった。ワフド（代表団）と呼ばれた講和会議代表団は、一九一九年にパリに出かけたが、会議に来ている他の「東方」のナショナリズムの代表と「協力」するようにという主催者側の希望も無視した。エジプト人からすれば、国家システムとしての成熟度で劣るシリアのファイサルが出席を認められたのに、国民国家としての由緒も正しいエジプトが、何ゆえに単独代表団としての参加を認められないのかという思いだったのだろう。

一九一九年のパリ講和会議に向けたワフド党宣言は、エジプトが会議出席のどのアラブ系諸国よりも、「比べものにならないほど進んでいる」と自負していた。アメリカ大統領ウィルソン宛の書簡でも、エジプトは「あらゆる観点から見ても、ヒジャーズ、アラビア、シリア、レバノン、アルメニア、カフカース諸国よりもはるかに進んでいる」ことをあげて、代表権を与えるように要求していた。

一九二〇年にロンドンに出かけたサード・ザグルールは、シリアやパレスチナの政治状況について意見を求められたが、その関心はエジプトにしかないとして、他のアラブ地域には一揖（いちゆう）さえしなかった。サードのアラブ・ナショナリズムに対する立場は、一九二五年にフランスに対するシリア反乱が起きた時の感想につきている。サードは、さも軽蔑するかのようにこう述べたという。「ゼロにゼロを加えて、さらにゼロを加えたとして、それで結果がどうなるというのかね」と。

一九二三年四月に成立したエジプト憲法は、「エジプトは自由で独立した主権国家である」という条文の表現に象徴されるように、国民国家としてエジプトを領土的単位にすえたナショナリズムの勝利であった。アラビア語を公用語に定めた第一四九条を除くと、条文のどこにもアラブもしくはアラブ・ナショナリズムを示唆するような文言は見あたらない。あまつさえ、エジプトの新体制は、フランスの力によってアラブ・ナショナリズムの震源地シリアからアラブ政権が追われても、それを黙認する有様であった。オスマン帝国解体後に見られた国民国家への志向は、エジプト以上にトルコにおいてはるかに顕著であった。

3 ムスリムからつくられたトルコ人

「キリスト教徒トルコ人」と「ムスリム・ギリシア人」

第一次世界大戦で帝国を失った「トルコ語を話すムスリム」は、国家の解体と敗戦の衝撃のなかで、自分のアイデンティティをどう考えるようになったのだろうか。民族運動の指導者ケマル・アタテュルクが、敗戦と同時に起きたトルコ革命の最初の時点から、トルコ人だけから構成された国民国家の建設を目指していたことはまず疑いない。しかし、オスマン帝国の長い歴史は、共和国の心臓になるはずのアナトリアでもアルメニア人やギリシア人が水玉模様のように入り交じって住むなど、あまりにも複雑な宗教と民族的要素のモザイクを残していた。アルメニア人は、大戦中の悲劇の中でその姿をほとんど消していた。残ったギリシア人についてはどうか。リアリズムに徹して国際社会に再加入しようとしたアタテュルクにとって、民族問題という複雑に絡んだあざなえる結び目を断ち切る解決法こそ、一九二三年のローザンヌ条約以後の強制的住民交換の実施であった。

しかし、ギリシアから送還されてきた「トルコ人」は、トルコ語を全然か、ほとんど理解できず、アラビア文字で書かれたギリシア語を母語とするムスリムであった。クレタ島のギリシア語を話すムスリムは、イスラムに改宗したギリシア正教徒の末裔であった。他方、カラマンリと呼ばれるアナトリアのギリシア正教徒はギリシア語を知らず、日常に用いるトルコ語をギリシア文字で書き表していた。しかし、カラマンリは、「ギリシア人」と見なされてギリシアに送還されたのである。換言すれば、住民交換とは実際には、「キリスト教徒トルコ人」のギリシアへの駆逐であり、「ムスリム・ギリシア人」のトルコへの追放に等しかったのである。

「トルコ人」の国民国家を構想したアタテュルクが「ムスリム・ギリシア人」の移住を

許した理由は簡単である。彼は、「ムスリム・ギリシア人」から「トルコ人」を創り出す作業の方が、「キリスト教徒トルコ人」を「トルコ人」に改造する課題よりも簡単だと確信したからである。さらに、たとえイスタンブルの総大主教座の管轄にあっても、アナトリアでギリシア正教を信仰するキリスト教徒は、国民国家としてのギリシアに少なからぬ忠誠心、少なくとも共感をもっていた。他方、いまだに実体が存在しない「トルコ」に対するムスリムのアイデンティティにも疑わしいものがあった。新しい国民国家の創出とトルコ・ナショナリズムの発展にあたって、世俗主義者のアタテュルクが宗教的アイデンティティの確認から出発せざるをえなかったのは、なんという皮肉であろうか。

ヤクプ・カドゥリの小説『よそ者』（一九三二年）には、アタテュルクの指導した独立戦争期にアナトリアの農村に入った主人公の将校が兵歴をもつ農民との対話に愕然とする光景が出てくる。

「わしらはトルコ人ではないんだ、旦那」
「じゃ、なんなんだ？」
「わしらはムスリムなんだ……」

ムスリム系民族を受け入れる世俗主義

トルコ語を話すアナトリアのギリシア正教徒が「ギリシア人」にさせられたのとは正反対に、ボスニア＝ヘルツェゴヴィナやアルバニアから避難してきたムスリムやクルド人、アラブ人らは公民権のレベルでは、民族的な独自性を否定されて一律に「トルコ人」に組み込まれている。これは、他国から共和国に亡命してきたムスリムについてもあてはまる。共和国になってからも、帝国末期と同じく、とくにロシアやバルカンからの亡命者や避難民をしばしば受け入れた。彼らは、言語的にトルコ系であると否とにかかわらず、ムスリムである限り「トルコ人」として定住したのである。これは、世俗主義を標榜したトルコ共和国に現在までつきまとう「ムスリム国家」としての属性に他ならない。

トルコ系のヴォルガ・タタール人、クリミア・タタール人、アゼルバイジャン人、バシキール人の子孫は、トルコ国民のなかでも珍しい人びとではない。非トルコ系のボスニア・ムスリム（ボシュニャク人）、ヴォチャーク人、チェルケス人、ムスリム・ジョージア人（アジャール人）に由来する家族も多い。最近では、新疆ウイグル自治区やブルガリアから亡命してきたムスリム系市民の例が有名である。そして、内戦の激しかったボスニア＝ヘルツェゴヴィナからも、トルコに庇護を求めてきたムスリム住民が多い。

このように、政治から宗教を分離した新生のトルコ共和国においても、身分証明書や公文書の上ではイスラムがアイデンティティの基準となった。それも、スンナ派のムスリムであることが善良なトルコ人としての基本条件となった。ムスリムであっても、シーア派の一部など「異端」じみたムスリムは、スンナ派系の市民から同じ「トルコ人」として自然に受け入れられるわけではない。これは、折にふれてトルコ市民の間の宗派紛争を過激なものにして、イデオロギー対立と絡んでトルコ内部の社会的亀裂を鋭くする一因ともなっている。

4 イスラムと複合アイデンティティ

M、G、I、Dの四区分

ムスリム系市民の間でも矛盾があるのだから、父祖の代から数世紀もの間イスタンブルに居住していた非ムスリムの民族的少数派は、現在でも自他ともに「トルコ人」とは認められない。ただし、ギリシア人やアルメニア人やユダヤ人とその家族は、次のように付け加えることも、必ず忘れない。「もちろん、私はトルコ共和国の市民です」と。

しかし、こうした非ムスリム系市民への差別は折にふれて顕在化する。その矛盾は、第二次大戦中に中立を維持するために戦時動員体制を布いた時、一九四二年一一月に施行された富裕税問題の際に露呈した。新税の割り当てに際して、納税者は、M、G、I、Dの四カテゴリーに分類された。これらはそれぞれ、ムスリム（*Muslim*）、非ムスリム（*Gayri-Muslim*）、外国人（*Icnebi*）、デンメ（*Dönme*）を意味する。デンメとは、一七世紀以降のユダヤ教徒サッバタイ派からのイスラムへの改宗者のことである。デンメはムスリムの二倍、非ムスリムは一〇倍の税を課せられた。外国人は、ムスリムと同じ税率のはずだったが、実際の運用面ではしばしば非ムスリムと同じ扱いを受けている。こうした課税区分は、明らかに古典イスラム時代以来の税制の名残りを想わせる。納税できなかった者のほとんどは、高率の課税にあえいだ非ムスリムの市民たちであった。彼らは、革命後も外国に移住せず、共和国の世俗主義憲法を忠実に守っていた善良な市民だったにもかかわらずである。

キプロス人は存在するのか

キプロスの例もトルコ共和国の場合とよく似ている。ただ、キプロスでは一八七八年以来イギリスの統治下に置かれたこと、また強力な政治意識をもつギリシア正教徒の多数派が存在したこと、この二つの理由からイスラムとトルコ・ナショナリズムはそれほど矛盾しなかったのが特徴である。もともとキプロスのムスリムは、ギリシア正教徒を同じ「民族」に属するキプロス人だとは、まず意識しなかった。そのうえ、キプロスもアタテュルクのトルコ革命の影響を受けたので、キプロスのイスラム共同体はそのまま実質的に「トルコ人」のアイデンティティを自然に有するようになった。この背景としては、オスマン帝国時代に両親がキリスト教徒であっても、子どもがイスラムに改宗すればオスマン・ムスリムとして認知された歴史があった。今やキプロスのムスリムは、言語や人種などの民族的な起源を問わずに、トルコ人としての意識と情緒を自他ともに選択したのである。

ちなみに一九一一年のキプロスでは、全人口の二〇・六％がムスリム、残りの大多数がギリシア正教徒であった。人口の二〇・一％にあたる約五万五〇〇〇人がトルコ語、七八・九％つまり約二一万六〇〇〇人がギリシア語を話していた。一九三一年になると、全人口の七九・五％つまり二七万七〇〇〇人がギリシア人、一八・五％にあたる六万四〇〇〇人がトルコ人だと申告していた。

一九六〇年の独立からかなり時間がたった現在でさえ、民族的には明白にアフリカやアラブ起源とわかるトルコ人も生活しており、イスラム信仰とトルコ人意識を堅持しながらギリシア語を日常語とする村落も存在する。いずれにせよ、キプロス市民がムスリムとギリシア正教徒に共通するアイデンティティを享受しているとは言いがたい。一九七四年七月にギリシア本土とのエノシス（統一）を呼号するエオカB組織がおこしたクーデタとトルコ軍の介入、北キプロス・トルコ共和国の成立は、愛国心であれナショナまざまざと見せつける事件であった。

現代トルコ社会の複合アイデンティティ

革命からまもなく一世紀を迎える現在、アタテュルクの世俗化政策が定着したかにみえるトルコの現代社会でも、イスラムは大多数の市民にとってアイデンティティの一部のままである。トルコ人のメンタリティの中では、イスラムと民族に関わる意識が、今でも重層化しているだけでなく、時には他の要素と一緒になって市民のアイデンティティを複合的に形づくっているのだ。これは複合アイデンティティの典型例である。

アタテュルクが世俗主義によって社会の再編と再統合をめざした主な動機は、住民のアイデンティティをイスラムから切り離し、近代ヨーロッパにならって信仰を私事にする「善良なトルコ市民」を育成するためであった。彼が期待したアイデンティティは、愛国心に富んだトルコ人でなければならなかった。アタテュルクの理想は、今日十二分に達成されたと言えるだろうか。この点を考える手がかりになるのは、トルコの社会学者シェリフ・マルディンが紹介する住民意識調査の結果である。

一九六八年に実施されたイズミルの織物工場労働者の意識調査は、アイデンティティのなかで宗教信仰が占める比重の高さを表5のように示している。俗権国家の創始者ア

表5　イズミルの労働者のアイデンティティ (%)

イズミル住民	3.6
出身地の「……」人	1.8
ムスリム	37.5
労働者	6.0
トルコ人	50.3
分からない	0.6

表6　同じ国民・同じ市民としての条件 (%)

トルコ人		ムスリム	
勇　気	28.9	イスラム信仰	25.8
親切なもてなし	19.2	勇　気	20.9
正　直	14.4	正　直	16.1
イスラム信仰	12.0	祖国愛	11.2

表7　一緒にいる者を何者と考えるか (%)

	トルコ人	ムスリム
同信者	36.1	89.2
同郷人	1.2	0.0
同国人	50.6	12.9
職場の同僚	7.2	3.2
イズミル人	2.4	1.6

出典：表6～表7は山内昌之『イスラムのペレストロイカ』

タテュルクについては、「トルコ人」と答えた者の六七%が「最も尊敬する」と答えているのに、「ムスリム」と回答した者では肯定の答えが四〇%足らずにすぎない。また、将来において最も重要と考える希望は何かという問いに、「祖国の安全」と答えた者は「トルコ人」では一四・四%にもなるのに、「ムスリム」では三・二%にすぎない。しかし、「トルコ人」にしても、「同国民・市民」たる条件としてイスラム信仰をあげる者が一二%を占めており、世俗的傾向の強い市民の間でもイスラムがアイデンティティの一部を構成することがわかる（表6）。この点は、「トルコ人」と「ムスリム」のなかで政治家の条件として宗教性を重視すると回答した者が、それぞれ七二・二％と八八・六％の高率に達することからも判明する。また、表7は、「一緒にいる者を何者と考えるか」に対する回答結果であるが、「ムスリム」の八九・二％が他の人びとについても同じ宗教を信仰する者と答えていることがわかる。言い換えると、外国人についても宗教の文脈でアイデンティティを特定しがちなことを示唆する。

やや古い調査であるが、以上のデータは、現在のトルコ共和国でもイスラム信仰が市民のアイデンティティを根強く構成する現実を大筋で例示すると言えよう。こうした民族意識と宗教意識の複合アイデンティティは、公権力とイスラムとの関係においてトルコ以上に徹底した世俗化を強制されてきた旧ソ連や旧ユーゴスラヴィアの場合にも妥当する。とくに極端なのはボスニア＝ヘルツェゴヴィナの「民族的所属としてのムスリム」たちの例であろう。

5　ユーゴスラヴィアの「ムスリム人」

セルボ＝クロアチア語を話すムスリム

ベルリン会議の結果、ボスニア＝ヘルツェゴヴィナは一八七八年にハプスブルク朝オーストリアの管理下におかれたが、その当時には六〇〇〇人から七〇〇〇人のベイやアガと呼ばれたムスリム地主貴族が八万五〇〇〇人ほどの小作農を支配していた。その大部分がキリスト教徒だったことは、第三章ですでに触れた通りである。

一九世紀における南スラヴ・ナショナリズムの発展とともに、ムスリムとキリスト教徒の各集団の違いはいよいよ鮮明になった。「セルボ＝クロアチア語を話すムスリム」にとって、同じ言葉を使ってはいても、別のミッレトに属するキリスト教徒よりも、別の言葉を話してはいても、同じミッレトに属するムスリムのトルコ人やアルバニア人の方を兄弟として意識したのは、キプロスやクレタの例とよく似ている。

一八七八年のオーストリア帝国によるボスニア＝ヘルツェゴヴィナの占領は、ムスリムをキリスト教徒から引き離して、独自の民族形成の道を歩ませる機会となった。郷土に留まったムスリムたちは、領土的にオスマン帝国の本土から切り離されてしまったために、内地のムスリムと自分を一体化できない状況に追い込まれた。彼らに残された選択肢は二つあった。

第一は、オスマン帝国に移住して「エヴラードゥ・ファーティハーン」(征服民の子孫)として迎えられながら、近代民族として形成されつつあった「トルコ人」に同化することであった。これは伝統的なイスラム法の解釈でも多数派が是とした立場である。第二は、オーストリア帝国の支配下に、ムスリム少数派として留まって、独自の民族的アイデンティティを「創りだす」道であった。こうして、ボスニア゠ヘルツェゴヴィナのムスリムたちは、「難民」としてトルコ人の仲間に加わって民族を形成する方向と、現地で新しい民族を最初から「創りだす」方向の二つに切り裂かれたのである。

残留したムスリムが、ハプスブルク朝の分割統治政策のせいもあって、独特なアイデンティティを発展させたのは皮肉である。オーストリアの統治下に置かれてから、都市部を中心にムスリムとキリスト教徒の文化的な相違が際だつようになった。しかし、逆説的ながら、ケマル・アタテュルクのトルコ革命は、「セルボ゠クロアチア語を話すムスリム」と「トルコ語を話すムスリム」との間の文化的な違いを浮き彫りにする結果となった。そのこよなき例は、ムスリム女性のヴェールが一九五〇年までユーゴでは合法であり、男性のフェズ(トルコ帽)の着用はボスニアのムスリム農民のなかでは珍しくなかったのに、本家本元のトルコでは一九二二年以降、この二つとも反動の象徴として公式に禁止されてしまったことである。

ハプスブルク朝がボスニア＝ヘルツェゴヴィナを管理下に置いてから、ムスリムと同じ言葉を話すセルビア人とクロアチア人は、ボスニア＝ヘルツェゴヴィナの領有権をめぐって鋭く対立した。第一次世界大戦を機とした「セルビア人・クロアチア人・スロベニア人の王国」の成立後も、第二次大戦に至るまで、セルビア人とクロアチア人は同じ言葉を使うムスリム住民との民族的な絆を強調して譲らなかった。一般的に言うと、ムスリムの大部分は民族意識を持ちあわせなかった。ベオグラードやザグレブなどで教育を受けたムスリムのエリートたちの間には、個人的な利害や思惑から、セルビア人やクロアチア人と名乗る者さえ現れる有様であった。

両大戦間のボスニア＝ヘルツェゴヴィナのムスリム政党は「ユーゴスラヴィア・ムスリム組織」（ＪＭＯ）と呼ばれて、一九二〇年の制憲議会に二四人の議員を送り出したが、興味深いのは彼らが自認したアイデンティティであった。一五人はクロアチア人、二人はセルビア人、一人は「ボスニア人」と考え、五人は民族意識を持たなかった（一人については不詳）。要するに、彼らはすでに民族形成を終えた人びとが多いヨーロッパでは例外的に、自らの民族的アイデンティティを未だに確立していなかったのである。これは、近代ナショナリズムとミッレト制のエアポケットに生じた珍しい現象であった。ムスリム農民の多くは、同じセルボ＝クロアチア語を話していても、異教徒と同じ民族籍で一括されることを嫌がった。ムスリム農民にとって重要だったのは、クロアチア人かセルビア人かの民族籍を選択する権利ではなかった。ここに旧ユーゴスラヴィアにおける民族問題の複雑さの一端がのぞいている。ボスニア＝ヘルツェゴヴィナのムスリム住民が譲れなかったのは、ミッレト制このかた自分たちが自立していた事実が示すよ

表8　ボスニア＝ヘルツェゴヴィナ共和国の民族構成
（出典：柴宜弘「ボスニア・ヘルツェゴヴィナのムスリム問題」）

	総　人　口	セルビア人	そのうち、セルビア人と申告したムスリム	クロアチア人	そのうち、クロアチア人と申告したムスリム	ムスリム	ユーゴスラヴィア人	ムスリム人
一九四八年	二五六五二七七	一一三六一一六	七一九九一	六一四一二三	二五二九五	七八八四〇三	―	―
一九五三年	二八四七七九〇	一二六四三七二	―	六五四二二九	―	―	八九一八〇〇	―
一九六一年	三二七七九三五	一四〇六〇五三	―	七一一六六〇	―	―	二七五八八三	八四二二四七
一九七一年	三七四六一一一	一三九三一四八	―	七七二四九一	―	―	四三七九六	一四八二四三〇
一九八一年	四一二四〇〇八	一三二〇六四四	―	七五八一三六	―	―	三二六二八〇	一六二九九二四

うに、キリスト教徒の同胞とは明白に異なる「民族」である状態を公権力が追認する点にあった。

ティトーの民族政策

第二次大戦後にティトー（一八九二―一九八〇）を困惑させたのは、「セルボ＝クロアチア語を話すムスリム」たちの大半が、所属すべき民族がないと考えていた驚くべき現実である。彼はさしあたり、ボスニア＝ヘルツェゴヴィナを連邦構成の共和国として認知しながら、問題解決の糸口をさぐった。イスラム法廷や女性のヴェール着用を禁止する一方で、ムスリムの信仰を寛容に扱うことに注意を払った。しかし、民族的な所属が曖昧なばかりか、信仰共同体への帰属だけを唯一のアイデンティティとする共和国の存在が、マルクス主義の民族理論でいったい許容されるのであろうか。

大戦後すぐ一九四八年の国勢調査の際に、ボスニアのムスリムたちには、セルビア人かクロアチア人の民族籍を選ぶことが勧められたが、実際には「ムスリムとしてのみ申し立てる」と答えた人びとが全ムスリム住民の約八九％もいた。彼らは民族的少数派というよりも宗教的少数派を形成するというのが一応の公式見解であった。一九五三年になると、「ユーゴスラヴィア人」というコンセプトが導入されて、ムスリムの大半がそれを選んだ。セルビア人やクロアチア人と申告したのは、全ムスリムの約三％にしかすぎなかった。一見すると不思議なのは、「ボスニア人」（ボシュニャク人）あるいは「ボスニア＝ヘルツェゴヴィナ人」のような民族的カテゴリーがつくられなかったことである（表8）。この名称はムスリムがボスニアを代表すると理解される可能性があるために、ボスニア＝ヘルツェゴヴィナ居住のセルビア人とクロアチア人の住民が嫌ったのをティトーが考慮したからであろう。

セルボ＝クロアチア語という共通言語を話しながら、三つの異なる宗教を信じる集団が混在するボスニア＝ヘルツェゴヴィナの現実は、多民族国家ユーゴスラヴィアの理念を検証する格好の土壌であった。ティトーは、ムスリム住民が進んで「ユーゴスラヴィア人」のカテゴリーを選択することで、新生共和国の民族的な融合に貢献する可能性を期待したようである。

「民族的な所属としてのムスリム」の誕生

一九六〇年代に入って、ティトーがユーゴスラヴィア国家のあり方を、各民族の個性を希薄にした「南スラヴ・ナショナリズム」による国民統合から、共和国の自治権を中心に連邦を構成するスタイルに重心を移しはじめるにつれて、ボスニアのムスリムたちの立場も変化した。一九六一年の国勢調査によると、彼らに初めて「民族的な所属としてのムスリム」と登録する権利が認められたからである。この権利は、モンテネグロやマケドニアやコソヴォに住むすべてのムスリムにも適用されて、「ムスリム・ナショナリズム」が高まった。

こうして、かつてのソ連・東欧の共産主義圏はもとより、現代のイスラム世界でも類を見ない宗教的カテゴリーと民族的カテゴリーの同一化が認められたのである。「ムスリム人」としか呼びようのないこの特異な地位は、一九六三年のボスニア＝ヘルツェゴヴィナ憲法で正式に認知された。六四年の第四回ボスニア＝ヘルツェゴヴィナ共産党大会は、「民族的な所属としてのムスリム」による民族自決権を宣言している。こうして、ボスニアの「ムスリム人」の地位は、「事実上の民族」から「法制上の民族」に上昇したともいえよう。やがて七〇年代初頭になると、民族名を冠した他の共和国と同じように、国名も「ムスリム共和国」に改称すべきだという意見さえ出てくるのである。

イラン・イスラム革命からボスニア＝ヘルツェゴヴィナ内戦へ

ティトーは、一九七九年二月にイラン・イスラム革命が起きると、ボスニア＝ヘルツェゴヴィナのイスラム社会運動が分離主義的傾向と結合することを危惧した。それは、六共和国と二自治州の連邦構造に基礎をおいた国民統合に大きな脅威を与えかねなかったからである。七九年一〇月にボスニアへ視察に出かけたティトーは、ムスリム以外の党員から成る当局がイスラム復興の動きを圧迫することを是認した。

このナショナリズム（イスラム）は、小さな集団が鼓舞しているだけにすぎないが、危険なものである。したがって、諸君たちが一部の宗教指導者層の陰険な破壊活動に対して採っている厳しい措置は正しい。もし必要なら、苛酷な手段に訴えても、その企てをつぼみのうちに摘み取ってしまうべきである。

ティトーの告発にもかかわらず、八〇年代に入って彼の死後も、イスラムの復興と改革に訴える社会運動は消えなかった。当局はしばしば共和国を「宗教と民族の面で排他的なムスリム国家」にしようとする「ムスリム・ナショナリズム」の運動を告発している。一九八二年に早くもボスニア党組織の一指導者は、「民族的所属としてのムスリム」を信仰としてのイスラムと同一視する見方を慨嘆している。「セルビア人が自らを正教会と同一化し、クロアチア人がカトリックと自らを同一化しようと努めたのと同じように、民族的帰属としてのムスリムは今やイスラムと自分たちを同一化しようとしている」と。

確かに、他の民族と比べると「ムスリム人」たちの日常生活に宗教が浸透している度合いは高い。六〇年代中頃でも、ボスニアのセルビア人の約三九％が信者だと答えたのに対して、「ムスリム人」の方は約六〇％が信者だと回答している。彼らの間でイスラム化する傾向は、一九九〇年から激化しはじめたユーゴの民族紛争のなかで強まる一方である。セルビアのミロシェヴィッチ大統領は、ボスニアがヨーロッパの内陸部にイスラム国家をつくろうとしていると宣伝し、統合ヨーロッパをめざすヨーロッパ共同体（EC）首脳に警戒心をうながしたものだった。確かに、セルビアによる「エスニック・クレンジング」（ある地域から異民族を追放して自民族だけの領土にすること）と内戦激化に堪えかねて、ムスリム出身のイッゼトベゴビッチ幹部会議長は、サウジアラビアなどから食糧医療支援、中東イスラム世界から義勇兵や武器援助などを受け入れたのも事実である。

彼らにとって、もはやイスラムのアイデンティティはタブーでないのかもしれない。しかし、中東イスラム世界への接近によって、ヨーロッパ内部の世俗化された特異なムスリム国民のアイデンティティが変容することだけは間違いないだろう。

終章　民族と国家のリアリズム

——構造と神話——

中東でも国民国家が存続しているのは、それが市民生活の基本的利益に適っているからである。国益を発展させる「構造」と国民との同一化を「神話」にすぎないと一笑する者は、市民の幸福や繁栄を犠牲にしかねないアラブ・ナショナリズムやパン・トルコ主義が、現実からかけ離れていることを知らない。もちろん、中東から中央アジアにかけて「テュルク」や「アラブ」の一体性が広がる世界は、経済統合を軸に民族と国家を再編成する可能性をもっている。しかし、それに成功するには、政治と宗教との連関、民族・宗教上の少数派と多数派との関係についてのイスラム的解釈の妥当性が問われるであろう。民族と国家に関するイスラム的なコンセプトは、人民主権と国民国家の原則を至上価値とする近代世界システムに適合できず、経済成長や技術開発にも失敗した。これを克服して広域統合に成功するためには、まず理念としての自由と、制度としての民主主義の発展に期待する必要があるのではないか。

民族の過去と未来

「柔らかい専制」としての合理性を誇ったオスマン帝国は、一九世紀に入ってその伝統的政体が輸入された近代的政治システムに座を奪われ、イスラム史の独創的なミッレト制度が「少数民族」に転化していくプロセスを万華鏡のように映し出した。あるミッレトが分解して民族運動が力強く現れはじめる時には、人びとを互いに内部から結びつける地域経済や、新聞・書籍・教科書など出版物が普及するプロセスも含まれている。これは、中東の場合には宗教に基礎をおく忠誠心から、多少なりとも世俗的な文化を中心にまとまる民族に基礎をおくアイデンティティへの変化に照応することは、すでに見たとおりである。

そこに現れる自分たちの言語・フォークロア・口碑伝承への関心は、詩人や芸術家や辞典編纂者の仕事によって、文化の精華にまで高められる。その結果、言語や文化が同じ人びとは集住する土地に国家を創って住むべきだ、と確信する考え方が出てくる。この種の議論が支持を受けるにつれて、アラブとかテュルクとかスラヴとして定義されるような、人びとが居住する範囲の広域的な性格が注目されるようになった。こうした民族的領土の広域性は、アラブ・ナショナリズムの場合のように、詩とレトリックを用いながら、過去の民族的な栄光へのノスタルジア、未来に待ち受ける輝かしい民族の繁栄を謳歌する中で、人びとの間でその定着が図られるのだ。最後に、この点を、次の機会に検討すべき現代の問題点との関連で簡潔にまとめることにしたい。

教科書で広まったナショナリズム

エジプトのナーセルからイラクのサッダーム・フサインに至るまで、多くのアラブの「英雄」が鼓舞したアラブ・ナショナリズム（パン・アラブ主義）は、いつの時代にも独特な曖昧さにつきまとわれている。現代に直接つながるアラブ・ナショナリズムの源流としては、アラブ中心主義の視角からイスラム改革思想を説いたラシード・リダーやカワーキビーの流れから、一九二〇年代に発生したと考えるのが有力な説になっている。この二人とも、その後の代表的旗手のアミール・シャキーブ・アルスラーンやムハンマド・クルド・アリー同様に、国民国家としての枠組が早くから成立していたエジプトではなく、肥沃な三日月地帯のシリアの出身だったことが注目される。

彼らが訴えたアラブ・ナショナリズムの考えは、一九二〇年代と三〇年代にアラブ地域の多くの学校で使われる教科書にのせられてから、広く人びとの注目を浴びるようになった。おそくとも一九三一年までに、「アラブとは何か」というアイデンティティの基本的な探求が教科書のなかに見られるようになる。この書き手たちは、肥沃な三日月地帯の政治家から援助を受けながら、イラク、シリア、パレスチナで使われる教科書のなかに、アラブ・アイデンティティへの関心を盛りこむことに成功した。国民国家として十二分に成熟していたエジプトでさえ、二〇年代遅くになってパン・アラブ思想を美化するかのような叙述をのせるようになった。二〇世紀の中東政治で重要な役割を果たした、アラブ・ナショナリズムの人気のほどが偲ばれる。

肥沃な三日月地帯の植民地委任統治型支配が新しい国境を作ったのち、両大戦間期の中東では、国民国家に区分された領土主権のリアリティと、それを越えようとするパン・アラブ的な力が互いにせめぎあいを見せはじめていた。たとえ蝸牛の歩みではあれ、経済的な発展や近代化への努力が始まったために、同じアラビア語による新聞・放送・映画などの知識を通しても、新しい政治的な国境を相対化する感覚を培ったからである。また、肥沃な三日月地帯における植民地主義のプレゼンスに対する反感も、人びとを互いに結びつける大きな要因であった。イラクのファイサル国王は、一九三〇年代初頭にフランスに抵抗したシリアの志士たちをバグダードで登用しようとした。また、三六年から三九年にかけてパレスチナで起きたイギリスへの反乱に寄せられたアラブの国家や人びとの支援も忘れてはならない。パン・アラブ主義に存在理由があるとすれば、パレスチナ問題こそ「最も重要な唯一の要因」だという見方もあるくらいである。

こうしたアラブ・ナショナリズムは、第二次世界大戦後になると、エジプトのナーセル主義、イラクとシリアのバース党によるパン・アラブ主義のもとで、アラブ世界の正統的なイデオロギーとして、学校教育でも教えられるようになった。アラブ人の間に楔のように打ちこまれた一九四八年のイスラエル国家建設が、アラブの人びとに広い「連帯」の必要性を教えたことは間違いない。キリスト教徒のアラブ人たちも、アラブ民族の歴史でイスラムとムハンマドが占める特別な位置を認めざるをえなかった。これは、バース党の創始者がシリアのアラブ人キリスト教徒ミシェル・アフラクだったことを考え合わせると、決して不思議はない。

「パン・イデオロギー」の幻想

ところで、現在の中東アラブ地域で問題になるのは、二種類のナショナリズムの相克である。第一に、アラブ・ナショナリズムとは、西欧植民地主義によって恣意的に線を引かれたことを根拠に、肥沃な三日月地帯のアラブが中心となって統一アラブ国家をつくるべきだとするカウミーヤのことである。第二は、西欧植民地主義の産物ではあれ、ともかく植民地委任統治型支配が生み出した枠組のリアリティに立脚して、欧米に伍す国民国家に脱皮しようとするワタニーヤである。これは、シリア・ナショナリズム、エジプト・ナショナリズムなど国名をかぶせたナショナリズムとして知られる。

現代に至るまで、パン・イスラム主義やアラブ・ナショナリズム（パン・アラブ主義）、パン・トルコ主義などが人びとの間で決して信奉者を失わなかったのは、これらの「パン・イデオロギー」が統合に向かうヨーロッパ、「超大国」のアメリカやソ連に優に伍する領域の広がりを人びとにイメージさせることができたからだ。それらは、西欧へのコンプレックスを感じさせずに、人びとの日常的な不満を大きな「幻想」の中で解消できる点で、為政者にとって好都合でもあったからに他ならない。これは、日常の地道な政策を通した国民国家の建設や豊かな市民生活への憧れから、「疑似革命的独裁者」たちが人びとの注意を逸らせる上でも、格好な大義名分だったという面も忘れてはならない。この点でも、クウェート撤退をイスラエル占領中のヨルダン川西岸の撤収と交換条件にして、パレスチナ問題をからめながら、両者を「リンケージ」したイラクのサッダーム・フサインのアラブ・ナショナリズム論が、今さらのように想い起こされる。

実際にアラブの世界では、「広域ナショナリズム」のカウミーヤの方が、しばしば人びとの誇りや自尊心を満足させやすかったのは事実である。湾岸危機に際しても、サッダーム・フサインのクウェート侵略をアラブ・ナショナリズムの観点から正当化しかねない議論が日本にもあった。しかし、この種の論理は、どの国民であっても、それぞれが属する国家に寄せる帰属意識の存在を軽視することにつながる。こうした判断は、アラブという「大きな」アイデンティティが、クウェートという現実に存在する国民国家の「小さな」利益よりも優先すると考えるような、特定の価値観を無条件の前提にでもしなければ成立しえない。

しかし、人びとの心にやどるアラブとしての存在感はともすれば情緒的であり、それが外に発動されるのもしばしば一時の衝動にすぎない。それが現実に存在する国民国家の枠を否定する「勇気」を人びとに与えるのはむずかしい。サッダーム・フサインにしても、声高に唱えたアラブ・ナショナリズムを、イラクの国益つまりイラク・ナショナリズムの延長でしか考えていなかったことは明らかである。イスラエルとの軍事対決、イエメン出兵などの対外膨張政策によって、他ならぬエジプト国民に犠牲を強いてきたナーセルの場合も、日常生活における市民の幸福の探求、国民国家の経営に必要な現実感覚に照らすと健全だったとは、到底言えない。アラブの一体性を振りかざしながら、自らは決して特権を捨てないイラクやシリアのバース党に見られるアラブ・ナショナリズムは、レトリックの世界でインタナショナリズムのユートピアを描いた旧ソ連や旧ユーゴスラヴィアの共産党の過去とさして変わりがない。

イラクのシーア派とアラブ・ナショナリズム

パン・アラブ的なレトリックの「虚偽性」の側面は、イラクはじめ湾岸のシーア派系アラブ住民に対するアラブの国々の政府と、そのスンナ派系の人びとの対応によく現れている。イラクでは、人口の多数派五五％をシーア派系のアラブ人が占めているにもかかわらず、一九二一年以来その支配権を握ってきたのは二三％の少数派にすぎないスンナ派系のアラブ人たちであった。アラブ・ナショナリズムのスローガンから言えば、シーア派系の人びとも利益を受けるはずだが、実際にはそうではない。

スンナ派のオスマン帝国は、サファヴィー朝以来、数世紀にわたって悩まされたイラン国家の国教がシーア派だったために、シーア派系のアラブ人に対してすこぶる警戒心を発揮した。彼らは、スンナ派系のアラブ人と違って官途に就く道を閉ざされており、独自の宗教法廷も公式には認められなかった。これはイラク国家が創られてからもほとんど変わらなかった。ハーシム家の国王ファイサル一世からサッダーム・フサインまで、折にふれて鼓舞されるパン・アラブ主義は、少数派のスンナ派による支配を正統化する一手段でしかなく、シーア派の人びとにとってはよそよそしい美辞麗句にすぎなかった。アラブ・ナショナリズムの論理にしても、人口上ではイラクの多数派になる人びとを、政治的には少数派の地位にとどめておく格好の大義名分になったといっても過言ではない。これは、シーア派が多数いる湾岸協力会議（GCC）諸国の場合にも同じである（表9参照）。

シーア派系のアラブ人は、とくに一九七九年におきたイラン・シーア派によるイスラム革命以来、イランへの共感を隠さなかった。イラクのシーア派系アラブ人がサッダーム・フサイン政権に反抗して、多国籍軍への共感をあらわにしたのも記憶に新しい。所属するイラク国家において、忠実な「国民」とはいえないシーア派系住民は、アラビア語を話していてもスンナ派系と異質なアイデンティティをますます強めるだろう。それは、アラブ人として双方をくることが意味をもたない亜民族または民族的なアイデンティティへの独自の道の模索につながるにちがいない。

構造と神話

アラブ・ナショナリズムは、委任統治から独立して新たな国家システムをつくる必要のあった肥沃な三日月地帯の、政治的に進んだアラブ人にとって、訴えかける情感を確かに持っていたかもしれない。しかし、それは、すでに国民国家の原型に恵まれていた他のアラブ諸国にはなじみがなかった。しかも、当時から現在に至るまでアラブ・ナショナリズムの信奉者たちが見落とすのは、「構造」が「神話」をつくりだすという事実である。

ひとたび国家が境界とシステムを伴って組織されるなら、それに見合った国家の利益が既得権として必ず作られる。そして、国益がさらに国民の利益を守り、それを発展させる力として作用させる「構造」を生み出すのだ。そして、その国家の内部に住むエリートから一般の市民に至るまで、

表9　湾岸協力会議（GCC）加盟諸国におけるシーア派の割合

サウジアラビア	4～ 6%
クウェート	15～25%
オマーン	6～ 8%
アラブ首長国連邦	6～10%
バハレーン	50～60%
カタール	5～ 9%

出典：山内昌之ほか編『入門・世界の民族問題』（日本経済新聞社）

国民の間に「構造」と自分たちを同一視するアイデンティティを発達させることは言うまでもない。この「構造」と国民との関係の同一化という「神話」を発達させるのには、世紀の単位を必要としない。それが数十年ですむことは、中東だけでなく、旧ソ連の中央アジアで独立したトルコ系国家の現状を見れば十分であろう。

こうした「構造」をつくる境界区分は、トランス・ヨルダンのようにオスマン帝国の行政区画の一部を切り離してできた場合もあるし、シリアやイラクのように帝国のいくつかの行政単位を結びつけた枠組もある。そこに資本が投下され法制度が完備されるにつれて、国際的な認知を受けるプロセスは、境界が国境に転化して国家の基本的な特性を作るのと並行する。新しい国名や地名、新しい首都、国境の幾何学的な直線などに人工性の痕跡が残るにしても、国歌や国旗によるシンボル操作を通して国民国家のリアリティが「構造」として確実に作り出されるのである。この「構造」は、人口調査や戸口（ここう）管理、市民の国籍を前提とする法令の施行によって、ますます強められる。

新しく成立した中東や中央アジアの国々では、新しい国境の「領土」と、そこに住むか生まれるかした祖先に由来する「家族」との結びつきによって「国民」が成立する。一方、国境線ができるということは、隣国からの侵略や密輸に対抗措置をとり、非合法の移民や入国を妨げる仕事を意味する。隣接する国家との通行権や犯罪者引き渡しなどの協定や条約が結ばれることも、新しい国家の「構造」を強化する。それは、同じ民族でありながら、国境線で分断された人びとのそれぞれの国家への帰属意識をいや増すことにもなる。もっとも、「構造」と国民の関係の「神話」になじまない現象もある。部族民や遊牧民といった移動を業にする人びとは、新しい国境などを無視して、これまでと同じように国家の内と外を平気で往復するからである。

中央アジアの民族・亜民族・超民族・疑似民族

もちろん、こうした「構造」は、遊牧民の場合に限らず、人びとに国民国家への帰属意識しか許さないというものではない。それは、湾岸危機の時に、イラクの侵略から直接の脅威を受けないアラブ人の間に、熱狂的なアラブ・ナショナリズムの渦をまきおこしたことからもうなずける。これは、複合アイデンティティに関わる問題である。アメリカの文化人類学者テスラーは、一九七四年以降にイスラエルのアラブ系住民のアイデンティティを調査しているが、イスラエル市民籍の保持を余儀なくされたアラブ住民の意識の重なりについて、表10にまとめている。ここでは、パレスチナ人やアラブ人としてのアイデンティティが高いのはさして不思議ないが、イスラエル人のアイデンティティを強く持つ者も一〇％以上いることに驚くかもしれない。また、キリスト教徒とムスリムのアラブ人がパレスチナ人としての一体性を強く持ちながら、相変わらず宗教共同体への帰属を約三割の人びとが強く感じていることがわかる。パレスチナ人よりもアラ

表10　イスラエルのアラブ系住民のアイデンティティ　(%)

	非常に適切に自分を表す	かなり適切に自分を表す	わずかばかり自分を表す	全然自分を表さない
イスラエル人	14	39	22	24
アラブ人	76	23	1	0
パレスチナ人	63	22	10	5
宗教	28	38	23	11

出典：山内昌之『イスラムのペレストロイカ』

ブ人としての意識が高い状態が、しばしばアラブ・ナショナリズムに共感する心理的基盤を創り出してきたのだろう。

この複合アイデンティティは、アラブ人に限らず、トルコ共和国から旧ソ連の中央アジアに至る「テュルク」(トルコ人)の間にも観察されてきた。それは、アラブ人の場合と同じように、広域的な「テュルク」やムスリムであることの超民族意識、部族や氏族への帰属を記憶する亜民族意識、英仏両国が肥沃な三日月地帯を分割したようにソビエトが一九二四年に中央アジアを区分してつくった共和国の民族意識に加えて、擬制じみてはいたが「ソ連人」「共通ソビエト国民」という国際ならぬ「民際」意識・疑似民族意識も、これまでは存在していた。

こうした四つのアイデンティティは、集団としての単位でも並存しえたし、個人の意識内部で重層化・複合化する場合もあった。いずれにせよ、一つだけが他の三つをおしのけてアイデンティティを独占するわけではなかった。たとえば、ひとりのウズベク人は、状況や相手のアイデンティティ、もっと単純な場合にはある瞬間の雰囲気などに対応して、「ウズベク人」「ムスリム」「テュルク」「中央アジア人」「ソ連人」、あるいは拡大家族・氏族・部族の一員のいずれかを選択してきた。

一例をあげると、あるウズベク人は、同じ中央アジア内部のキルギス人と相対するときには「ウズベク人」、ムスリムでも中央アジアの外からやってきたタタール人に対しては「トルキスタン人」や「中央アジア人」、またキリスト教やユダヤ教文化の継承者たるヨーロッパ人には「ムスリム」として自己を意識してきたし、これからもするに違いない。外から来たロシア人に対しては、「ウズベク人」「トルキスタン人」「ムスリム」のすべての意識が可能であった。しかし、どの構成要因をとってもロシア人と対立する複合アイデンティティは、中央アジアの地元民とロシア人との距離を感じさせる根拠となってきた。しかも、「ソ連人」のカテゴリーがなくなった今、ロシア人と共通するアイデンティティは、ぼんやりした独立国家共同体（ＣＩＳ）への帰属意識を除くと、ますます希薄になるだろう。

独立した中央アジアの国家と民族は、直面する特定の社会や政治の状況変化に対応して、アイデンティティにも変化を示すはずである。たとえば、独立国家共同体内部のスラヴ系三国の共同歩調に対しては、「ムスリム」や「中央アジア人」といったアイデンティティが引き起こされたであろう。その後のウクライナとジョージアのＣＩＳ離脱によっても同じアイデンティティがありうる。イランやトルコなど隣接する中東の経済協

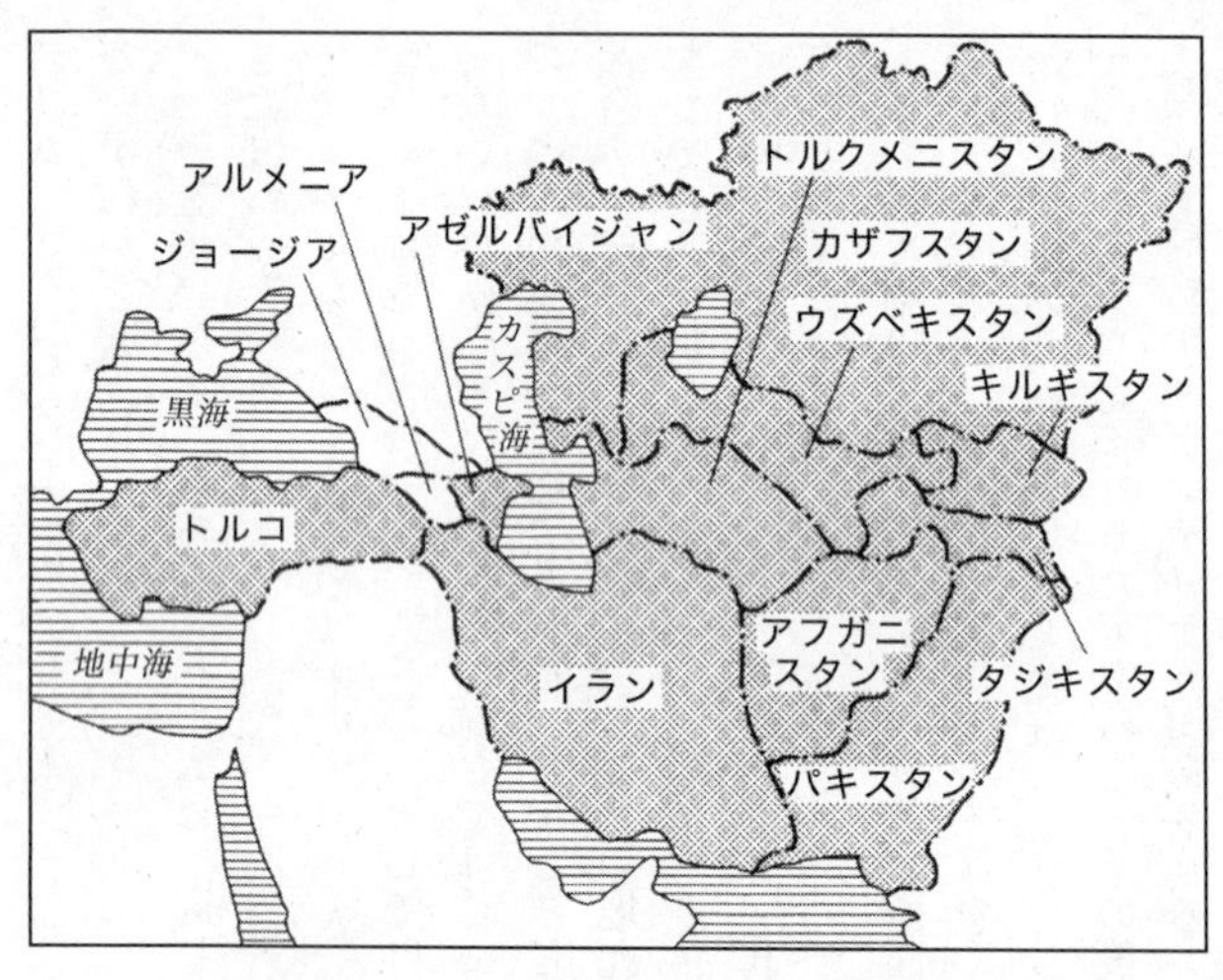

図16　拡大する経済協力機構（ECO）

力機構（ECO）の国々には、「中央アジア人」としてのアイデンティティが考えられる（図16参照）。

市民が個人として接するテーマ、たとえばイスラム世界の大義、中東との民族や宗派の近さなどの変数に応じて、「ムスリム」「ウズベク人」「テュルク」などのアイデンティティの変容が発動されるだろう。資源分配や核兵器・軍部隊再配備などの国内各地域の利害にまつわる問題が起きると、共和国に名を冠している民族のレベルにおけるアイデンティティが強まるはずである。さらに、共和国内部の州や行政レベルともなると、タジキスタンで一九九二年に大がかりな紛争が起きたように、行政府を握る特定の地域や部族や氏族の利害が絡んで、同族登用の弊害が甚だしくなり、国内の亀裂と紛争が亜民族の系列に沿って発生する事態も予想される。

アラブ・ナショナリズムの教訓と経済統合

しかし、独立を達成したアゼルバイジャンも含めた中央アジア六カ国は、すでに国民国家としての枠組と体裁を備えている。遠からず、今のアラブ諸国と同じように、国家と国民の利益を同一視する「構造」をシステムとしても作り上げるだろう。こうした「構造」を擁する国民国家と、それに帰属するのを正当化する「神話」は、アラブ・ナショナリズムやパン・トルコ主義の観点から見ると、すこぶる不都合なのかもしれない。

もっとも、こうした「構造」と「神話」との強い相関関係は、アラブの一体性や複合アイデンティティというコンセプトがまったく意味を失ったことを意味しない。しかし、中東和平の進捗も望まれる現在、これからはEUのような経済統合の問題を抜きにアラブの民族と国家を語れなくなることだけは確かであろう。もちろんアラブにしても、経済統合の問題を等閑視してきたわけではない。アラブ連盟を中心に、一九五〇年代初頭には域内自由貿易の試み（モノ、ヒト・労働力、資本、サービスの交換と移動の障壁の除去）や、五〇年代後半にはアラブ共通市場や均一関税の試みが図られたのも事実である。また、七〇年代初めの第一次石油危機によるオイル・ブームを機会に非産油国への援助と産油国への労働力の提供、つまりカネとヒトとの交換も進められた。クウェートは、一九六一年のイギリスからの独立に続いて、すぐにアラブとしてのアイデンティティにも忠実に、クウェート・アラブ経済発展基金を創設して非産油アラブ諸国に援助を行い、パレスチナ人難民を多くの分野で受け入れた。湾岸危機が起きると、パレスチナ解放機構（PLO）を含むアラブ急進派の政府と市民は、イラクのクウェート占領を歓迎したが、これはクウェートからすれば心外だったに違いない。イラクが隣接する国の同じスンナ派のアラブ住民を軍靴で踏みにじった時に、アラブ・ナショナリズムの虚構性が白日のもとにさらけだされたのである。

アラブ・ナショナリズムを基礎にした経済統合のむずかしさは、一九八九年につくられた二つのサブ地域協力機構の機能不全を見てもよく分かる。エジプト、イラク、ヨルダン、北イエメン（現イエメン）が参加したアラブ協力会議（ACC）は、イラクのクウェート侵略で事実上崩壊してしまった。また、モーリタニアとリビアを含む北アフリカ五カ国が参加したアラブ・マグレブ連合にしても、その関心はアラブ・ナショナリズムの実現というよりも、ヨーロッパの完全統合から利益を受けたいというのが共通の関心事なのである。現にマグレブ諸国は、一九九〇年一〇月にローマに集まった新しい地中海諸国クラブに参入しており、加盟・準加盟の可能性を打診しながらヨーロッパ統合への参加志向をますます強めるであろう。湾岸戦争とともに、「アラブの一体性」というパラダイムを軸に中東の民族と国家を議論できた時代は終わったのかもしれない。

世俗化と国家

これからの民族と国家のあり方を考える際に重要なのは、政治と宗教との関係である。近代国家の経営に成功する条件として世俗的な政教分離が必要なことは、世界史が経験的に教えている。しかし、政教分離に関わる問題は、イスラム国家の伝統を継承するアラブなど中東イスラム世界の国々にとって、解決が最後まで困難な要因である。オスマン帝国の内部と周縁から姿を現した国民国家は、いずれもその経営に際して、新しい官僚制を作りながら、社会が均質かつ平等であることを強調しなくてはならなかった。新たに作成された法は、国境内部に市民として住むすべての人びとに、民族や宗教の差を越えて平等に適用されるはずだった。

しかし、ミッレトの制度や理念に深く浸された中東のイスラム世界では、ヨーロッパから浸透してきた国民国家のシステムが定着するにつれて民族に転化するか、亜民族のような性格を持つようになった宗教的な少数派を如何に保護すべきかという点で、十分な答えが出されていなかった。イラク戦争以前、イラクのシーア派系のアラブ人の置かれた苦しい立場がそれを示していた。また、イスラム世界で世俗主義が初めて導入されたトルコ共和国でもアルメニア人は往々にして「善良なトルコ国民」とは見なされず、アラブ世界では一番成熟した議会制民主主義をとるエジプトでもコプト（エジプト・キリスト教会）系市民はしばしば差別を受けており、「コプト民族」としてのアイデンティティを強める動きさえもある。

イラン・イスラム共和国のような政教一致体制の下では、問題がイスラム国家論に従って処理されることは言うまでもない。ユダヤ教、アルメニア教会のキリスト教、ゾロアスター教を信じる人びとは、イスラム史の伝統でズィンミーとされるが、人類の平和と統一を訴えるバハーイー教にはそれが認められない。それは、イランのシーア派の流れをくんで一八六〇年代にバグダード近郊で生まれながら、その活動拠点がアメリカやイスラエルにある新宗教だからであろう。

表11　1920年代の植民地国家の政府支出（%）

	インド 1921-30	キプロス 1923-38	イラク 1921-30	トランス・ヨルダン 1924-31	シリア 1923-40	平均
一般行政	19.7	32.0	34.6	20.8	35.4	28.5
国防・公安	33.8	17.5	34.4	45.8	28.1	31.9
経済・環境	20.1	16.5	14.5	7.7	7.2	13.2
公共事業(開発)		13.9	7.0	8.6	15.1	11.2
社会福祉	7.2	20.1	9.5	10.3	8.9	11.2
国債・雑支出	19.2	n.a.	n.a.	6.8	5.4	10.5
全支出	100.0	100.0	100.0	100.0	100.0	
行政・公安	53.5	49.5	69.0	66.0	63.5	60.3
経済・環境・開発	20.1	30.4	21.5	16.3	22.3	22.12

出典：R. Owen, *State, Power & Politics.*

　また、イランでは「ユダヤ教徒共同体とシオニズム」を区別すると言いながら、「アメリカのユダヤ人」をしばしばまるごとシオニスト扱いしたり、それへの通牒容疑で国内のユダヤ人を処刑するような点は、同じ啓典の民であってもズィンミーとハルビーを区別して、後者には妥協を示さなかったイスラム史の伝統の再生なのかもしれない。これは、たとえ宗教や民族の違いがあっても、自由、人権、法の支配の三点で等しく市民としての権利を是認する民主主義の原理と異質とも言えよう。イランだけではない。異質な宗教・宗派や民族をかかえるアラブの大多数の国々でも事態はさして変わらない。

　とくに肥沃な三日月地帯では、今日に至るまで国境にまたがる民族・宗派紛争が絶えないために、警察や公安のシステム維持に膨大な予算を費やしている。もちろん、治安の強化は新たに創られた国家であればどこでも重視されるが、シリアやイラクなどアラブの国々でとくに目立つ現象である。そこでは、全歳出の三分の一から半分が治安維持のために充てられるほどだった（表11参照）。アメリカの政治学者ハドソンは、こうした治安維持優位の特性を、アラビア語を使いながら治安維持志向型国家（*the mukhabarat state*）と呼んだ。これらが中東に多く見られる理由は、国民国家と人民主権の性格に関わっている。

少数派と多数派

オスマン帝国の知識人は、一九世紀にナショナリズムと民族のコンセプトが中東に浸透してきた時に、主権が君主や王室ではなく一般の人びとに属するという人民主権の考えに接してはいた。しかし、どの人びとも本来は市民として属する国家の主権や権威の源であるという人民主権のコンセプトは、スルタン＝カリフ制を通してイスラム国家を体現したオスマン帝国に受け入れられるはずもなかった。

「神への絶対服従」を原義とするイスラムを信じながら、カリフをいただくスンナ派イスラムの人びとにとって、神にかわって人民が主権の源泉になるという考えは理解を越えていた。社会の複数意見や多様性からくる不満はミッレトを通して安全な水路に吸い上げられ、ムスリム以外の人びとは宗教や儀礼の自由のもとで共同体の自治を享受していたので、ヨーロッパ流の人民主権について想像する余地さえなかったのかもしれない。

しかしオスマン帝国が解体して、中東にも議会制度や利益者代表会議をもつ国民国家が誕生しはじめると、人民主権や投票権にかかわる問題が浮かび上がってくる。もっとも、議会や会議の多数派は全体としての利益やコンセンサス（合意）を代表しているので、多数派の決定が少数派をも拘束するという考えは、スンナ派イスラムにおける宗教者のイジュマー（合意）に近い。預言者ムハンマドが「わがウンマは誤りにおいて合意することなし」と述べたと伝えられるように、イジュマーはウンマの不可謬性を確信させる源でもあった。これは、多数派が合意したイジュマーはいつも正しい意見だという意味において、ヨーロッパの「多数が与（くみ）せし側は良識あふれし賢き側」というラテン語の諺と共通するものがあった。

国民国家とは、投票などで最大多数の意志をあらわす「多数が与せし側」によって束縛され、その政府も「多数が与せし側」の手でつくられる存在のはずである。しかし、これが有効に働くには二つの条件が必要となるだろう。その第一は、多数派と少数派が国家や社会の維持にあたって、共通の利害を分かちあっていることだ。第二は、多数派と少数派の意味が、固定した集団の恒久的な数量の差を表すものではないことである。

しかし、こうした原理は、ある国民国家のなかに二つ、あるいは三つ以上の民族が存在して、それぞれの権利を強く主張すると十全に機能しない。とくに、中東のように、ある優勢な宗教や宗派に属するか否かが、政治や裁判で有利に働くという死活の権利義務に関わるところでは、市民の多数派とは必然的に民族的多数派を意味することにならざるをえない。それは、ジェノサイド（大量虐殺）でもなければ数字を変えられない重みをもっている。本来市民が個人として投票すれば、人びとの状態が変わりうるのが多数派と少数派の意味であった。しかし、民族の人口数という自然要因によって多数派の状態が固定されてしまい、コンセンサスの意味がこわされてしまったところに、多数民族による少数民族への圧迫が生まれることになる。

そうなると、「多数が与せし側」は「良識あふれし賢き側」とは言えなくなる。個人の意志による投票結果として形成される多数派と少数派が民族的な多数派と少数派に転化するのは、コンセンサスによる国民や政府の形成という民主主義の考えにとって致命的な打撃となる。そこでは、政治的システムへの関与が個人の能力ではなく、所属する民族や宗派、時には部族によって先験的に定められるからだ。これは、オスマン帝国最盛期の合理的な伝統と比べても後退と言えるだろう。結局、現在の中東が陥っている不幸な状態は、民族と国家に関するイスラムの伝統的な理解が、人民主権と国民国家のアイデンティティを至上の価値とする、近代ヨーロッパから世界に広がった政治経済のシステムに、うまく対応できなかったか、摂取しきれなかった結果に他ならない。

人民主権と国民国家の論理は、原則としてすべての市民の平等を要求するので、ミッレトが転化した少数民族も特別の地位や特権を主張することはできない。しかし、彼らは少数派としての地位が固定しており、人口も大きく変わらないので、実際には平等な権利を享受できなかった。その反面、少数民族や少数宗派が歴史の偶然や非合法な手段に訴えて、国家と公権力を握るような事態が起きると、人口数で圧倒的にまさる多数派を抑える方法は、テロや極度に肥大化した警察力、はては軍事力に頼ることにならざるをえない。その格好の例が、人口の約一〇%にすぎないアラウィー派（シーア派の一分派）が支配するハーフィズ・アサド大統領（バッシャール・アサド現大統領の父）のシリア、人口の約二三%たらずのアラブ人スンナ派が統治するサッダーム・フサイン大統領のイラクであったことは言うまでもない。

オスマン帝国の解体後に成立した国家は、国民国家の原理が提供すると考えられた凝集力と統一性を欠いていた。ミッレトやズィンマの制度では隠されていたような、異成分から成る多様性は、国民国家となる上では強さよりも弱さをもたらした。それは、これまでは非政治的と考えられた社会生活の多彩なアスペクトを政治化させ、民族と宗教・宗派間の紛争を多発させたのである。トルコや内戦以前のレバノンなど少数の例外を別として、現在でも中東イスラム世界の国家に欠けているのは、理念としての自由と、制度としての民主主義である。次の機会に民族と国家を考える一つの視点は、イスラムと民主化との関連をさぐることであろう。

補論　新しい中東の分割と断層線

――「境界の破砕」と新バルフォア宣言――

1　時間の区分

歴史の基礎的な素材は時間である。「歴史には二つの重要な進歩が緊密に結びついている」とは、フランスの社会史研究者ジャック・ル・ゴフの言である。ローマの建国、キリスト教紀元、イスラム教紀元（ヒジュラ暦）といった年代的な出発点の確定がその例であろう。もう一つの進歩は、「時間の計測可能な単位」を時間の区分として創造することに他ならない。歴史家に限らず、一般の人びとも二四時間からなる一日や、一年ひいては一世紀などの単位として歴史を考えるのだ（『歴史と記憶』）。

時間で区分することは、格別に近代歴史学の所産というわけではない。中国古代の『春秋』は、孔子の祖国たる魯の年代記として知られるが、その注釈書の一つ、『春秋公羊伝』も、時間の区分に触れている。「常に即位を録するを以て、君の始年を知る。君は、魯侯・隠公なり。年とは十二月の総号。『春秋』の十二月を書きて年を称するは、是れなり」（隠公第一・元年）。歴史の区切りとして、君主の即位年や治世開始年を重視し、ル・ゴフのいう「時間の計測可能な単位」として元年や一二月といった区分を採用したのだ。

こうした時間感覚と叙述スタイルは、編年体として中国の『春秋』に始まり、『日本書紀』など日本の正史や『水鏡』『増鏡』が歴史を描く方法として採用しており、人びともその感覚に慣れ親しんできた。トゥキジデスのペロポネソス戦争についての『歴史』や最近の『昭和天皇実録』も基本的に同じスタイルである。エジプト近代史の鼻祖ジャバルティー（一七五三―一八二五）の『伝記と歴史における事績の驚くべきこと』（*Ajā'ib al-āthār fī al-tarājim wal-akhbār*）も同じである。編年体は、オスマン帝国征服時などのエジプト史を描いたムハンマド・イブン・イヤース（一四四八―一五二二以後二四まで）の『時の事件に関する美しい花々』（*Badā'i' al-zuhūr fī waqā'i' al-duhūr*）でも使われており、人びとの時間感覚を確かなものとする拠り所を与えてくれた。

人びとが二〇一四年を迎えて第一次世界大戦の勃発から一〇〇周年に当たるとか、二〇一八年には明治元年から数えて一五〇年になるといった時間感覚は、その一世紀や一五〇年という算術的数字に意味があるのでなく、人びとが何かの目標や確認に向かって進みながら達成感や挫折感を確認する指標として意味を持つのである。私が本書『民族と国家』を岩波新書から出したのは一九九三年であり、それからちょうど二五年も経った。その時は平成五年であったが、あと一年有余で平成の年号も変わろうとしている。私たちのように限られた日常の時間で生きている者にも歴史の区切りというものがあるのだ。

イラク戦争でサッダーム・フサインが消え去り、その独裁政治体制も崩れてしまった。

イラクという大きな枠組みは完全に消失したとはいえないまでも、その内部にあるスンナ派アラブ人とシーア派アラブ人とクルド人らの相互関係と政治生活圏の在り方は大きく変質してしまった。また、アラブの春から生じた「シリアの春」も結局は、ロシアとイランの軍事干渉によってバッシャール・アサド大統領の延命を許すことになった。何よりも、スンナ派から生まれた「イスラム国」（ＩＳ）という武装ジハーディズム組織は、アルカーイダとともに現代のイスラム・テロリズムの運動イデオロギーとして人口に膾炙したが、一九九三年に本書『民族と国家』を出した時には姿を現していなかった。『民族と国家』は、副題の「イスラム史の視角から」に見られるように、中東から中央アジアに広がるイスラム世界が一九九一年に湾岸戦争とソ連解体というシー・チェンジ（根本的変貌）を受ける中で書かれた。それは、アラブの一体性やアラブ・ナショナリズムといった理念的枠組みを中東の現実に過度に当てはめることを避けながら、歴史と政治のリアリズムに忠実であろうと試みた。そこで私が示した視座や構図は、イラク戦争などその後の歴史の検証にも堪えたと自負している。しかし、シリア戦争、イランとサウジアラビアとの対立、湾岸諸国の内部分裂、イランとトルコの地域覇権国家としての台頭、エジプトの弱体化などは、二一世紀の新たな事象である。

現在の世界は、さながら一九一四年の第一次世界大戦前夜を思わせる紛争に溢れており、第三次世界大戦の危機的可能性を予知させるような大激動とカオスに見舞われている。日本から離れた中東だけでなく、北東アジアで近接する北朝鮮による核開発や中長距離ミサイルの脅威に日本がさらされている歴史の現実から目を背けることはできない。民族や宗教宗派をめぐる紛争や領土問題が新たに多発している現在、そこで『民族と国家』が提示した「民族とは何か」「民族と国家との関係はどうなるのか」といった問いは、現代の争点に答える手掛かりになると期待されるからだ。

そこでアラブの生んだ一四世紀の歴史家イブン・ハルドゥーンの言を思い出さざるをえない。「諸々の状態が完全に変化する場合は、あたかも全創造が、全世界が変ったかのようになる。それはまるで、新しい創造、新しい生成が起こり、新世界が生まれたかのごとくになる」（『歴史序説』）。とくに現代中東政治の複雑な構図と混沌は、これまでの世界史でも類を見ないほどだ。カオスの要因は、第一次世界大戦の連合国がオスマン帝国を分割し、英仏露が自国に好都合な領土分割を決めた密約や矛盾に充ちた協定を結んだことにも求められる。

2　第一次世界大戦からオスマン帝国の解体へ

世界史と国際関係を考える際に、中東ほど、達成感よりも挫折感の余韻のなかで五〇周年や一世紀目といった区切りを毎年のように迎える地域も少ないだろう。まさに中東は、「時間の計測可能な単位」の宝庫かもしれない。しかし、そこに住む国民や民族や宗教宗派にとっては他人事では済まされない。連合軍がイスタンブルを手っ取り早く征服しようと目論んだ一九一五年のコンスタンチノープル協定、一九一五年から一六年にかけてイギリスがメッカのシャリーフ（預言者ムハンマドの血を引く太守）と大アラブ国家を認め合ったフサイン＝マクマホン往復書簡、歴史的シリアのうち地中海沿岸からトルコ南部までの内陸部を所有したかったフランスとメソポタミア（イラク）からパレスチナに至る地域を領有したイギリスとの妥協の産物たる一九一六年のサイクス＝ピコ秘密協定、さらにパレスチナに「ユダヤ人の故郷」の建設を認めシオニズム運動を利用して聖地エルサレムに影響力を保持しようとしたイギリスが一九一七年に出したバルフォア宣言。これらに見られる民族と宗教宗派と国家の在り方は、現在の中東の国境線に影響を与えているか、その原型になったものも含まれている。

フサイン＝マクマホン往復書簡は、イギリスがメッカでシャリーフ職を継承していたハーシム家のフサインをオスマン帝国に対して決起させる根拠になった。それは、ドイツ皇帝ウィルヘルム二世がオスマン帝国のカリフ（イスラムのスンナ派首長）にしてスルタン（政治と軍事の最高指導者）に出させたジハード（聖戦）の宣言に対抗するためであった。

中東の人びとは、これらの書簡やら秘密協定やら宣言から五〇年や一〇〇周年という否定的な「時間の計測可能な単位」を毎年のように実感してきた。彼らの苦痛はこれからも相当に長く続くだろう。シリアやイラクのアラブ人と比べるなら、安定幸福を享受してきたトルコ人でさえ、二〇二〇年には祖国喪失が現実になろうとしたサンレモ講和会議から一世紀、二〇二三年になると苦労して独立を英仏に認めさせたローザンヌ条約から一世紀、そして二六年には豊富な石油埋蔵地域のモスルを喪失してから一世紀を迎えるのである。

第一次世界大戦は、世界史でも未曾有の残酷な戦法により、破壊的結果を人類にもたらした恐るべき戦争であった。それに二〇世紀の病根のほとんどすべてが由来するといっても過言ではない。この事実はとくに中東に当てはまる。たとえば、二〇一四年にアラブの世界では性格の異なる三つの戦争が同時に進行したが、その因果関係は直接には一世紀前に遡るのである。第三次ガザ戦争は、パレスチナ人の民族自決権とイスラエルの安全保障をめぐる対立が高じた衝突であり、他方シリアの内戦はアラブの春に起因する反アサド政権の運動が発展したものだ。しかも、スンナ派中心の反政府運動内部でも内戦が生じ、いちばん極端な「イスラム国」なる組織は、イラクの領土にまたがるシリア砂漠（バーディヤ・シャーム）に支配権を確立し、シリア内戦の中に各種の内戦が入れ子となっている二重戦争、多重戦争の複雑さをイラクや他の国にも広めた。もっとも二〇一七年末になってＩＳの運動にも退潮が顕わになった。他方、独立主権国家ウクライナの一体性を脅かしクリミアを併合したロシアの動向は、東ウクライナでの内戦を激化させ、米欧とロシアとの緊張は国際政治の中心的争点になっている。これも遠因としては、第一次世界大戦とロシア革命に遡るといえよう。

こうした点について私は、オスマン帝国とロシア帝国の解体から現出したトルコ共和国とソビエト・ロシアとの関係を、第一次世界大戦後の中東秩序とカフカースなど黒海沿岸の地域秩序の変容との関連でも理解しようと努めてきた。これは四〇年間の研究成果として、二〇一三年一一月に『中東国際関係史研究――トルコ革命とソビエト・ロシア　1918―1923』(岩波書店)という学術書として公にしている。それから五年が過ぎた。この書物では、第一次世界大戦が二〇世紀から二一世紀にかけての歴史の進路に、依然として暗い影を投げかけ、今なお人びとに困難で辛い生活と経験を強いる大事件だったことも明らかにしたつもりである。

第一次世界大戦は、近代のどの戦争よりも歴史の道筋や人びとの運命を大きく変えた戦争であり、その性格を考えることは一〇〇年経った二一世紀の現在も、人類の近未来を理解する上で大きな手掛かりになるといえよう。これまで第一次大戦に関する考察は、しばしば「欧州大戦」と通称されてきたように、ヨーロッパの中心性を自明の前提としてきた。その結果、アラブの反乱とオスマン帝国の解体といった中東の歴史事象は脇役に追いやられる傾向があった。大戦当時のイギリスのエジプト派遣軍司令官アーチボルド・マリ卿は、中東戦線を「余興のまた余興」(*sideshow of sideshows*) と呼んだが、これは中東がその後の歴史に果たす役割について驚くほど洞察力を欠いていた。中東は、地中海とインドひいてはアジアをつなげる地政学的な位置と石油天然ガス資源の埋蔵によって、第一次大戦前後に進行していた地球規模の経済的相互依存でも重要な役割を担うことが運命づけられていたからだ。こうして本書『民族と国家』は、日本史では「欧州大戦」と通俗的に理解されがちの第一次世界大戦における中東を取り上げながら、折から日本でも関心を集めていた国家と国民、民族と宗教宗派とのつながりについて考えたかったのである。

3　イスラム国による「境界の破砕」

二〇一六年夏に私が一〇日に及ぶトルコ東部の研究調査旅行に出かけて、黒海沿岸のトラブゾンを経由して首都アンカラに着いたときのことだ。エルズルム、ホラサン、サルカムシュ、カルス、アルダハンを通って黒海に抜けた後、数時間ながらジョージアに入国しバトゥームにも滞在、充実した調査旅行であった。治安も申し分なく良好でクルド問題が再び火を噴いた現在では考えられぬほど、トルコ東部の人びとはテロや犯罪に無縁でのどかな日々を享受していた。しかし、ホテルのテレビを見ると、ＩＳがイラクとシリアにまたがる地域を占領したニュースが流れていた。ISの広報担当者は国境線をまたいで、「見てくれ。私の両足の間をサイクス＝ピコ協定の国境が通っている。もう今日からは帝国主義者の引いた線は無効だ」と自賛していた。

確かに「サイクス＝ピコ」は、長いことアラブ人にとって裏切りの代名詞であり、国際連盟の委任統治という名目で植民地分割の憂き目に遭い西欧列強の干渉を受けてきた中東悲劇のシンボルでもあった。シリアとイラクの国境線を示していた砂堆をブルドーザーで突き崩す派手な演技はともかく、アメリカが起こしたイラク戦争の余燼とISが複雑に絡んだシリア内戦に加え、リビアとイエメンで続く戦争によって、中東秩序はもはや二〇一四年以前の枠組みと国境線にそのまま戻ることはむずかしい。一九九三年の『民族と国家』ではソ連解体後の中央アジアについても触れたが、二〇一八年に出る本書新版の時点ではシリアとイラクだけでなくリビアとイエメンについても領土と国境の実質が大きく変化したのである。

その意味では、ISが「境界の破砕」(*qasr al-hudūd*)と呼ぶシリアとイラクの線引きの否定は、ISによる領土的占拠や国際テロの蔓延で「成果」を収めたことになる。「境界の破砕」は、中東和平の眼目たるパレスチナ問題をめぐるアラブとイスラエルとの対立にもまして、中東秩序の不安定をますます促す原因となった。また、二〇〇三年のイラク戦争を機にイラク北部でクルド地域政府（KRG）が成立していたが、二〇一

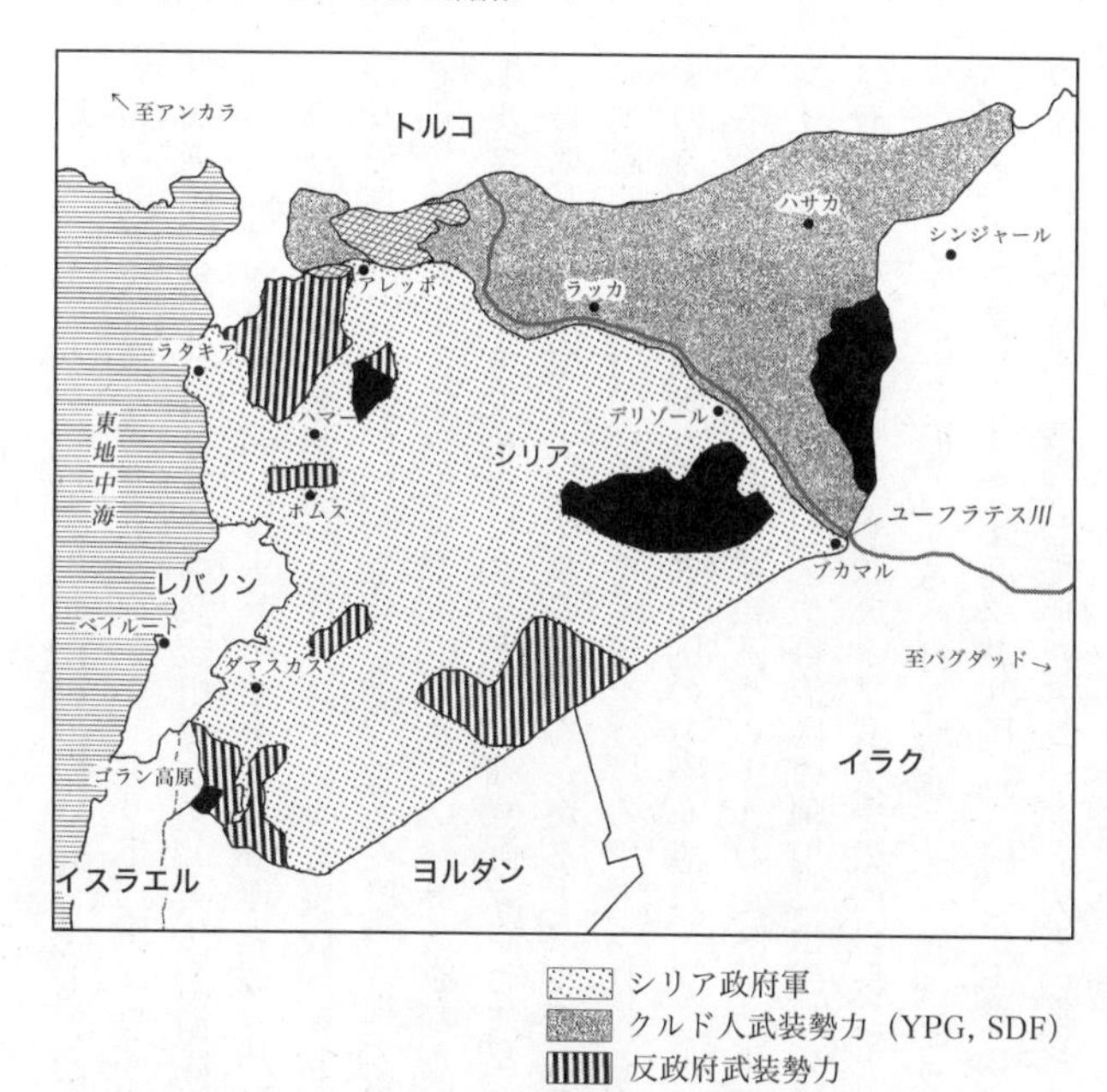

図 17　シリアの各支配領域（2018 年 1 月現在）

出典：SOUTHFRONT.ORG

七年九月のイラク・クルド人の住民投票で九二・七％が独立に賛成票を入れることで、周辺の国々を刺激することになった。シリア内戦でも北東部のロジャヴァを中心にクルド民主統一党（PYD）とその武装組織クルド人民防衛隊（YPG）は力を強めており、ISの首都ラッカを攻略してISを縮小から解体に追い込むシリアの原動力となっている。

これまで国家をもたない「世界最大の少数民族」とされてきたクルド人（人口二五〇〇万から三〇〇〇万）は、アメリカがシリア内戦で地上軍兵力として頼りにできる存在であり、その独立願望を無下にはできないのだ。他方、アサド政権はもとより、イラン、トルコ、イラク中央政府はクルド人の独立国家宣言に反対している。イスラエルは独立に賛成しているにせよ、四つの国にまたがる大クルディスタンが成立するならば、中東の地政学と政治力学は大きく変貌を遂げる。トルコのエルドアン大統領は東南アナトリアの分離と国民国家トルコ共和国の分裂を恐れ、クルド人をせいぜいKRGの枠内に留めるくらいに妥協点を見出すだろう。トルコをスンナ派アラブ世界から切断しかねないシリア・クルド人の自治国家や自治区の創出には反対の構えを崩していない。

結局、ISというスンナ派アラブ武装過激派の反乱と、PYDなどクルド人勢力の増大は、シリア情勢を左右するだけに留まらず、隣国イラクにも大きな影響を及ぼした。バグダードを首都とするイラク共和国は、二〇〇三年のイラク戦争後にサッダーム・フサインの下で権力を掌握していたスンナ派有力者の部族地域への退却、シーア派による中央権力の獲得とイランの影響力増大を経て、最終的にサイクス＝ピコ秘密協定以前のオスマン帝国の三州（モスル、バグダード、バスラ）を変形させた三つの領域区分が姿を現しつつある。

第一は、アルビールを拠点とし産油地キルクークを最近まで押えていたKRGのクルド人国家。第二は、南部のバスラを首邑とする油井地域の「シーイスタン」（シーア派の土地）ともいうべきシーア派アラブの領域。第三は、シリアとイラクにまたがる「シャーム砂漠」を含むスンナ派の領域である。そこには、アサド政権のアラウィー派やアバディー政権のシーア派も手が及ばず、たとえISの力が萎えたにしても、スンナ派アラブの政治勢力か部族連合が長期的に支配するだろう。イラクとシリアにまたがる土地を意味する「スラキランド」（*Suraqiland*）とも俗称される地域にスンナ派部族が集住している事実は、ISの運命とは別に、シリアやイラクの枠組の変質を促すスンナ派住民のアイデンティティ形成につながるだろう。

4　新帝国主義と「地域の帝国主義」

結局いま生じているのは、まさにサイクス＝ピコ秘密協定から一〇〇年ぶりに、中東でまがりなりにも維持されてきた古い国民国家の枠組みと秩序が解体している事態なのだ。それは最終的に国境や境界の引き直しによる新しい国家と秩序の再編につながる。英仏の退場の代わりに中東秩序の当事者として登場したアメリカとロシアの新帝国主義勢力と、その協力者にして「地域の帝国主義」を担うトルコやイランやイスラエルによる秩序の改編ともいえよう。新たに中東を分裂させる断層線（フォールトライン）は、チグリス＝ユーフラテス川と東地中海の間にある肥沃な三日月地帯を横切っているのだ。

大きなルートでいえば、シリアのアレッポからイラクのモスルを横切る線上にあるダービク、アル・バーブ、マンビジュ、ラッカ、イラク北西部のシンジャル、タッルアファルを通過している。注意すべきは、この線に沿った地域には、世界史でもなじみ深い民族的・宗派的な少数派が点在していることだ。そして、この線は地中海とユーフラテス川とチグリス川を経由してペルシア湾をつなぐ最短ルートであるか、便利なルートだったのである。この線から遠くない場所で古代からアッシリア人、ギリシア人、ペルシア人、ローマ人、セルジューク朝とオスマン朝のトルコ人、エジプトのマムルークらが敵と決戦したものだった。してみると、サイクス＝ピコ秘密協定も太古からの強国列強の競合や対決の一例と見えなくもないだろう（James Barr, "Sykes-Picot is not to blame for Middle East's problems", *Aljazeera*, 16 May 2016）。

アメリカ政府は、ユーフラテス川沿いの地域をクルド人や関係当事者との間で「柔らかい分割」によって民族や宗派の自決を図るべきだと考えているふしもある。もっとも、デリゾールなどを回復して意気盛んなアサド大統領やイラン革命防衛隊の側には妥協するそぶりが見られない。ロジャヴァにいるクルド人についてはすでに触れたが、他にもISによって性奴隷とされた多神教徒のヤズィード教徒（ヤズィーディー）はシンジャルに住んでおり、タッルアファルのトルクメン人、それにカルデア派やアッシリア人などの東方キリスト教会の信者がシリアからイラクにかけての村々に住んでいる。アサドは地方分権や自治の付与を拒否しているが、もともと少数派のアラウィー派を基盤とするアサドは、ロシアとイランが一蓮托生を覚悟で支援してくれない限り、自分の力だけでシリア全土を回復することは不可能に近い。ロシアは自治と地方分権を前提とした憲法草案をアサドに提示したといわれる。シーア派民兵やアサドの顧問たちでさえ、アッシリア人やヤズィード教徒に自治を与えなければ、分裂したシリアやイラクの広大な地域を国家として統治するのは難しいと認めるほどだ（David Gardner, "Iraq and Syria face further instability as ISIS influence wanes", *Financial Times*, 29-VI-2017）。

しかも、新しい帝国主義に随伴するか反発するかのように、古代史以来の帝国の歴史を記憶にもつ「地域の帝国主義」が台頭している。トルコは新オスマン帝国主義ともいうべき自負心から北シリアのアレッポ隣接地域を占領しており、イランは「新アケメネス帝国主義」や「シーア派帝国主義」と呼んでもいい野心から革命防衛隊やレバノンのヒズブッラに東地中海からユーフラテス川経由でモスルやバグダードにつながるスンナ派地域を占拠させた。イスラエルにしても、「新ユダヤ主義」や「新シオニズム」として、シリア問題においてワイルドカードとして威力を発揮するだろう。

しかし、これらの「地域の帝国主義」には大きな陥穽も潜んでいる。イランでは二〇一七年一二月末から各都市で発生した反体制デモにおいて、マシュハドでは市民が公然と「ガザやレバノンはもういい。我々の生活はイランにある」と叫び、一一月の地震で五〇〇名が死んだ被災地ケルマンシャーでは「シリアを忘れよ。我々について考えよ」と抗議の声が上がった。当然のことである。若年失業率が四〇%を越え、外国投資によるエネルギー開発を除けば満足な経済成長もない現状では、革命防衛隊によるシーア派帝国主義戦略への資金支出などは、到底地に足のついた政策とはいえないからだ。

イスラエルも二〇一七年九月にシリアの兵器製造工場を攻撃し、一八年一月初めにもダマスカス北部にあるヒズブッラの武器庫を攻撃している。その場所はロシアの防空ミサイル・システムの内部にあったが、ロシアは反撃しなかった。これは、イランやヒズブッラがシリア支配を強化することへのイスラエルの反発を理解しているか、ロシアの防空システムを潜り抜ける能力をイスラエル空軍が持っているか、のいずれかである。

イスラエルは、ロシアの兵器体系が機能するだけでなく、ロシア軍が実在する地域にベギン・ドクトリンともいうべき先制攻撃論を適用する場合、未知のリスクだけは覚悟したほうがよい。ロシアはシリアやアラブの国々とは異質な大国であり、プーチンはどのアラブの指導者とも比較できない鋭利な人物だからである。

おしまいに「新オスマン帝国主義」の危険も無視できない。エルドアン大統領は、かねてから自分の陣営から生まれる汚職や腐敗などの醜聞を隠すために外交を利用してきた。最近では、レザ・ザッラブというイラン系トルコ市民のイラン制裁を無視した取引にエルドアンが便宜を与えた嫌疑が深まっている。これはトルコのSNSで格好の醜聞材料となり、アメリカは一部関係者を国内で拘束した。エルドアンはすかさずトランプのエルサレム大使館移転や首都化容認を引き合いに出し、「エルサレムは我々ムスリムのレッドラインだ」(*Kudüs kırmızı çizgimizdir*) と切り返し、支持者との集まりでは大きなイスラエルの地図をバックに演説で「パレスチナの土地盗っ人」と呼んだものだ。レザ・ザッラブ事件へのトルコ市民の関心はいつのまにか薄らいでしまった(Hay Yanarocak, "The Unity of Jerusalem in the Shadow of Corruption Charges", *Bee Hive:Middle East Social Media*, V-11, December 2017)。

醜聞ではエルドアンに引けをとらずとも、「地域の帝国主義」と比べて驚くほど力を落としたのは、アラブの春このかた求心力を失ったエジプトである。また、サウジアラビアやカタールも力を失い、湾岸諸国はGCCとして培ってきた一体性を失いつつある。戦争や内戦は難民を否応なく生み出し、国境や境界の再画定を不可避にする。それはいちばん悲劇的な場合、ジェノサイドやエスニック・クレンジングを生み出し、人口ダイナミクスの変動を招くことになる。かつてのトルコにおけるアルメニア人の「虐殺」を思わすようなシリアの難民問題は、まさに中東が生んだ二一世紀有数の悲劇に他ならない。

5 「紙上の同盟国」対「戦場の同盟国」

イスラエルの利益とアメリカの国益を同一視するトランプは、中東和平の善意の仲介者たる立場を放棄したかのようである。彼の強気はかなりの程度、アメリカが支援するシリア民主軍（SDF）なるクルド人主体の兵力が二〇一七年一〇月にISの首都ラッカを落とした成果と関係している。しかし前後してロシアの支援を受けたアサド政府軍も九月にデリゾールの攻略に成功し、ともにISをシリア東部のイラク国境地域に押しやっている。

ISの退潮は挽回すべくもないほど明らかである。シリアに約二〇〇〇人の兵員を送り込んでいるアメリカのマチス国防長官の言によれば、ISへの作戦では「攻撃的な地域取得アプローチ」から「安定化アプローチ」に切り替わろうとしており、多くの建設業者と外交官が必要となる段階に入ったというのだ（*Reuters*, 30-XII-2017）。ISも最後の領域死守のためには自爆攻撃をますます増やすだろう。ISの広報によれば、昨年にはイラクとシリアで七七一件の自爆攻撃をしたが、そのうち四九三件はイラク国防軍に対する攻撃、一三六件はシリアのクルド人兵力、一二〇件はアサド政府軍とその同盟兵力、二二件は自由シリア軍（FSA）と他の反乱集団への自爆攻撃となっている（*Al Masdar News*, 2-I-2018）。追い詰められたISの自爆の増加につれて、一般住民を巻き込み、犠牲者もますます増えることだろう。

厄介なのは、シリア砂漠が単に荒涼たる砂地でなく、スンナ派アラブ人の生活圏であり、シリア有数の石油天然ガス埋蔵地域でもあることだ。いまのところSDFとアサド政府軍は、共通の敵ISが存在するために、衝突するまでに至っていない。問題はどちらがIS最後の拠点領域を落とすかにかかっている。アメリカの予定では、SDFがラッカ制圧の後にユーフラテス川を南下してマヤディーンを制圧してイラクとの国境都市ブカマルを占領するはずであった。

ところが、シリアとシーア派民兵のデリゾールとマヤディーンの連続攻略は、クルド人ひいてはアメリカの思惑を妨げてしまった。もしアサド政府軍がブカマルを支配すれば、イランはテヘランからバグダード、ダマスクス、ベイルートを結ぶ陸上にシーア派ベルト地帯ともいうべき回廊を切れ目なしに打ち立てることになる。

クルド人が北東部で自治や独立を目指すなら、アサド政権はその存在を容認しないだろう。またトルコもシリア・クルド人の自主性を認めることはない。アメリカの中東政策は、地上戦に貢献したクルド人の処遇をめぐって、答えの出ない複雑なチェスゲームに苦しむだろう。アメリカにとって、エルドアンのトルコは信用ならぬ「紙上の同盟国」になってしまった。それに反してクルド人は、血を流した「戦場の同盟国」である。

トルコは、アメリカにインジルリク空軍基地を提供しながら、シリア問題ではロシアやイランとの三国協商や三国同盟と揶揄されても仕方のない立場をとっている。この三国協商は、ISを敗北させた結果アサド政権を延命強化する役割を果たした。しかもエルドアンは、プーチンの要請でこれまでレッドラインを明示してきたシリアのクルド問題でも、イエローラインに引き下げる動きを見せている。二〇一八年一月にソチで開かれるシリア国民対話大会へのPYDの参加をめぐって、プーチンはわざわざ一七年師走にアンカラを訪ねPYDはむろんクルディスタン労働者党（PKK）に関係する組織を参加させない代わりに、何らかの形でクルド人代表を招く構想についてエルドアンの理解を求めた。結果として、エルドアンはPYDつまりクルド人が単独で参加するのでなく、「北シリア民主連合」という多民族一四〇人の代表にクルド人が含まれるという形で妥協したのである。そこにはクルド人以外に、アラブ人、シリア語（中世アラム語の方言）を典礼語として使うシリア正教会のアラム人（シリアクス）、紀元前二五〇〇年のアッシリアに遡ると自負し現代アラム語を話すシリア教会のアッシリア人（イラクではカルデア派が多い）、チェチェン人、トルクメン人が入るということで、シリアの約三分の一をクルド人中心の勢力が支配している現実に向かい合ったのだ（Fehim Tastekin, "Turkey backtracking on 'red lines, for Syria's Kurds", *Al-Monitor*, 22 XII-2017）。

トランプ大統領の安全保障戦略の中でトルコはますます忌々しい存在になっている。前首席戦略官のスティーヴ・バノンは、トルコをカタールと並んで「イスラム過激派イデオロギーの後援者」だと公言し、「イランよりも危険」だと批判したものだ。二〇一七年六月、ティラーソン国務長官は、下院外交委員会でバーレーンとトルコの議会や政府には「ムスリム同胞団の分子」が入り込んでいると広言した。アメリカは、カタールとトルコと過激派ムスリム同胞団の「イデオロギーの近さ」を非難している。トランプは、サウジアラビアやアラブ首長国連邦をますます贔屓にし、トルコとカタールを斥けるに違いない（Cansu Çamlibel, "Trump's National Security Strategy is bad news for Turkey", *Hürriyet Daily News*, 22-XII-2017）。

アラブの春から始まったシリア戦争は、軍事的にアサド体制とバース党独裁の大勝利とは言えないにせよ、敗北でない結果をもたらしている。否、政治的にはむしろ勝利を得ているのではないか。もちろん、シリアの全領土をアサド政府軍が完全に回復する望みが少ない限り、シリアの領域は、ダマスクス中心の地域支配を拡大したアサド政府、スンナ派反政府勢力、北東部と北西部の間をトルコ軍に寸断されながら国境沿いの地域を獲得したクルド人、南東部に縮小されるＩＳまたは何らかのスンナ派集団によって、分割支配されることになろう。最終的にはシリアはイラクのように、ＩＳ駆逐後に、クルド人やスンナ派アラブの高度な自治や自立性を認めながら柔らかい連邦国家へ移行する以外に現実的解決策はないだろう。アサド大統領やアバディー首相が、「率土の浜王臣に非ざる莫し」ではないが、それぞれ全領土はシーア派とその変種アラウィー派に帰属すると言い張るなら、クルド人はかえって独立を志向するに違いない。これは当然にもシリアで継続戦争あるいは第二次内戦ともいうべき事態を惹起しかねない。シリア・クルド人の自治や独立が実現すれば、シリアのＹＰＧとつながるトルコのＰＫＫによる分離独立運動を促進させるだろう。トルコは現実に北シリアに越境軍事干渉したように、自国の安全保障と領土保全を脅かす「大クルディスタン」につながる各国のクルド民族運動に寛容でないからだ。

6　トランプとエルサレム

歴史では無数の事件が毎日のように起きる。そのうち、ほとんどは忘れ去られ、歴史の事実として記憶と記録に委ねられるのはごく少数である。フランスの古代史家ポール・ヴェーヌは、歴史とは小説と同じで物事を単純にして一世紀を一ページに凝縮してしまうと語ったことがある（『歴史をどう書くか』）。しかし、米トランプ大統領による二〇一七年一二月六日の演説は、簡単に忘却や修正のきかない史実としての重みを内外に与え、わずか数分の演説を一世紀の物語にしかねない衝撃を与えた。この重さを知らないのはトランプ自身かもしれない。エルサレムをイスラエルの首都として公式に認定し、米大使館をテルアビブから移すという意思表示は、七〇年来のアメリカの中東政策の大きな転換である。首都承認と公館移転の可能性について、私はすでに二〇一七年夏の段階で危険性と問題点を予見していた（佐藤優氏との共著『悪の指導者論』）。

たしかにアメリカは、国内法の上で一九九九年までにエルサレムへ大使館を移す義務を負っていたが、歴代政権は安全保障面の理由やアラブ穏健派の国々への配慮から、その実施を延ばしてきた。中東和平の最重要調停者としてイスラエルとパレスチナに橋を架けられるのはアメリカだけであり、サウジアラビアやエジプトやヨルダンを説得してパレスチナ問題を解決できるのもアメリカのはずであった。だからこそ、歴代の米大統領は、一九六七年の第三次中東戦争でイスラエルが占領した東エルサレムの扱いに慎重であり、イスラエルとの同盟を維持しながらアラブとの親交を深めるという二重外交を続けられたのである。

エルサレムはユダヤ教徒だけでなく、キリスト教徒やイスラム教徒にとっても一〇〇〇年以上の由緒をもつ重要な聖地である。民族の問題だけでなく宗教宗派の問題や国家の実在がからむ点にこそエルサレムの深い重要性があるのだ。サウジアラビアとヨルダンのトランプ宣言への反応の違いはここにある。サルマーン国王とムハンマド・イブン・サルマーン皇太子ことMbSにとって最大の関心事はイランであり、事前に知らされていた宣言やエルサレム問題はイランとの地政学的競合に使えるカードなのだ。二人の反応が控え目だったのに反して、アブドゥッラー・イブン・フサイン国王にはヨルダン国家の実在とエルサレムの聖地管理者としての自負がかかってくる（*Middle East Monitor*, 15-XII-2017）。

しかし、トランプがプロテスタントの長老派信者なのに、いともたやすくエルサレムをイスラエルの首都に公式認定したのは、彼の心中にある「クリスチャン・シオニズム」の思想のせいであろう。これは、神がユダヤ人にイスラエルという土地を与えたと認める立場であり、ユダヤ人の民族的郷土への帰還運動つまりシオニズムをキリスト教の内部から補強する考えでもある（『悪の指導者論』）。今回の宣言と公館移転の意思表示は、フリードマン駐イスラエル米大使とクシュナー大統領上級顧問（イバンカ・トランプの夫）の強い影響によるものだろう。

しかしその発表タイミングは、イスラエルのネタニヤフ首相とトランプ大統領にとっては絶妙だったかもしれないが、パレスチナ自治政府のアッバース議長やヨルダンのアブドゥッラー国王らにとっては屈辱的な時間以外の何物でもなかった。二〇一七年は、パレスチナにユダヤ人の民族的郷土の建設を認めたバルフォア宣言から一〇〇周年に当たり、国連パレスチナ分割決議から七〇年を経た節目の年だからである。加えて、東エルサレムやヨルダン川西岸をイスラエル軍に占領された第三次中東戦争から五〇年目でもあった。まさに二〇一七年は「時間の計測可能な単位」として象徴的な年だったのである。また、一七年はハマス創立から三〇年を数えている。バルフォア宣言に始まり、トランプ宣言に終わる時期は、アラブが終始一世紀来、なすところもなく敗退と屈辱を重ねてきた歴史の区分としても意味があるだろう。米欧に敗北と忍従を強いられてきたアラブの政治エリートをいただく民衆の挫折感は、アフガニスタン、イラク、リビア、イエメンで繰り返された戦争、アラブの春の頓挫、シリア内戦と大量難民の発生、テロの広域的蔓延によって後景に退いていたパレスチナ問題を、中東政治と国際外交の焦点として改めて前面に押し出すかもしれない。トランプ宣言は「新バルフォア宣言」であり、「エルサレムは我々を団結させる」というSNSの標語が現れたように（Michael Barak, "The New Balfour Declaration", *Bee Hive*, V-11, December 2017）、表面では確かに二〇〇七年以来、ガザを押えるハマスとヨルダン川西岸を支配するファタハ主導の自治政府に分裂したパレスチナの民族運動にも再団結のきざしも見える。

二〇一七年一〇月、ハマスはパレスチナ政府に民政を譲り警官三〇〇〇人を受け入れることに同意した。三つの戦争、イスラエルとエジプトによる各種の封鎖、自治政府の制裁によってガザの市民は苦難を味わってきた。ハマスを選挙で選んだ自己責任と言えばたやすいが、ほとんどの家に電気が一日四時間しか来ず、汚染された水でさえ乏しく、薬もない病院は老朽化する一方である。ハマスの無能力がここまでひどいとは市民も思わなかったに違いない。若者の三分の二が失業している状況では、ハマスも早晩自治政府に民政を委ねざるをえなかった。この背後には、ハマスの擁護者たるカタールの圧力があったのかもしれない。カタールは、ハマスはじめイスラム原理主義者との関係を嫌うエジプトやサウジアラビアなど湾岸三カ国から禁輸制裁を科されているために、ハマスとファタハを和解させ孤立脱却を図ろうとした可能性も排除できない。とはいえ、イランはじめ外国人の軍事支援を受けるハマスが数万人の戦士とロケット弾を自治政府に引き渡すとは到底考えられない。過去六回挫折した両者の協調が今回もつぶれる公算は念頭に入れておいた方がよい（*The Economist*, 5-X-2017）。

トランプの不注意な決定は、中東地政学に大変動をもたらしかねない。最大の利益を受けるのはロシアとイランである。シリア内戦でＩＳに打撃を与えアサド政権を蘇生させたロシアは、アメリカに対抗できる大国としてアラブ人とムスリムによって認知され、アラブの春を間接的に窒息させた責任はもはや問われずに済むだろう。プーチン大統領は、中東からウクライナそして極東に至るユーラシア地政学の新たな変動の基本軸として存在感をますます強めている。トランプのエルサレム発言に楔を打ち込むかのように、ほぼ同時にシリアからのロシア軍撤兵を公言したことは、たとえ一部の人員であったにしても、アラブ人とムスリムの心をとらえる心憎い演出でもあった。

もっともトランプ演説が、東エルサレムを将来のパレスチナ国家の首都とする二国家解決案をあからさまに否定していないことは注意しておく方がよい（Cengiz Çandar, "Trump's Jerusalem move puts US, Turkey on collision course", *Al-Monitor*, 22-XII-2017）。

他方、シリア問題をめぐってスンナ派アラブ人から宗派と民族の両面から反感を買っていたイランは、イスラエルとアメリカという共通の変わらぬ敵に対峙する存在として、エルサレム問題について頼るべき存在になるかもしれない。まさに「敵の敵は味方」という中東の古典的テーゼが活きているのだ。「ああエルサレムよ、もし我なんぢをわすれなば、わが右の手にその巧（たくみ）をわすれしめたまへ」（「詩篇」１３７）とは、長いことユダヤ人の祈りの言葉であったが、イスラエル建国以来むしろパレスチナ人のスローガンになったとしても不思議はない（アモス・エロン『エルサレム』）。トランプの演説は、失われたパレスチナ人の都エルサレムという神話と、彼らの離散と敗北の苦しみをますます強めるに違いない。

解説

佐藤　優

私は、外交官時代、ソ連（ソ連崩壊後はユーラシア地域）の民族問題を担当していた。そのとき導きの糸となったのが、山内昌之先生の著作と論文だった。外務省国際情報局で主任分析官をつとめていたとき、私は本書をロシアや中央アジア、中東などの地域、インテリジェンスを担当する職員の基本書に指定していた。

本書の記述は明瞭で、理解しやすい。それだから、屋上屋を架すような解説を書くことは避け、生きた歴史的現実を読み解くために本書をどう活用するかについて、私の見方を記したい。本書が文春学藝ライブラリーに収録されるにあたって、山内先生は補論を加筆しているが、そこには本書の意義についてこう記されている。

〈『民族と国家』は、副題の「イスラム史の視角から」に見られるように、中東から中央アジアに広がるイスラム世界が一九九一年に湾岸戦争とソ連解体というシー・チェンジ（根本的変貌）を受ける中で書かれた。それは、アラブの一体性やアラブ・ナショナリズムといった理念的枠組みを中東の現実に過度に当てはめることを避けながら、歴史と政治のリアリズムに忠実であろうと試みた。そこで私が示した視座や構図は、イラク戦争などその後の歴史の検証にも堪えたと自負している。しかし、シリア戦争、イランとサウジアラビアとの対立、湾岸諸国の内部分裂、イランとトルコの地域覇権国家としての台頭、エジプトの弱体化などは、二一世紀の新たな事象である。

現在の世界は、さながら一九一四年の第一次世界大戦前夜を思わせる紛争に溢れており、第三次世界大戦の危機的可能性を予知させるような大激動とカオスに見舞われている。日本から離れた中東だけでなく、北東アジアで近接する北朝鮮による核開発や中長距離ミサイルの脅威に日本がさらされている歴史の現実から目を背けることはできない。民族や宗教宗派をめぐる紛争や領土問題が新たに多発している現在、そこで『民族と国家』が提示した「民族とは何か」「民族と国家との関係はどうなるのか」といった問いは、現代の争点に答える手掛かりになると期待されるからだ。〉（本書284〜285頁）

一九九一年の湾岸戦争とソ連解体という国際秩序のパラダイム転換を正しく読み解くという「認識を導く関心」に基づいて、本書は書かれた。特にイスラーム世界については、従来の論者が上手に説明することができなかった、ユダヤ教徒、キリスト教徒（いわゆる「啓典の民」)に対するイスラームの認識について、学術的水準を落とさずに、わかりやすく記述している。

〈「啓典の民」の集団については、アラブ人が征服の結果としてイスラム共同体に組み込んでいったキリスト教徒と、その外部とくに地中海を挟んでヨーロッパに蟠踞(ばんきょ)してやがて十字軍戦争を起こすキリスト教徒との間に、区別がなされたのは当然である。彼らは、イスラム権力と取り結ぶ政治・経済・社会的な関係の性格を基準にして、「ズィンミー」(保護された民)と「ハルビー」(まつろわぬ戦さの民)に区分された。それぞれ、ユダヤ教徒とキリスト教徒のうち、従属的な異教徒と敵対的な異教徒を意味する名称である。ハルビーという名は、「イスラムの家」(ダール・アルイスラーム)の境界の向こう側に住むキリスト教徒たちが、「戦争の家」(ダール・アルハルブ)に住む「まつろわぬ者」と見なされたことに由来する。

彼らのなかでも、イスラム世界に従属した者は、イスラム法の優越とジズヤ(人頭税)とハラージュ(土地税)の支払いを条件に、信仰の保持を許された。つまり、イスラム国家の寛容と保護をあてにできたのである。彼らがズィンミーと呼ばれたのは、国家による「ズィンマ」(生命・財産の安全保障)を受けた人びとだったからである。

ズィンミーは、まずムスリムの主権を認め、政治的に服従することが義務づけられた。その忠誠の証として、身につける衣服や、家や靴の色、頭の被りもの、騎乗する馬や乗物、携帯できる武器にも制限を加えられた。オスマン帝国時代には、ムスリムに会う時には下馬すること、非ムスリムが乗るボスフォラス海峡の渡し船の櫂は三対に限る、などの差別も加えられたのはその一例である。イスラムにおける他宗教への「寛容」とは、自らの絶対優位を前提にしていたことはいうまでもない。イスラムは少なくとも法理論の立場からすると、多神論者や無神論者に対して、こうした「寛大」な扱いを許さなかった。〉(本書76〜78頁)

重要なのは、イスラームの内在的論理では「寛容」とは、自らの絶対的優位を前提としているということだ。対等な立場で、相互が変容しうる可能性を内包した対話を、この人たちと行うことは、原理的に不可能なのである。キリスト教、ユダヤ教、イスラームとの宗教間対話とは、「同じ神様を信じている一神教」という枠組みで行うことはできないのである。原理的に対話が出来ないイスラームの内在的論理を踏まえた上で、「不可能の可能性」に挑んでいくということなのだ。特にイスラム教スンナ派系過激派「イスラム国」(IS)に代表される国際テロリズムが、深刻な脅威となっている状況において、われわれにとってムスリムとの対話は不可欠であるが、その前提として「不可能の可能性」を追求しているのだということを冷静に認識する必要がある。

さらに本書で有益なのは、複合アイデンティティに関する視座を得ることができる点だ。中央アジアを具体例に取り上げ、山内先生はこんな説明をする。

〈この複合アイデンティティは、アラブ人に限らず、トルコ共和国から旧ソ連の中央アジアに至る「テュルク」(トルコ人)の間にも観察されてきた。それは、アラブ人の場合と同じように、広域的な「テュルク」やムスリムであることの超民族意識、部族や氏族への帰属を記憶する亜民族意識、英仏両国が肥沃な三日月地帯を分割したようにソビエトが一九二四年に中央アジアを区分してつくった共和国の民族意識に加えて、擬制じみてはいたが「ソ連人」「共通ソビエト国民」という国際ならぬ「民際」意識・疑似民族意識も、これまでは存在していた。

こうした四つのアイデンティティは、集団としての単位でも並存しえたし、個人の意識内部で重層化・複合化する場合もあった。いずれにせよ、一つだけが他の三つをおしのけてアイデンティティを独占するわけではなかった。たとえば、ひとりのウズベク人は、状況や相手のアイデンティティ、もっと単純な場合にはある瞬間の雰囲気などに対応して、「ウズベク人」「ムスリム」「テュルク」「中央アジア人」「ソ連人」、あるいは拡大家族・氏族・部族の一員のいずれかを選択してきた。

一例をあげると、あるウズベク人は、同じ中央アジア内部のキルギス人と相対するときには「ウズベク人」、ムスリムでも中央アジアの外からやってきたタタール人に対しては「トルキスタン人」や「中央アジア人」、またキリスト教やユダヤ教文化の継承者たるヨーロッパ人には「ムスリム」として自己を意識してきたし、これからもするに違いない。外から来たロシア人に対しては、「ウズベク人」「トルキスタン人」「ムスリム」のすべての意識が可能であった。しかし、どの構成要因をとってもロシア人と対立する複合アイデンティティは、中央アジアの地元民とロシア人との距離を感じさせる根拠となってきた。しかも、「ソ連人」のカテゴリーがなくなった今、ロシア人と共通するアイデンティティは、ぼんやりした独立国家共同体（ＣＩＳ）への帰属意識を除くと、ますます希薄になるだろう。〉（本書２６８〜２６９頁）

その後、ＣＩＳは当初有していた国家連合的要素を急速に失っていった。その結果、ウズベク人、キルギス人、カザフ人、タジク人、トルクメン人などの中央アジアのイスラム系諸民族は、ロシア人と共通するアイデンティティを喪失していった。岩波新書版の本書が一九九三年に上梓された時点で、中央アジアの将来について、このような明確な展望を持てた日本人学者は、山内先生だけと思う。

私自身も、本書を通じて、自らの複合アイデンティティを明確に認識するようになった。私の父親は、東京都出身の日本人であるが、母親は沖縄の久米島出身の沖縄人である。さらに私は同志社大学の神学部と大学院神学研究科で組織神学を学んだプロテスタントのキリスト教徒だ。私の中には、沖縄人、プロテスタント、日本人というアイデンティティが複合している。この複合アイデンティティを維持するためにはさまざまな知的操作が必要になるのであるが、そのことが私が職業作家として文章を綴る原動力にもなっている。

（二〇一八年二月一五日記）

（作家・元外務省主任分析官）

主要参考文献

ここであげた文献は、私がこの本を書く上で直接参考にした論文と書物だけに限っている。「はじめに」でも触れたように、この本の大部分をアメリカ滞在中に執筆したために、日本語文献をあまり参照できなかった。それでも、イスラム諸語の史料や欧米語の研究文献の必要箇所については、日本人研究者による訳がある場合、それを示して引用するようにした。ない場合には、私自身が訳出や解釈を試みたが、新書の性格を考えて、専門性の高い史料や研究書の出典やページ数をとくに文中に示すことはしなかった。

日本語文献

新井政美「オスマン帝国における都市と民族問題」（一九九〇年六月一七日、北海道大学文学部における研究発表要旨）
井筒俊彦訳『コーラン』（上・中・下、岩波文庫、一九六四年）
板垣雄三「第一次世界大戦と従属諸地域」（『岩波講座世界歴史24』現代1、一九七〇年）

北川誠一「カフカースの諸民族」（『中東世界』世界思想社、一九九二年）
佐藤次高『マムルーク』（東京大学出版会、一九九一年）
柴宜弘「ボスニア・ヘルツェゴヴィナのムスリム問題」（『早稲田大学社会科学研究所研究シリーズ』二一号、一九八六年）
清水宏祐「民族と宗教・宗派Ⅰ」（『概説イスラーム史』有斐閣、一九八六年）
鈴木董『オスマン帝国』（講談社、一九九二年）
永田雄三・加賀谷寛・勝藤猛『中東現代史Ⅰ』（山川出版社、一九八二年）
中村廣治郎『イスラム』（東京大学出版会、一九七七年）
日本イスラム協会監修『イスラム事典』（平凡社、一九八二年）
山内昌之『現代のイスラム』（朝日新聞社、一九八三年）
山内昌之『オスマン帝国とエジプト』（東京大学出版会、一九八四年）
山内昌之「トルコ人とアラブ」（『中東研究』一九八五年九月号）
山内昌之「オスマン帝国の近代化と民族問題」（『西洋の歴史（近現代編）』ミネルヴァ書房、一九八七年）
山内昌之『ソ連・中東の民族問題』（日本経済新聞社、一九九一年）
山内昌之『イスラムのペレストロイカ』（中央公論社、一九九二年）
山内昌之『中東国際関係史研究』（岩波書店、二〇一三年）

山本佳世子「一五世紀後半のイスタンブル」（『お茶の水史学』二五〇号、一九八九年）

外国語文献

İlhan Arsel, *Arap Milliyetçiligi ve Türkler*, İstanbul, 1977.
A. Ascher et als (ed.), *The Mutual Effects of the Islamic and Judeo-Christian World : the East European Pattern*, New York, 1979.
Amazia Baram, *Culture, History and Ideology in the Formation of Ba'thist Iraq 1968–89*, New York, 1991.
C. F. Beckingham, "Islam and Turkish Nationalism in Cyprus," *Welt des Islams*, N. S., 5(1957), 65–83.
Joseph Chamie, "Religious Groups in Lebanon : A Descriptive Investigation," *International Journal of Middle East Studies*, 11 (1980), 175–187.
Roderic H. Davison, "The Millets as Agents of Change in the Nineteenth-Century Ottoman Empire," *Christians and Jews in the Ottoman Empire*, vol. 1 (ed. by B. Braude & B. Lewis), N. Y./London, 1982.
C. Ernest Dawn, *From Ottomanism to Arabism : Essays on the Origins of Arab*

Nationalism, Urbana/Chicago, 1973.
Milton. J. Esman/Itamar Rabinovich (ed.) , *Ethnicity, Pluralism, and the State in the Middle East*, Ithaca / London, 1988.
Paul Ghali, *Les Nationalités détachées de l'Empire Ottoman à la suite de la Guerre*, Paris, 1934.
Iliya Harik, "The Origins of the Arab State System," *The Arab State* (ed. G. Luciani), Berkeley/Los Angeles, 1990, 1–28.
Albert Hourani, *A History of the Arab Peoples*, New York, 1991.
John Joseph, *Muslim-Christian Relations and Inter-Christian Rivalries in the Middle East : the Case of the Jacobites in an Age of Transition*, Albany, 1988.
Rudi Paul Lindner, *Nomads and Ottomans in Medieval Anatolia*, Bloomington, 1983.
'Abd al-'Azīz Muḥammad 'Iwaḍ, *al-Idāra al-'uthmānīya fi wilāya sūrīya 1864–1914*, al-Qāhira, 1969.
Mahmoud Kamal, *L'Arabisme : Fondement socio-politique des relations internationales pan-arabes*, Le Caire, 1977.
Rashid Khalidi et als (ed.), *The Origins of Arab Nationalism*, New York, 1991.
Z. I. Levin, *Razvitie arabskoi obshchestvennoi mysli 1917–1945*, Moskva, 1979.

Bernard Lewis, *The Emergence of Modern Turkey*, London, 1961.

Bernard Lewis, *The Muslim Discovery of Europe*, London, 1982.

Bernard Lewis, *Race and Slavery in the Middle East*, New York/Oxford, 1990.

Şerif Mardin, *Din ve İdeoloji*, Ankara, 1969.

M. Parvin/M. Sommer, "Dar al-Islam : the Evolution of Muslim territoriality and its Implications for Conflict Resolution in the Middle East," *International Journal of Middle East Studies*, 11 (1980), 1–21.

Roger Owen, *State, Power & Politics in the making of the Modern Middle East*, London/N. Y., 1992.

Aryeh Shmuelevitz, *The Jews of the Ottoman Empire in the Late Fifteenth and Sixteenth Centuries*, Leiden, 1984.

G. A. Shpazhnikov, *Religii stran zapadnoi Azii : spravochnik*, Moskva, 1976.

M. Sokolovski, "The Islamization of the Yugoslav Peoples in the 15th and 16th Centuries," *Macedonian Review*, XI/3 (1981, Skopje), 248–258.

İsmail Soysal, *Fransız ihtilâli ve türk-fransız diplomasi münasebetleri* (*1789–1802*), Ankara, 1964.

Zeine N. Zeine, *The Emergence of Arab Nationalism : With a Background Study of*

Arab-Turkish Relations in the Near East, Beirut, 1966.
Eugene Rogan, *The Fall of the Ottomans*, New York, 2015.

人名索引

ヤ 行

ラ 行

ワ 行

主要用語一覧

アガ　在地有力者や有名宗教者の称号．

アサビーヤ　集団における連帯意識．とくに部族や氏族などにおける血縁的な連帯意識．

アシケナージ　東中欧を中心とするヨーロッパ系ユダヤ人．

アジャム　イスラム勃興前後にアラブ人以外の人びとを指した名称．「異人」．

アッラー　イスラムにおける唯一神の呼称．

アミール　原意は司令官や総督．転じて，支配者や王族の称号としても使われた．

アーヤーン　18 世紀以後のオスマン帝国の在地の有力者層．

イジュマー　イスラムの法源の一つ．代表的な宗教指導者による合意．

イマーム　規模の大小を問わず，ムスリムの集団の指導者．

ウラマー　知識（イルム）をもつ人びと．転じて，イスラムの学者・宗教指導者層．

ウンマ　イスラム共同体．

エフェンディー　オスマン帝国の官僚の称号．ただし，皇太子や最高宗教指導者に用いられることもある．

カウミーヤ　アラブの統一を目指す民族主義．ワタニーヤと対照的なアラブ・ナショナリズム（パン・アラブ主義）．

カウム　言語や文化や宗教の共通性などの上に成立する民族のコンセプト．とくにアラブの結びつきを意味する．

カーディー　イスラム法に基づき民事・刑事の訴訟に判決を下す裁判官．

カーフィル　無信仰者，不信者．イスラムにおける最悪の表象の一つ．

カリフ　初期イスラム国家の最高権威者．オスマン帝国の君主の称号の一つ．

シーア派　ムハンマドの女婿の「アリーを支持する党派」（シーア・アリー）の略称．スンナ派に対抗して，アリーをイスラムの正統的な後継者と考える諸分派の総称．

シェイヒュル・イスラム　「イスラムの長老」の意味．オスマン帝国におけるイスラム法施行の責任者で，各種の宗教職の任免権を握った最高官職．

ジズヤ　イスラム法の定める人頭税．ズィンミーの成年男子だけに課せられた．

シャリーア　イスラムの聖法．

シャリーフ　「高貴な血筋の人」の意味．ムハンマドの家族の子孫，とくに20世紀まで聖地メッカを管理してきたハーシム家の用いた称号．

シュウービーヤ運動　アッバース朝の8世紀から9世紀にかけて，アラブと非アラブとの平等を主張したイスラムの文化運動．

ズィンミー　生命・財産の安全保障（ズィンマ）を受けたイスラム共同体内部のキリスト教徒やユダヤ教徒などの非ムスリム．

スファラディー　スペインからオスマン帝国に移住したユダヤ人．転じて，東方系ユダヤ人の総称．

スルタン　スンナ派イスラム王朝の君主の称号．

スンナ派　イスラム共同体内部で多数派を占める「正統派」．ムハンマドの慣行（スンナ）に従う人びとという意味．

デヴシルメ　バルカンのキリスト教徒の子弟を徴用して人材の発掘を狙った制度．

パシャ　オスマン帝国の大臣・州長官・将軍などの高官に使われた称号．

パーディシャー　「守護王」の意味．オスマン帝国の君主の称号の一つ．

ハルビー　イスラム共同体外部のヨーロッパなど，「戦争（ハルブ）の家」に住むキリスト教徒を始めとする非ムスリム．

ヒジュラ　預言者ムハンマドによるメッカからメディナへの聖遷（西暦622年）．転じて，異教徒の地からイスラムの地に移住すること．

ベイ　貴族や文武の高級官僚およびその子弟に使われた称号．

マムルーク　エジプトやシリアで活躍した奴隷軍人．カフカースや黒海周辺のチェルケス人，ジョージア人，トルコ人，スラヴ人など「白人」の奴隷兵を指すことが多い．

ミッレト　オスマン帝国で公認された保護と支配の単位となる宗教共同体.

ムスリム　「神に絶対的に服従する者」の意味で，イスラム教徒を指す.

ムフティー　イスラム法の解釈・適用について意見を述べる資格のある法学の権威者.

ラビ　ユダヤ教共同体の宗教指導者.

レアーヤー　オスマン帝国における従属民．とくにキリスト教徒の「臣民」.

ワタニーヤ　愛国心．カウミーヤと反対に，国民国家への帰属を重視するアイデンティティ．たとえば，エジプト・ナショナリズム.

ワタン　祖国，郷土.

ワッハーブ派　18世紀半ばのアラビア半島に起こったイスラム改革運動．復興主義の立場でイスラムの純化を目指した．現在のサウジアラビア国家をつくる原動力にもなった.

ワーリー　オスマン帝国の州の総督・長官.

＊本書は、『民族と国家』（一九九三年刊、岩波新書）を
底本としています。
ＤＴＰ制作　ジェイ　エスキューブ

山内昌之（やまうち・まさゆき）
1947（昭和22）年北海道生まれ。歴史学者。東京大学名誉教授、武蔵野大学特任教授、ムハンマド5世大学（モロッコ）特別客員教授、三菱商事顧問、フジテレビジョン特任顧問。北海道大学卒業。東京大学学術博士。カイロ大学客員助教授、ハーバード大学客員研究員、東京大学大学院教授などを歴任。国際関係史、中東・イスラーム地域研究を専攻し、紫綬褒章受章のほか、サントリー学芸賞、毎日出版文化賞（2回）、吉野作造賞、司馬遼太郎賞などを受賞。『中東国際関係史研究』『スルタンガリエフの夢』『ラディカル・ヒストリー』『歴史という武器』『歴史家の展望鏡』、佐藤優との共著『新・地政学』『悪の指導者論』など著書多数。

文春学藝ライブラリー
思17

民族と国家（みんぞくとこっか）

2018年（平成30年）4月10日　第1刷発行

著　者　山　内　昌　之
発行者　飯　窪　成　幸
発行所　株式会社　文　藝　春　秋
〒102-8008　東京都千代田区紀尾井町3-23
電話（03）3265-1211（代表）

定価はカバーに表示してあります。
落丁、乱丁本は小社製作部宛にお送りください。送料小社負担でお取替え致します。

印刷・製本　光邦
Printed in Japan
ISBN978-4-16-813070-0
本書の無断複写は著作権法上での例外を除き禁じられています。
また、私的使用以外のいかなる電子的複製行為も一切認められておりません。

文春学藝ライブラリー

（ ）内は解説者。品切の節はご容赦下さい。

内藤湖南
支那論

博識の漢学者にして、優れたジャーナリストであった内藤湖南。辛亥革命以後の混迷に中国の本質を見抜き、当時、大ベストセラーとなった近代日本最高の中国論。（與那覇潤）

磯田道史
近世大名家臣団の社会構造

江戸時代の武士は一枚岩ではない。膨大な史料を分析し、身分内格差、結婚、養子縁組、相続など、藩に仕える武士の実像に迫る。磯田史学の精髄にして、『武士の家計簿』の姉妹篇。

楊海英
モンゴルとイスラーム的中国

『墓標なき草原』で司馬遼太郎賞を受賞した著者が、一方的な開発と漢民族同化強制に揺れる中国西北部（ウイグル人、モンゴル人などの混在地域）を踏査した学際的ルポ。（池内恵）

宮本又次
関西と関東

風土、災害、食物、服飾、芸能、方言、気質などをキーワードに、歴史と日常を横断しながら比較する「関西／関東論」の決定版！（井上章一）

野田宣雄
ヒトラーの時代

戦後世界を規定した第二次世界大戦。「連合国＝善玉」「枢軸国＝悪玉」という二分法では理解できない戦争の真実と、二十世紀最悪の独裁者の実像に迫る。

勝田龍夫
重臣たちの昭和史（上下）

元老・西園寺公望の側近だった原田熊雄。その女婿だった著者だけが知りえた貴重な証言等を基に、昭和史の奥の院を描き出す。「昭和史ブーム」に先駆けた歴史ドキュメント！

文春学藝ライブラリー

（　）内は解説者。品切の節はご容赦下さい。

中西輝政
アメリカ外交の魂　帝国の理念と本能
超大国への道を辿った米国の20世紀の外交・歴史を回顧。中国が台頭する中、米国外交の魂がどこを彷徨っているのかを問い質す。国際政治学の第一人者による記念碑的労作。

原武史
完本　皇居前広場
明治時代にできた皇居前広場は天皇、左翼勢力、占領軍によって、それぞれの目的のために使われた。定点観測で見えてくる日本の近代。（御厨貴）

橋川文三
西郷隆盛紀行
「欧米とアジア」「文明と土着」といった相反する価値観に引き裂かれた近代日本。その矛盾を一身に背負った西郷隆盛という謎に迫る。（中野剛志）

江藤淳
近代以前
日本文学の特性とは何か？　藤原惺窩、林羅山、近松門左衛門、井原西鶴、上田秋成などの江戸文藝に沈潜し、外来の文藝・思想の波に洗われてきた日本の伝統の核心に迫る。（内田樹）

福田恆存（浜崎洋介編）
保守とは何か
「保守派はその態度によつて人を納得させるべきであつて、イデオロギーによつて承服させるべきではない」——オリジナル編集による、最良の「福田恆存入門」。（浜崎洋介）

福田恆存（浜崎洋介編）
国家とは何か
文学と政治の峻別を説いた文学者の福田恆存は、政治や国家をどう論じたのか？　俗物論から朴正煕論まで、「個人なき国家論」への批判は今こそ読むに値する。（浜崎洋介）

文春学藝ライブラリー

（　）内は解説者。品切の節はご容赦下さい。

保田與重郎
わが萬葉集

萬葉集が息づく奈良県桜井で育った著者が歌に吹きこまれた魂の追体験へと誘い、萬葉集に詠みこまれた時代精神と土地の記憶を味わいながら、それに遺された幸せを記す。（片山杜秀）

柳田国男（柄谷行人編）
「小さきもの」の思想

『遊動論　柳田国男と山人』（文春新書）で画期的な柳田論を展開した思想家が、そのエッセンスを一冊に凝縮。柳田が生涯追求した問題とは何か？　各章に解題をそえたオリジナル文庫版。

岡﨑乾二郎
ルネサンス　経験の条件

サンタ・マリア大聖堂を設計したブルネレスキ、ブランカッチ礼拝堂の壁画を描いたマサッチオの天才の分析を通して、芸術の可能性と使命を探求した記念碑的著作。（斎藤環）

坂本多加雄
天皇論
象徴天皇制度と日本の来歴

偏狭なナショナリズムではなく、戦前と戦後という断絶を、納得して受け止めるに十分な「国家と国民」の物語。保守論壇の巨星が遺した『象徴天皇制度と日本の来歴』を改題、文庫化。

田中美知太郎
ロゴスとイデア

「現実」「未来」「過去」「時間」「ロゴス」「イデア」といったギリシャ哲学の根本概念の発生と変遷を丹念に辿った、「人間とは何か」を生涯考え続けた「日本のソクラテス」の記念碑的著作。

文春学藝ライブラリー

（ ）内は解説者。品切の節はご容赦下さい。

中島岳志
ナショナリズムと宗教

インドで大きな政治的勢力となったヒンドゥー・ナショナリズムとは？　イスラムを敵視し、激しい暴力に走る、その内在論理に肉迫する。フィールドワークによる政治学はここまで到達した！

西部邁
大衆への反逆

田中角栄論、オルテガ論などを収めた、著者の原点を示す評論集が待望の復刊。「大衆化した保守主義」までを容赦なく斬る。現代保守論壇の重鎮による初期代表作。

文藝春秋編
常識の立場

俗論に流されず、貫き通した持論とは。小泉信三、田中美知太郎、大宅壮一から福田和也、石原慎太郎まで、碩学十三人が「文藝春秋」誌上で一石を投じた「常識」の集大成！

文藝春秋編
天才・菊池寛
逸話でつづる作家の素顔

小林秀雄、舟橋聖一、井伏鱒二など縁の深い作家や親族が織り上げる、「本邦初のプロデューサー」菊池寛の様々な素顔。生誕百二十五年を記念して「幻の書」が復刊！　（坪内祐三）

ジョン・メイナード・ケインズ（松川周二編訳）
デフレ不況をいかに克服するか
ケインズ1930年代評論集

デフレ不況、失業、財政赤字、保護貿易など、今日にも通じる問題に取り組み、果敢に政策を提言した1930年代のケインズ。今日なお示唆に富む諸論稿を初邦訳。　（松川周二）

文春学藝ライブラリー

（　）内は解説者。品切の節はご容赦下さい。

リチャード・ニクソン（徳岡孝夫訳）
指導者とは

栄光と挫折を体現した米大統領だから洞察しえたリーダーの本質。チャーチル、マッカーサー、ドゴール、周恩来、フルシチョフに吉田茂……。20世紀の巨星の実像に迫る。（徳岡孝夫）

井上ひさし
完本 ベストセラーの戦後史

『日米会話手帳』に始まり、『広辞苑』『太陽の季節』『性生活の知恵』『日本列島改造論』など、話題を集めた三十五冊を、稀代の読書家であるベストセラー作家が論じた体験的出版史。

クリストファー・シルヴェスター編（新庄哲夫他訳）
インタヴューズⅠ
マルクスからトルストイまで

激動の時代を生きた主役たちは何を語ったか？ マルクス、ビスマルク、オスカー・ワイルド、エディソンなど、全84人の証言で綴る20世紀最後の大作が、全3巻で文庫化。

クリストファー・シルヴェスター編（新庄哲夫他訳）
インタヴューズⅡ
ヒトラーからヘミングウェイまで

ヒトラー、アル・カポネ、スターリン、ピカソ、フィッツジェラルドにヘミングウェイ。全世界が戦火に覆われた時代に響いた名言、至言、戸惑いの数々とは。

クリストファー・シルヴェスター編（新庄哲夫他訳）
インタヴューズⅢ
毛沢東からジョン・レノンまで

現代史の巨人たちが一堂に会した証言集が遂に完結。ジョン・F・ケネディ、マリリン・モンロー、さらにはマーガレット・サッチャーなど、「映像の世紀」のスターが再び甦る。